本书系江西省高校人文社科重点研究基地
招标项目成果（项目号：JD17129）

弘文名师文库

朱熹与上饶书院研究

冯会明　著

江西人民出版社
Jiangxi People's Publishing House
全国百佳出版社

图书在版编目(CIP)数据

朱熹与上饶书院研究 / 冯会明著. --南昌 :
江西人民出版社, 2023.10
ISBN 978-7-210-14900-2

Ⅰ. ①朱… Ⅱ. ①冯… Ⅲ. ①朱熹(1130-1200)
-生平事迹②书院-研究-上饶 Ⅳ. ①B244.75
②G649.299.563

中国国家版本馆 CIP 数据核字(2023)第 197832 号

朱熹与上饶书院研究
ZHUXI YU SHANGRAO SHUYUAN YANJIU

冯会明 著

责 任 编 辑: 吴艺文
封 面 设 计: 同异文化传媒

江西人民出版社 Jiangxi People's Publishing House 全国百佳出版社 出版发行

地　　址: 江西省南昌市三经路 47 号附 1 号(邮编: 330006)
编辑部电话: 0791-86898470
发行部电话: 0791-86898893
网　　址: www.jxpph.com
电 子 信 箱: wuyiwen008@126.com
承 印 厂: 北京虎彩文化传播有限公司
经　　销: 各地新华书店

版　　次: 2023 年 10 月第 1 版
印　　次: 2023 年 10 月第 1 次印刷
开　　本: 787 毫米×1092 毫米　1/16
印　　张: 14.5
字　　数: 250 千
书　　号: ISBN 978-7-210-14900-2
赣版权登字-01-2023-477
定　　价: 46.00 元

目　录

引　言

书院，集藏书、讲学、学术研究、祭祀活动于一体，是中国古代一种独特的教育机构，成为传承与创新儒家文化的重要载体。作为一种独特的文化现象，它记录了诗书中国。“它以私人创办和组织为主，将图书的收藏和校对，教学与研究合为一体，是相对独立于官学之外的民间性学术研究和教育机构。”①吴澄在《鳌溪书院记》中称：书院“肇于唐，盛于宋”。书院起源于唐代，鼎盛于两宋时期，在元代继续延续，明清时期得以全面普及，直至清末改制为新式学堂，前后延绵1000余年。

一、书院的发展历程

书院之称，始于唐代的丽正书院和集贤书院。南宋著名学者王应麟的《玉海》对“院”字作出解释：“院者，取名于周垣也。”②书院也就是用墙圈围起来的藏书、读书之所。唐玄宗开元年间，进行了大规模的图书搜集，征集收藏于民间的图书三千六十部，五万一千八百五十二卷。为了更好地整理这些图书，专门设置了“书院”这一机构。据《新唐书·百官志》载：唐玄宗开元六年，将东都洛阳乾元院“更号丽正修书院，置使及检校官，改修书官为丽正殿直学士”③。开元十一年（723）春，置丽正院修书学士，在大明宫光顺门外，亦置书院。“开元十三年（725），改丽正修书院为集贤殿书院。五品以上为学士，六品以下为直学士，宰相一人为学士知院事。”④陈登原先生在《中国文化史》中认为：“书院之始，起于唐玄宗时，有丽正书

---

① 李国钧、王炳照：《中国教育制度通史》（第三卷），山东教育出版社2000年版，第221页。

② 王应麟：《玉海》卷一六七《宫室·院上》，文渊阁本《四库全书》第947册，上海古籍出版社1987年版，第335页。

③ 欧阳修、宋祁：《新唐书》卷四七《百官志二》，中华书局1975年版，第1213页。

④ 欧阳修、宋祁：《新唐书》卷四七《百官志二》，中华书局1975年版，第1213页。

院、集贤书院。”丽正修书院、集贤书院的设立，从此有了“书院”这一名称。无论是丽正修书院，还是集贤书院，虽有书院之名，但都是作为朝廷掌管刊辑经籍，搜求遗书，辨明典章，征集贤才，侍读侍讲，承旨筹策，以备顾问应对的馆阁机关。《新唐书·百官志》中，明确集贤殿书院设“学士、直学士、侍读学士、修撰官”等职，其职能是“掌刊缉经籍。凡图书遗逸、贤才隐滞，则承旨以求之。谋虑可施于时，著述可行于世者，考其学术以闻。凡承旨撰集文章、校理经籍，月终则进课于内，岁终则考最于外”①。可见，唐代的书院类似于整理典籍的官方图书馆，负责刊辑经籍、举荐贤才、咨询建议，与后世聚徒讲学的书院性质并不相同。因此，袁枚在《随园随笔》中认为，“书院之名，起唐玄宗时，丽正书院、集贤书院皆建于朝省，为修书之地，非士子肄业之所也。”②唐代后期，书院继承了民间、私人藏书机构的职能，既藏书、传书又修书、读书，并使它与教学、祀祭结合起来，从而有了真正意义上的书院。“具有学校性质的书院是在私家聚书、藏书的基础上产生并发展起来的”③。藏书、祭祀和讲学成为书院的“三大事业”。

真正从事以教育为主的书院出现在五代十国时期。“作为讲学授徒作育人才的书院，始于南唐升元四年建立的白鹿洞学馆，亦称‘庐山国学’”④。造纸业和印刷业的繁荣为书院的教育活动提供了便利条件。唐代雕版印刷技术的发明，使印版书籍逐渐流传，书籍更容易得到，私家聚书、藏书得以发展，求学方式也逐渐发生转变，使“训诂句读，皆由口授”一变为“可视简而诵”了。造纸业和雕版刻印业的发达，为书院的兴起创造了客观的物质条件。

唐后期，由于藩镇割据混战，天下大乱，许多官办学校遭到破坏，“士病无所于学”。士人学者避乱于比较安定的穷乡僻壤，读书山林之间，或聚族而居，耕读为业；或隐居之士，建立书堂、书舍，从事教育活动，后来逐渐发展成为聚书、藏书、讲学、授徒的书院。他们往往把书院看成是研究学问的安身立命之所，指引其“独善其身”的生活道路。

---

① 欧阳修、宋祁：《新唐书》卷四七《百官志二》，中华书局1975年版，第1212页。

② 袁枚：《随园随笔》卷一四《书院》，《续修四库全书·子部·杂家类》，第180册，上海古籍出版社1995年影印版，第286页。

③ 李才栋：《江西古代书院研究》，江西教育出版社1993年版，第4页。

④ 章柳泉：《中国书院史话——宋元明清书院的演变及其内容》，教育科学出版社1981年版，第1页。

同时，书院的创设还受到禅林大师立精舍、设讲坛、讲经说法的影响，从而使书院、书堂逐渐演化为学者讲学授徒、士子求师读书的场所，演化为具有教学授徒职能的真正意义上的书院。

“唐、五代是我国古代书院发展的草创时期。书院作为一种学校制度而兴盛、发展则是在宋代。”①

宋代是我国文化的高峰时期。著名史学家陈寅恪曾指出：“华夏民族之文化，历数千载之演进，造极于赵宋之世。”②宋代推行右文政策，重文轻武，“与士大夫治天下”，虽然在“武功”方面乏善可陈，但在“文治”方面，却是成就斐然。在宋代右文政策的导向下，“万般皆下品，唯有读书高”，崇文重教，人知向学，读书治学风气大盛。同时，由于朝廷科举取额的剧增，对文士的急需，而地方官学因遭五代混战的破坏，趋向衰落，从而促进了私家书院的发展。正如吕祖谦应朱熹之请所撰《白鹿洞书院记》所言：“国初，斯民新脱五季锋镝之厄，学者尚寡，海内向平，文风日起，儒先往往依山林、即闲旷以讲授，大率多至数十百人。嵩阳、岳麓、睢阳及是洞为尤著，天下所谓四书院者也。”③

同时，面对佛教、道教的流行大盛，一批以复兴儒学为己任的儒家有识之士深为忧虑，为捍卫儒学正统地位，在批判佛、老的同时，又借鉴、吸纳禅宗建丛林、立精舍以及道家宫观传法讲学的经验，依山林、建精舍、修书院聚徒讲学，与之抗衡，占领思想高地。“儒家要摆脱困境，唯有自强，于是他们通过大办教育事业来宣扬这种新体系，复兴儒家文化，回应佛老的挑战。这就是宋代理学家积极创办复兴书院的一个重要原因，也是儒家教育进入到一个新的历史阶段的标志。”④同时，官府也采取赐书、赐匾、赐田等方式来支持书院的发展。

因此，书院历经唐朝、五代，到宋代初期，“逐步形成了以私人创建为主，聚书研修，讲学授徒的教育组织形式。”⑤书院作为一种有组织、制度化的私学教育体制正式形成。宋代书院打破了官学的地域限制，对生员身份也没有过多要求，真正实现

---

① 李才栋：《江西古代书院研究》，江西教育出版社 1993 年版，第 63 页。

② 陈寅恪：《金明馆丛稿二编》，上海古籍出版社 1980 年版，第 245 页。

③ 吕祖谦：《吕东莱文集》卷六《白鹿洞书院记》，文渊阁《四库全书》本。

④ 丁钢：《书院与中国文化》，上海教育出版社 1992 年版，第 22 页。

⑤ 杨玉芬、程仁桃：《程端礼与〈江东书院讲义〉》，《殷都学刊》2003 年第 3 期，第 51 页。

了有教无类,满足了众多下层民众子弟的读书要求,成为儒学复兴和理学思想传播、弘扬的重要基地。同时,书院的发展使文化下移普及,大批人才脱颖而出,正如明代徐有贞所说:“宋有天下三百载,视汉唐疆域之广不及,而人才之盛过之。”

南宋是书院发展的极盛时期,“书院数量之多、规模之大、组织之严密和制度之完善,都是空前的。”①书院真正形成自己的办学特点和独特的治学风格也是在南宋时期。南宋承继了北宋崇文重教的右文政策,营造了重文崇儒的文化氛围。正如陈亮所说:“本朝以儒立国,而儒道之振,独优于前代。”②为稳定半壁江山,就需要思想武器,但朝廷财力有限,官学不景气,且教学日益科举化,成为追名逐利之所在。为弥补官学的不足,南宋政权对书院予以支持,并默许一定的讲学自由,书院因此勃兴,开启了南宋书院发展的黄金期。

官学的衰败是南宋书院勃兴的直接原因。学校本来是化民成俗,培育人才,建国君民之所在,但南宋时期,由于科举之弊愈演愈烈,学校变成科举考试的附庸,失却了学校设立的初衷,各级官学名存而实亡。正如朱熹在《学校贡举私议》中所痛斥的:“所谓太学者,但为声利之场,而掌其教事者,不过取其善为科举之文,而尝得隽于场屋者耳。士之有志于义理者,既无求于学,其奔趋辐辏而来者,不过为解额之滥、舍选之私而已。师生相视,漠然如行路之人。间相与言, 亦未尝开之以德行道艺之实。而月书季考者,又只以促其嗜利苟得、冒昧无耻之心,殊非国家之所以立学教人之本意也。”③官学的弊端和缺陷日益显露,“最切害处,是轻德行,毁名节,崇智术,尚变诈,读之使人痛心疾首。不知是甚世变到这里,可畏! 可畏!”④正是在这种学术不讲、学校停废、科举多弊的情况下,一批群贤名宦、名师大儒,另辟蹊径,依山林、择胜地、即闲旷、立精舍,读书讲学,传道授徒,推动了书院的勃兴。“惟前代庠序之不修,士病无所于学,往往相与择胜地,立精舍,以为群居讲习之

---

① 毛礼锐:《中国教育史简编》,教育科学出版社 1991 年版,第 73—74 页。

② 脱脱:《宋史》卷四三六《儒林六》,中华书局 1977 年版,第 12940 页。

③ 朱熹:《晦庵先生朱文公文集》卷六九《学校贡举私议》,见朱杰人、严佐之、刘永翔主编:《朱子全书》(修订本)第 23 册,上海古籍出版社、安徽教育出版社 2010 年版,第 3363 页。

④ 朱熹:《朱子语类》卷一〇九《朱子六》,见朱杰人、严佐之、刘永翔主编:《朱子全书》(修订本) 第 17 册,上海古籍出版社、安徽教育出版社 2010 年版,第 3540 页。

所。”[①]南宋书院大都由世家大族兴办,经济力量雄厚,持续时间长,培养人才也多,成为世家大族世代猎取功名、维持衣冠地位的重要手段。有的书院,具有家塾性质,主要教导本家族的子弟,但同时也招延四方来学之士。

理学的兴盛为南宋书院的勃兴提供了文化思想条件。自孝宗隆兴元年(1163)开始,经光宗朝,至宁宗初期,学术上,学禁稍解,政府一改原来漠不关心或压制态度而积极加以扶持。“任何学派的产生和发展,必然要寻找并依靠适宜的研究道路、研究基地或场所,以及相应的传播方式。”[②]书院便成为理学传播的有效载体和重要的研究基地。许多学术大师自创学派,自立门户,各抒己见,互相切磋,建书院聚徒讲学,使书院有了千载难逢的发展契机。特别是在嘉定更化之时,将程朱理学崇为“官学”,程朱理学获得了正统的地位。“废除了庆元间压制理学,压制书院的政策。自此以后,程朱理学、程朱门徒,以及书院都得到了进一步的发展,并走向高潮。”[③]从而使理学的地位由屡遭贬斥变为倍受推崇,一跃成为官方正统,理学家们纷纷步入朝堂,获得厚禄高官。“程朱理学为南宋最高统治当局所认识、利用。理学家的书院得到朝廷的大力支持,书院建设也到达了宋代的最高峰。”[④]朱熹等一大批理学大师或创办兴复书院,或主讲主教于书院,或为书院作记题额,并以书院为基地传播自己的学术思想,把书院作为实践其理想的寄托之所,积极投身书院的教学之中。理学大师在书院的讲学又扩大了书院的影响,吸引了更多的士子慕名前来。因此,书院作为一种文化教育制度得以完全确立。

“在中国书院发展史上,南宋时期的书院发展可谓达到了一个鼎盛时期。”[⑤]南宋书院不仅数量多,而且规模大,制度完备,并且出现了一大批可为后世楷模的书院。

书院的组织和制度日渐完善。建有一套规章制度,或称“教条”,或称“揭示”,或称“规程”。书院实行讲会制度,设有固定课程,讲学方式上多采取“升堂讲释”和“升堂讲说”的模式,教学内容上,都非常重视道德观念的灌输。从组织到制度,

---

① 朱熹:《晦庵先生朱文公文集》卷七九《衡州石鼓书院记》,见朱杰人、严佐之、刘永翔主编:《朱子全书》(修订本)第24册,上海古籍出版社、安徽教育出版社2010年版,第3783页。

② 李国均:《中国书院史》,湖南教育出版社1994年版,第149页。

③ 李才栋:《江西古代书院研究》,江西教育出版社1993年版,第104页。

④ 李才栋:《江西古代书院研究》,江西教育出版社1993年版,第117页。

⑤ 李国钧:《中国书院史》,湖南教育出版社1994年版,第129页。

从教学内容到教学模式在南宋时期都相当完备，形成了一个比较系统化、制度化的教育体系，对我国古代文化教育、学术思想的发展产生过重要的影响。

但是，这一时期书院的种类众多，“办学形式和教学目标尚无统一的、固定模式，常因院，因师而异。相对于官学，有很大的灵活性。”①书院教学，通常采取师生相互质疑问难、互相切磋探究的方式，这是一般官学所没有的。正因为书院具有比官学更自由多样的探究学问的风气，还可以因书院、因老师的不同来确定书院的教学目标、教学风格与教学内容，因此，书院很容易成为不同学派研究学问、交流传播思想、扩大学派学术影响的场所。

元代由于思想统治的需要，对学校教育的重视程度也大大超过了前朝。据《续文献通考》记载：至元二十五年（1288），全国学校总数达 24000 余所。建立了正式的国子学以及蒙古国子学等，地方官学制度也较前更为严密，并在地方设置各种专门学校，如蒙古学、汉学、医学、阴阳学等等。元太宗十二年，姚枢与杨惟中在燕京建太极书院，立周敦颐祠，以张载、程颢、程颐、杨时、游酢、朱熹六人配享，选取遗书八千余卷，延请名士赵复为主讲。元一统江南之后，元世祖至元二十八年（1291）下令：凡“先贤过化之地，名贤经行之所，与好学之家出钱粟赡学者，并立为书院”。同时，也有相当部分南宋儒生不愿出仕蒙元，隐居讲学授徒，或建书院自处，或受聘于私家学馆。因此，继南宋理宗、度宗之后，元代初期书院得到了再度兴盛。

元代朝廷对书院采取了因势利导、积极利用的政策，对大多数书院给予承认、支持，并由官府给予拨款、置田、授官。规定书院设山长一员，山长与学正并行，不少书院因此成为官学。这样，既在一定程度缓和了南宋遗民的反抗情绪，争取了江南士绅的合作，对稳定大局起了积极作用，也使书院的教学活动受到官府的控制。正如朱彝尊《日下旧闻》所言：“书院之设，莫盛于元，设山长以主之，给廪饩以养之，几遍天下。”②广设书院，有积极的意义，通过书院以儒学，尤其是程朱理学来教化乡里、培养人才，有利于巩固元廷的统治。

元代书院的发展与程朱理学的传播是分不开的。“书院在元代因受到了政府的重视，而得到了蓬勃的发展，程朱理学在元代的书院教学中受到崇拜，达到了至

---

① 李才栋：《江西古代书院研究》，江西教育出版社 1993 年版，第 60 页。

② 于敏中等：《城市・内城南城》，《钦定日下旧闻考》卷四九，北京古籍出版社 1983 年版，第 755 页。

尊至贵的地位。朱熹的《四书集注》成为当时法定的教材和参考书,各书院的讲授内容和研究也就形成了以程朱理学为中心的基本模式。”①

明初,程朱理学的统治地位进一步巩固,国家尊孔崇儒,以教为先,学校为本,培养人才,教化百姓。洪武、永乐间,朝廷主持修成了《五经大全》《四书大全》《性理大全》这三部“大全”,以加强思想的控制。为统一思想,在明初曾废毁了一批书院,改为府、州、县学的各类官学。因此,明初出现了书院冷落的局面。洪熙以后,才新建和恢复了一批书院。在江西就新建书院31所,续修27所,由地方官吏倡修的19所,如象山书院、鹅湖书院、道源书院、叠山书院、怀玉书院等著名书院均由地方官员带头倡复。明代正德、嘉靖年间,由于八股取士的科举制度弊端丛生,官学日趋颓败,王阳明、湛若水等一批理学名家重倡自由讲学,并身体力行,带头在各地建办书院,广收门徒,授业传道。书院因此又兴盛起来,书院建设进入了鼎盛时期。书院既成为学术研究中心,又成为教学讲学的机构。

万历初,由于士大夫竞相入书院讲学授徒,创立学派,同时利用讲学之机,议论朝政,空谈之风日盛,特别是以王阳明和湛若水为代表的心学大盛,动摇了宋元和明初以来朝廷所确立的以程朱理学为主导的儒家思想统治地位,引起了朝廷的警惕。时任首辅的张居正特恶讲学之人,有如《野获编》所言:“张居正最憎讲学,言之切齿。”万历三年(1575),他在《申旧章饬学政以振兴人才疏》中向万历皇帝痛说道:“圣贤以经术垂训,国家以经术作人。若能体认经书,便是讲明学问,何必又别标门户,聚党空谈? 今后各提学官,督率教官生儒,务将平日所习经书义理,着实讲求,躬行实践,以需他日之用。不许别创书院,群聚徒党,及号召他方游食无行之徒,空谈废业,因而启奔竞之门,开请托之路。”②可见,张居正禁毁书院的理由就是反对书院空谈废业,反对以讲学为名聚党营私。

明神宗万历七年(1579),首辅张居正以常州知府施观民借办书院科敛民财为由,下令废天下书院为公廨,变卖书院学田以充“边需”,书院遭到了一次大规模的废毁。据《明纪》等史籍统计,自应天府以下废书院64处,或说书院尽废。给书院以重创,彻底终结了书院兴盛局面。直到万历十年(1582),在张居正死后的第二

① 杨玉芬、程仁桃:《程端礼与〈江东书院讲义〉》,《殷都学刊》2003年第3期,第51页。
② 张居正:《张太岳文集》卷三九《请申旧章饬学政以振兴人才疏》,中国书店2019年版,第78页。

年，才由邹元标等人上疏请复书院，书院才得以逐渐恢复。

明末天启间，阉党魏忠贤等对无锡东林书院顾宪成、高攀龙及紫阳书院余懋衡等借讲学而议论朝政，量裁人物，形成东林党等有相当影响的学术、政治势力极为忌恨，在天启皇帝朱由校的支持下，废毁全国书院，并大规模迫害东林党人。上饶地区的婺源紫阳书院、福山书院，玉山怀玉书院，铅山鹅湖书院等知名书院再次遭到废毁。

因此，明代书院经历了洪武、永乐间的冷落，洪熙以后的再振，正德、嘉靖间到达高潮，隆庆、万历之际承其余绪继续发展，虽屡遭打击仍然继续复起，直至明末，才因整个局势的败落而走向衰败。

清军入关初，一方面设学校，祀孔孟，尊理学，行科举，以笼络汉族士子，另一方面对明末活跃的书院讲学活动和士人结社现象，非常敏感、警惕，不允许私人创办书院。顺治九年(1652)下令：各提学官督率教官、生儒，务将平日所习经书义理，着实讲求，躬行实践，不许别创书院，群聚徒党，及号召地方游食无行之徒，空谈废业。[1] 同年，又在各地学校明伦堂左侧，创立《训士卧碑文》，明令："生员立志，当学为忠臣清官。军民一切利病，不许生员上书陈言，如有一言建白，以违制论，黜革治罪。生员不许纠党多人，立盟结社，把持官府，武断乡曲。所作文字，不许妄行刊刻，违者听提调官治罪。"[2]对官学教育及书院讲学活动严加管控。

随着清廷对全国统治的稳固，逐渐放松了对书院的管控。特别是在康熙时期，书院得到了迅猛的发展。由于康熙本人有厚实的儒学基础，毕生仰慕朱熹，在康熙五十二年《御制朱子全书序》中，自谓"朕读其书，察其理。非此不能知天人相与之奥，非此不能治万邦于衽席，非此不能仁心仁政施于天下，非此不能内外为一家。读书五十载，只认得朱子一生所作何事"。[3] 认为"家齐于上而教成于下"的朱子学最为"醇正"，孔孟之后，有裨斯文者，朱子之功，最为弘巨。他高度评价朱熹："朱

---

① 嵇璜、刘墉：《皇朝通志》卷七四《选举略三》，《影印文渊阁四库全书》第645册，上海古籍出版社1987年版，第120页。

② 《钦定大清会典事例·礼部学校考·训士规条》。

③ 康熙：《御制朱子全书序》，《御纂朱子全书》卷首，《影印文渊阁四库全书》第720册，上海古籍出版社1987年版，第2页。

夫子集大成而绪千百年绝传之学,开愚蒙而立亿万世一定之规。”①在康熙五十一年(1712),以“朱子有功圣道,特进木主于十哲之下”,以朱子配享孔庙,升于大成殿孔门十哲之列。并命熊赐履、李光地等摘录朱子语录及著作,编成《朱子全书》及《性理精义》,阐明性理,颁行全国,用朱子学说统一天下言论和思想。在康熙皇帝的大力提倡下,程朱理学被确立为清代的官方哲学,而一统天下,书院也得到了前所未有的发展。“康熙间,不仅新建书院颇多,而且前朝旧书院亦有新的发展,这是与清廷继承明代崇文重儒,阐扬朱熹理学,笼络士子,强化纲常伦理,维护专制统治的因素相顺应的。”②清廷最高统治者通过题额、赐匾、赐书对各地书院进行嘉奖表彰,地方各级官员也致力于书院的修缮、扩建,并讲学其中。还通过为书院制定学规、教条,聘请知名学者主持书院讲席,使书院成为清代传承程朱学说的重要场所。

乾隆年间,由于朝廷的提倡重视,书院继续得到较快发展。乾隆元年(1736),诏告天下:“书院之制,所以导进人才,广学校所不及。……国子监虽设于京师,而道里辽远,四方之士不能胥会,则书院即古侯国之学也,居中讲习者固宜老成宿望,而从游之士亦必立品勤学,争自濯磨,俾相观而善。庶人材成就,足备朝廷佐使,不负教育之意。”③对书院的作用与地位给予了充分肯定,并且对书院的师长、学子提出了明确的要求:“凡书院之师长,必选经明行修,足为多士模范者,以礼聘请。负笈生徒,必择乡里秀异、沉潜学问者肄业其中,其恃才放诞、佻达不羁之士,不得滥入。”④要求书院酌仿朱熹《白鹿洞书院学规》,立之仪节,以检束其身心,仿《程氏家塾读书分年日程》,予之程课,使贯通乎经史。府县书院的山长,要由官府聘任,学徒由官员考察,逐步使书院的组织、领导、经费等等向官学靠拢,纳入官方控制之中,从而使得清代书院出现了官学化现象。一方面,书院的修建,离不开地方官员的倡导和乡绅的帮助。“在书院生态中,以邑令为代表的官方态度对书院的生存与发展十分重要,知县在书院生态平衡中起到至关重要的作用。”⑤另一方面,官僚政

① 康熙:《御制朱子全书序》,《御纂朱子全书》卷首,《影印文渊阁四库全书》第720册,上海古籍出版社1987年版,第2页。

② 李才栋:《江西古代书院研究》,江西教育出版社1993年版,第393页。

③ 嵇璜、刘墉:《皇朝通志》卷七四《选举略三》。

④ 《钦定学政全书》(正编第30辑),台湾文海出版社1974年版,第1523页。

⑤ 张劲松:《乡绅与地方书院关系的一种观察———以晚清敷阳书院学田经营为例》,《南京晓庄学院学报》2009年第2期,第104—110页。

治的积习对书院办学与教学活动又带来严重的侵袭，许多书院的山长或“疲癃充教”或“悉由大吏推荐，往往终岁弗得见，以束修奉之上官而已”。或是一人兼任数地、数处书院山长，或“居家而遥领之，利其廪给，以供糊口”。如广信府弋阳县人汪炳龙，为咸丰二年（1852）进士，曾任知府，也颇有才学，归里后被广信府官员聘主信江、双桂、芗溪、象山四所书院山长。四所书院相距数十百里，根本就没有精力全部顾及，更谈不上真正的管理讲学，只是多领俸禄而已。

清代中后期，大部分书院逐渐沦为科举考试的附庸。虽然书院的数量日益增多，以致后来“一乡一邑，书院林立”，然而“所工者惟文章”“所求者惟科举”，课试、讲习，无不以科举为目标。师长以科名相标榜，士子孜孜以“帖括”，既不研习经书义理，亦不知历史掌故，更不明经世致用之学，绝大多数书院都成了研磨登科应举敲门砖的“作坊”，成为“死读书、读死书、读书死”的名利之所，书院生动活泼的传统全被窒息。

鸦片战争后，随着民族危机的日益加深，对科举、书院的批判与改革之声也愈来愈烈，清廷不得不被迫作出改革的姿态。光绪二十四年（1898）五月，清廷推行“戊戌新政”，下诏废八股，兴学堂。特别是《辛丑条约》的签订，中国面临被瓜分灭亡的危险，于是兴办学堂之议再起。江西巡抚李兴锐在条陈中提出了“令各省书院改课经济之学”的主张。湖广总督张之洞、两江总督刘坤一又进一步提出遵照“中学为体，西学为用”的精神，将全部书院改为学堂。于是，光绪二十七年（1901），清廷颁下诏令将全国书院改为各级学堂，其中各省的书院改为大学堂，各府、厅、直隶州的书院改为中学堂，各散州、散厅、县的书院改为小学堂。至此，延续了1000多年的书院寿终正寝，正式退出了历史舞台。

1902年，信江书院和芝阳书院，分别改为广信府中学堂和饶州府中学堂。上饶灵山书院、鄱阳澹湖书院、弋阳叠山书院、余干东山书院、婺源紫阳书院、广丰丰溪书院、兴安（横峰）岑阳书院也分别改为县立高等小学堂，上饶的古代书院因此落下帷幕。

二、上饶书院的历史回眸

“江右书院甲天下。”上饶又素有“理学名区，书院之乡”的美誉，一直以来有着崇教尚学的传统，正如《饶州府志》所载：“比闾族党，无地不设学，无人不向学。”上饶的书院以起步早、数量多、影响大而颇负盛名。

上饶位于江西省东北部，地处闽、浙、皖、赣四省交界的要冲。唐、宋、元三代为饶州和信州二州辖地，明、清两代隶属饶州、广信二府。现辖信州区、广丰区、广信区，代管德兴市，以及弋阳县、铅山县、横峰县、玉山县、婺源县、鄱阳县、余干县、万年县等3区1市8县，共12个县（市、区），面积约2.28万平方千米。

上饶最早记载的书院是唐代广丰人王贞白创建的山斋书舍。“晚唐诗人王贞白退隐之后，并没有去过那种闲逸自在的生活，唐天祐间‘遭时不淑，隐居教授’，在县城外西山之南创建‘山斋书舍’（今广丰中学内），钻研道学和课授生徒，潜心教学，为家乡子弟传道解惑，这是上饶最早有记载的书院了，后人为了纪念王贞白，在这里建立了丰溪书院。”①

两宋时期，讲学之风大盛，大批书院兴建而起。据《信州府志》《饶州府志》及各县县志所载，自唐代肇始至清代终结，上饶市具有一定影响的书院共有168所。其中婺源县最多，为28所、德兴市有25所、万年县24所、鄱阳县17所、广丰区17所，信州区和广信区有16所、弋阳县12所、铅山县8所、余干县8所、玉山县7所、横峰县有6所。

南宋是上饶书院发展的高峰期，也是书院发展的成熟期。上饶始建于南宋的书院有63所。其中“饶州（含鄱阳、浮梁），余干、乐安、德兴、安仁（今余江）诸县共37所。另有乐平南图精舍、西溪书院2所情况不明。信州（含上饶、永丰）、玉山、弋阳、贵溪、铅山诸县共26所。另有永丰霞溪书院一所情况不明”。②

始建于元代的上饶书院有32所。其中饶州路，含德兴、乐平、浮梁、安仁4县共14所；信州路，含玉山、弋阳、贵溪、永丰4县共12所；婺源州：6所。

明代上饶婺源紫阳书院、明经书院、余干东山书院、叠山书院、玉山怀玉书院等经历了被废毁又修复的历程。

清代康熙、乾隆时期，上饶的书院得到长足的发展，新建了一批书院，如上饶信江书院，弋阳县的玉峰书院，鄱阳县的汇源书院、希贤书院、澹湖书院，余干县的梅桂书院，万年县的姚西书院等。此外，一批书院得以修复，如玉山的怀玉书院，弋阳

① 艾涛：《上饶书院春秋》，见政协上饶市委员会编：《饶信文化·上饶书院文化专辑》，2017年（内刊），第7页。

② 李才栋：《江西古代书院研究》，江西教育出版社1993年版，第106页。

的叠山书院、德兴的兴贤书院、息斋书院，婺源的湖山书院、明经书院等。

上饶众多的古代书院中，尤以鹅湖书院、叠山书院、怀玉书院、信江书院最为知名，可以称为古代上饶四大书院。虽经历风雨仍保存完好，成为上饶文教兴盛的历史见证。

书院的生存发展需要有一定的物质条件，要有较好经济支撑。上饶地区经济比较发达，以鱼米之乡闻名。“人足衣食”成为文教发展的基础，也是书院兴盛的根本推动力。自古以来，信州“孕金青，殖宝货。壤厚而泉沃，类多大家”。① 吴孝宗在《余干县学记》中描述了北宋上饶物产富饶、文教昌盛的情景：“盖饶之为州，壤土肥而养生之物多，其民家富而户羡，蓄百金者不在富人之列。又当宽平无事之际，而天性好善，为父兄者，以其子与弟不文为咎；为母妻者，以其子与夫不学为辱。其美如此。”②所谓“仓廪实而知礼节，衣食足而知荣辱”，衣食丰足才能使人知向学。古代上饶经济的富足，是上饶书院兴盛的一个重要原因。同时，崇文重教的优良传统为书院的发展提供了丰厚的人文土壤。

造纸、刻印业与书院发展关系最大。造纸业的发达、木版雕刻的广泛使用、活字印刷术的发明，降低了书籍的成本，使各种典籍能够更快捷地被印刷出来，为书院的发展提供了便利条件。广信府是著名的纸张产地，其“郡中出产多而行远者莫如纸。上饶、广丰、弋阳、贵溪皆产纸……向惟玉山玉版纸擅名”。③ “铅山之纸，精洁逊闽中，然业之者众，小民藉以食其力十之三四焉。”④铅山河口与石塘镇是最发达的造纸业市镇之一。铅山河口镇是明清纸张和茶叶的生产集散中心。造纸业的发达，为书院的创立提供了便利条件。

书院常与名山胜水相伴，一批批宿学鸿儒往往选址名山、清溪、竹林等清幽佳境建造书院，追求天人合一，清逸脱俗的意境。“书院和士人的‘超凡脱俗’联系在一起，总是把书院建在环境优美的偏僻的名胜之地。”⑤

---

① 韩元吉：《南涧甲乙稿》卷一六《铅山周氏义居记》，《影印文渊阁四库全书》第1165册，上海古籍出版社1987年版。

② 洪迈著，穆公校点：《容斋随笔・四笔》卷五《饶州风俗》，上海古籍出版社2015年版，第276页。

③ 蒋继洙、李树藩等纂：同治十二年《广信府志》卷一之二《地理・物产》，《中国方志丛书》华中地方・第一〇六号，成文出版有限公司1970年影印本，第115页。

④ 蒋继洙、李树藩等纂：同治十二年《广信府志》卷一之二《地理・物产》，第117页。

⑤ 艾涛：《上饶书院春秋》，见政协上饶市委员会编：《饶信文化・上饶书院文化专辑》，2017年（内刊），第6页。

上饶多名山胜水，有泉石之胜，无市井之喧，是修建书院、聚徒讲学的理想之地。宋代释觉范在《信州天宁寺记》记载："江南山水冠天下，而上饶又冠江南。自昔多为得道者所庐，鹅湖、龟峰、怀玉，号称形胜，而灵山尤秀绝。"①山水名胜众多，为书院的兴建提供了优美的自然条件。

上饶书院的发达，更得益于理学和心学在上饶的流行，特别是朱熹对上饶书院的兴盛更有直接的影响。"理学与书院的关系，理学的繁荣必将带来书院的勃兴，反过来，书院的勃兴又促进了理学的传播和发展。"②

朱熹自 19 岁登进士走上仕途，直到 71 岁去世。他一生从政时间并不长，"登第五十年，仕于外者九考，立朝四十日"③。绝大多数时间都是在从教讲学中度过的。他从教 50 余年，著书立说，授徒讲学，培育人才，是中国历史上伟大的教育家，也是南宋之后有着重要影响的理学集大成者。他的学说"致广大，尽精微，综罗百代"。宋宁宗嘉定二年，在朱熹去世 9 年后，被追赠为中大夫，谥号"文"，尊称"朱文公"。所谓"经天纬地""道德博闻"为"文"。人们将朱熹与孔子并提，称为"朱子"。

理宗宝庆三年（1227），赠太师，追封信国公，改徽国公。康熙五十年，下诏升朱熹配祀孔庙大成殿"十哲"之列。从祀孔庙是古代学者的无上荣耀，而朱熹是唯一一个不是孔子嫡传弟子而享受这份殊荣的学者。康熙称誉朱熹"集大成而绪千百年绝传之学，开愚蒙而立亿万世一定之规"。亲笔书写"学达性天"四字颁赐武夷山紫阳书院。

朱熹堪称"南宋书院史和中国书院史上最有影响的人"④。樊克政先生在《中国书院史》中评价道："在南宋时期的书院发展史上，朱熹是一位有着特殊历史地位的人物。他不仅积极参与了这一时期书院的创建与复兴，而且是这一时期最著名的书院教育家。"⑤

---

① 艾涛：《上饶书院春秋》（内刊），见政协上饶市委员会编：《饶信文化 · 上饶书院文化专辑》，2017 年（内刊），第 8 页。

② 胡荣明：《德兴历代书院》，见政协上饶市委员会编：《饶信文化 · 上饶书院文化专辑》，2017 年（内刊），第 79 页。

③ 黄榦：《勉斋集》卷三六《朱子行状》，《影印文渊阁四库全书》本，第 1168 册，上海古籍出版社 1987 年版，第 426 页。

④ 于述胜：《朱熹与南宋教育思潮》，山东大学出版社 1996 年版，第 32 页。

⑤ 樊克政：《中国书院史》，台湾文津出版社 1995 年版，第 62 页。

朱熹是南宋书院教育的领军者，热衷于创设书院以讲学授徒，著书立说。明代戴铣编撰的《朱子实纪》中列举了与朱熹有关的书院18所；据陈荣捷先生《朱子新探索》考证，与朱熹相关的书院有24所；方彦寿先生的《朱熹书院与门人考》则“明确与朱熹有关的书院共67所”①，并分类进行了详细考证。其中朱熹亲手创建的书院有4所，修复的书院有3所，他讲过学的书院有20所，还为7所书院撰记、题诗，为6所书院题词、题额。他年轻时读书及成为理学名师后讲学经行过化之地，后人建书院加以纪念的有27所，合计67所，而与他有直接关联的书院有40所。据武夷学院陈国代先生的《大教育家朱熹——朱熹的教育历程与思想研究》一书考证，与朱熹有关的书院共有68所之多。

朱熹与上饶有不解之缘。上饶婺源是朱熹的故乡，上饶也是朱熹出闽的必经之地，一生15次途经上饶，在上饶留下了朱熹众多的印迹，他在上饶讲学授徒，将书院作为传播其理学思想的重要阵地。

据《江西通志》统计，在江西与朱熹有直接关系的书院有18所②，其中在上饶，朱熹曾亲临余干东山书院、婺源汪清卿之“敬斋”、德兴银峰书院和玉山草堂书院讲学，留下了被称为“晚年亲切之训”的《玉山讲义》。据雍正《江西通志》所载，与朱熹有直接关联的书院还有玉山的刘氏义学、余干的忠定书院、德兴的双桂书院、婺源的晦庵书院，等等。

大师过化存神，程端蒙、董梦程、柴元裕、陈文蔚、饶鲁等上饶的朱门弟子们继承他的衣钵，纷纷效法其师，致力于创建书院，讲学授徒，以传道继绝学为己任，以书院为基地，授徒讲学，传播朱子理学思想，培育人才。程端蒙在德兴开创了“求放心斋”“蒙斋书院”，董铢在德兴九都开设“盘涧书院”。胡一桂在婺源建湖山书院，胡炳文任信州道一书院、婺源明经书院山长。“柳湖先生”程珙创柳湖书院，建来阳宾馆，培养了一批后起之秀，使婺源“虽十室之村，不废诵读”。余干柴元裕建松冈书舍，培养了柴中行、柴中立、柴中守“余干三柴”等理学人才。柴中行讲学南溪书院，从游者有汤汉、饶鲁等数百人。饶鲁在万年箬源建“朋来馆”，在双峰建“石洞书院”，又先后主持了白鹿洞书院、九江濂溪书堂、南昌东湖书院、高安西涧书院、

① 方彦寿：《朱熹书院与门人考》，华东师大出版社2000年版，第30页。

② 徐梓：《元代书院研究》，社会科学文献出版社2000年版，第10—11页。

临川临汝书院讲席。上饶陈文蔚在家建克斋，又讲学于鹅湖、双溪、南轩、龙山和白鹿洞等书院。余干胡居仁创办南谷、礼吾书院，又两次任白鹿洞书院山长，制定了著名的《续白鹿洞书院学规》。

因此，朱熹及其门生、弟子在上饶留下了众多的书院和书院讲学的历史遗存。如朱熹在余干县东山书院讲学，为余干文教的兴盛，奠定了基础。淳熙二年（1175），由吕祖谦邀集朱熹、陆九渊、陆九龄等就为学之方、尊德性与道问学、太极与无极等问题于上饶铅山鹅湖寺举行辩论会，史称"鹅湖之会"，因而有了江西四大书院之一的鹅湖书院。

可以说，朱熹在上饶书院的讲学活动，对上饶书院的创建发展产生了重大的影响，大大促进了上饶地区文化教育的兴盛。

通过朱熹与上饶书院的研究，可以进一步挖掘上饶地域文化的底蕴，凝练上饶地域文化的特色。地域文化是一个区域塑造个性的灵魂，是推动区域经济发展的恒久动力。

书院虽然作为教育的主体地位已不复存在，但书院的精神血脉却不断传承。如今，书院已成为一个供人们观赏缅怀、触摸历史的旅游景观。书院是上饶传统文化的瑰宝，但部分书院已经湮灭在历史的尘埃之中，对上饶现存的书院进行珍惜保护，保护书院文化之根脉，合理利用书院文化资源，使之成为上饶人文旅游的重要载体，更好地发挥古老书院的时代价值。

第一章　朱熹与上饶的因缘

朱熹与上饶有着特殊的血缘和地缘关系，上饶书院的兴盛与朱熹密切相关。

上饶的婺源县是朱熹的故里。朱熹先祖朱古僚，又名朱瓌，唐哀帝天祐年间（904—907），奉命领兵三千戍防婺源，后来任制置茶院之官，被尊为婺源朱氏的始祖，朱熹是其九世孙。朱熹的父亲朱松在北宋政和八年（1118）考中进士后任福建建州政和县县尉，从而侨居福建。南宋建炎四年（1130）九月十五日，朱熹出生在福建尤溪。朱熹参加进士考试时，所报户籍仍在婺源县永平乡松岩里（或曰万安乡松岩里）。程洵曾建议朱熹于故里立户，朱熹回答说："所喻立户事无不可，但先人已立户，某又自立一户，恐于理未安，更详度示喻。"①可见，朱熹自己也认定是婺源县永平乡松岩里人。

宋度宗咸淳五年（1269），下诏赐婺源县朱氏故里为"文公阙里"。

朱熹虽生长在福建，但他情系桑梓，不忘根本，对上饶有着十分浓厚的亲情。朱熹一生 15 次途经上饶②。可以说，上饶是朱熹政治上的候命区、学术上的争锋区、社交中的交游区、思想上的过化区。

朱熹一生中的许多重要活动都与上饶有关。南宋绍兴二十年（1150）和淳熙三年（1176），朱熹两次回婺源省亲扫墓，在婺源收了生平第一批弟子，把自己的影响带到了婺源，把朱学之风吹入了婺源及徽州等地，形成了介轩学派等理学学派。他前往余干赵汝愚的东山书院讲学，在余干、万年等地产生了一批朱门弟子。淳熙二年（1175）5 月，由吕祖谦相邀，与陆九渊、陆九龄在铅山鹅湖寺展开了"鹅湖之辩"，又与陆九龄有铅山观音寺之会，扩大了朱熹学术在江西士子中的影响。绍熙五年

---

① 王懋竑：《朱熹年谱》，中华书局 1983 年版，第 98 页。

② 程继红：《在理学与文学的交通线上——论南宋交通新"十"字构架在朱熹理学与稼轩词派传播中的意义》，《江西社会科学》2005 年第 4 期，第 23 页。

(1194)11 月,朱熹讲学于玉山怀玉书院,有《玉山讲义》存世,等等。朱熹在上饶的这些活动极大地推动了上饶文教的发展,推动了上饶书院的兴盛,朱熹的理学思想也在上饶得到了广泛的传播和传承。

一、地缘优势使上饶成为朱熹出闽的必经之地

上饶在春秋战国时期属吴楚之地,秦属余干县,东汉建安初年,吴主孙权析余干县东境设置上饶县,属豫章郡。唐代梁载言在《十道志》中记载,因“山郁珍奇,上乘富饶”而得名上饶。《三国志·孙权传》亦记载:“建安十年(205),权使贺齐讨上饶,分为建平县。”

唐代“安史之乱”爆发之后,为阻挡叛军的南下,唐肃宗上元元年,江淮转运使元载上奏朝廷此邑(上饶)川原夐远,关防襟带,宜置州制。可赐名信州,以信美所称,为郡之名。[①] 历史上的信州以“信美所称”而得名。宋代信州下辖上饶、玉山、弋阳、贵溪、铅山、永丰(今广丰)6 县。

南宋时期的上饶地区分属饶州和信州,有“富饶之州”和“信美之郡”之美誉,是经济发达、文教兴盛之地。信州地处江西东北部,信江贯境而过,通达鄱阳湖,是“江右名郡”“东南一繁会之区”。信州土地平旷,经济富庶,城市繁华,“市井阛溢,货贿流衍”[②]。且“士尚弦歌,农知力穑,人无纨绮之好,俗黜华靡之习,风习质朴,尤为近古。鹅湖、象山为朱、陆讲学地,历代以来,理学辈出”。[③] 明嘉靖礼部尚书汪俊在《广信府志》序中,也说信州“入宋,文学间出,南渡以来,遂为要区,人知敦本积学,儒风日盛”[④]。因此,“弦诵之声,昼夜不绝”[⑤]。

信州物产丰美,历来为国家粮食基地,郡内“灵山连延秀拔森耸,与怀玉诸峰巉

---

① 李昉编纂;王晓天、钟隆林校点:《太平御览》卷一百七十,河北教育出版社 1994 年版,第 616 页。

② 谢旻等监修:雍正十年《江西通志》卷二六《风俗·广信府》,《影印文渊阁四库全书》第 513 册,上海古籍出版社 1987 年版,第 841 页。

③ 蒋继洙:《重修广信府志序》,见蒋继洙、李树藩等纂:同治十二年《广信府志》,《中国方志丛书》(华中地区·第 106 号),成文出版社有限公司 1987 年版,第 1 页。

④ 蒋继洙、李树藩等纂:同治十二年《广信府志》汪俊原序,《中国方志丛书》(华中地区·第 106 号),成文出版社有限公司 1987 年版,第 21 页。

⑤ 谢旻等监修:雍正十年《江西通志》卷二六《风俗·广信府》,《影印文渊阁四库全书》第 513 册,上海古籍出版社 1987 年版,第 841 页。

然相映带。其物产丰美，土壤平衍，故北来之渡江者，爰而多寓焉”。[①] 因此，宋代信州聚集了一大批外来的文化精英。叶适在《徐斯远文集序》中云：“初渡江时，上饶号称贤俊所聚，义理之宅，如汉许下、晋会稽焉。”[②]刘后村《赵庭原诗序》称信州是“过江文献所聚”之地，危素的《广信文献录序》，描述上饶的文脉渊源道：“信，东南大郡也。其山奇拔，其水清写，其钟而为人，有文章，尚节概。自唐吴武陵父子及校书王贞白启其端绪，至于宋室南迁，中原故家，多侨寓于此，而士习益盛。由签书枢密院事张公叔夜，直秘阁知同州郑骧以来，皆能仗节死义，尤足为是邦之重矣。”[③]

南宋建都临安（今浙江杭州），毗邻浙江的上饶，“牙闽控粤、襟淮面浙”，是东西交通的要冲，为闽、浙、皖三省的交通门户。信州，位于江南东路的最南端，东邻两浙，南接福建，西毗江西，是面向南宋中心的腹地，成为由临安到西南和临安到福建新的枢纽位置，处于南宋东西交通大动脉和南去福建大后方的丁字路口，是与闽浙皖三省交通的要道。其中铅山是入闽的门户，玉山与浙江为邻，婺源则是皖赣交流的要道。朝廷与江西、湖南、广西乃至四川的联系，主要通过信江的航道，入鄱阳湖、经赣江，转入袁河而去；同岭南的联系，则是从上饶经由信江入鄱阳湖、溯赣江至南安，通过梅关古驿道翻越大庾岭到达岭南；南宋朝廷与福建后方的联系则经由钱塘江、富春江到浙江衢州、常山，再经由信州玉山、上饶、永平、紫溪、车盘，越过武夷山分水关至福建崇安。《广信府志》曾载：“信之为郡，江以东望镇也，其地上于饶，其俗美于广，牙闽控粤，襟淮面浙，隐然为冲要之会。”[④]洪迈在《稼轩记》中，亦记载了信州优越的位置，“国家行在武林，广信最密迩畿辅。东舟西车，蜂午错出，势处便近，士大夫乐寄焉。”[⑤]

上饶不仅是商旅要道，而且是许多文人名士入朝必经之地。上饶的地缘优势

---

① 韩元吉：《南涧甲乙稿》卷一五《两贤堂记》，《影印文渊阁四库全书》第 1165 册，上海古籍出版社 1987 年版，第 226 页。

② 叶适：《水心集》卷一二《徐斯远文集序》，《影印文渊阁四库全书》第 1164 册，上海古籍出版社 1987 年版，第 242 页。

③ 危素：《广信文献录序》，见李修生主编：《全元文》（第 48 册）卷一四七一《危素》四，凤凰出版社 2004 年版，第 227 页。

④ 马蓉、陈抗等点校：《永乐大典方志辑佚》（第三册）《上饶志》，中华书局 2004 年版，第 1761 页。

⑤ 洪景庐：《稼轩记》，见祝穆《古今事文类聚》前集卷三六，《影印文渊阁四库全书》第 925 册，上海古籍出版社 1987 年版，第 601 页。

使之成为本地文化与外来文化交融的“要区”，也成为文人学者半仕半隐的绝佳场所。南宋时上饶一带聚集了一大批外来的文化精英。危素《广信文献录序》记载道：“至于宋室南迁，中原故家，多侨寓于此，而士习益盛。”辛弃疾、韩元吉、曾几、吕本中等一批寓贤都选择在上饶居住，为本土文化与中原文化及其他地域文化的交流融合创造了便利条件。

“南宋时期信州东西交通孔道的地位，对朱子理学的传播具有尤为特殊重要的意义。在某种程度上可以说，信州是朱熹理学由地方性学说——闽学向全国性统治学说转变过程中不可或缺的重要地域。”①信州几乎成了南宋文化的另一个中心，“朱学、陆学和浙学也在这里绞成一股文化学术的漩涡”②。

上饶也是朱熹每次进出福建的必经之路。李光地的《重修怀玉书院记》云：“子朱子生长建州，趋朝归山则信州其孔道也。是故玉山之会、鹅湖之争，倾动一时。”③他在《广信钟灵书院记》亦云：“朱子趋朝，往来必由信州取道，故玉山之讲、鹅湖之会，道脉攸系，迹在此邦。”④朱熹每次进出都城临安，经闽北崇安，过分水关，到上饶，再取道玉山到达浙江。《上饶县志》录汪伟的《南岩文公祠记》亦记载：“吾信为闽之门户，文公游仕四方，必道出焉，故信之山水最为所赏爱，至今深山穷谷，虽土人亦罕至，而往往有公遗墨。鹅湖以讲道特显，南岩去郡治绝溪而南十里许，公盖常至焉。”⑤

朱熹出闽途经信州达 15 次之多。信州铅山“鹅湖之会”更扩大了他在江西士子的影响。因此，信州是朱熹理学走出崇山峻岭，也是江西士子前往福建师事朱子的必经之地，是理学向外辐射的一个中转站。“上饶地处武夷山北麓，是朱熹出闽往来的必经之途。境内的信州区、铅山县、玉山县、婺源县，都有丰富的朱子过化之迹。”⑥根据束景南的《朱熹年谱长编》和王懋竑的《朱熹年谱》等史料记载，程继红

① 宋三平、张涛：《论两宋江西地区的交通及其影响》，《南昌大学学报》2009 年第 6 期，第 98—103 页。

② 束景南：《朱子大传》，商务印书馆 2003 年版，第 553 页。

③ 李光地：《榕村集》卷一四《重修怀玉书院记》，《影印文渊阁四库全书》第 1324 册，上海古籍出版社 1987 年版，第 727 页。

④ 李光地：《榕村集》卷一四《广信钟灵书院记》，《影印文渊阁四库全书》第 1324 册，上海古籍出版社 1987 年版，第 728 页。

⑤ 汪伟：《南岩文公祠记》，见谢旻等监修（雍正十年）《江西通志》卷一三一《艺文（十）》，《影印文渊阁四库全书》第 517 册，上海古籍出版社 1987 年版，第 661 页。

⑥ 吴长庚：《导言》，《朱子学刊》2000 年第 1 辑，第 1 页。

将朱熹15次出闽且途经信州的具体情况进行了汇总①。

饶州地处江西的东北部、鄱阳湖的东岸，是江西通往安徽、浙江和福建的人文交会之区。从宋代饶州州治鄱阳出发，经乐安河可达乐平、德兴，并抵达朱熹的故里婺源。从鄱阳经景德镇、浮梁、祁门可至休宁，下至屯溪、富阳并可抵临安。尤其南宋时期，饶州毗邻首都临安，北方寓贤大量进入，使饶州成为文化名区。

饶州号称“饶为沃野”，素以“富饶之州”而得名。在以山地为主的江西，饶州是一片十分难得的广袤平原，有“镕银撷茗之利”，素称富庶之地。唐代诗人章孝标《送张使君(蒙)赴饶州》中描绘了饶州的富庶美景：“饶阳因富得州名，不独农桑别有营。日暖提筐依茗树，天阴把酒入银坑。江寒鱼动枪旗影，山晚云和鼓角声。太守能诗兼爱静，西楼见月几篇成?”②饶州地域广阔，物产丰饶，是著名的鱼米之乡。在汉代，百姓就过着“饭稻羹鱼”的富足生活，饶州历来是重要的粮食产地和粮食输出区，茶叶、银矿、林业都很发达。宋太宗时，知州范正辞就以“东南诸郡，饶实繁盛”之语评价饶州③。

“鄱阳为郡，文物之盛，甲于江东。”④饶州不仅经济富庶，且文教兴盛。饶州“其人喜儒，故其俗不鄙。荐士德兴为最，有陶唐之遗风”⑤。“鄱当楚尾吴首，背山环水，气候多阴，民无悍戾之性。其音清越，其习以礼信相敦。闺教至肃，为七邑冠。农务稼穑，市务居积，工艺杂异，乡人不作淫巧，族无贵贱，皆知诗书，训子诵读之声络绎巷陌。”⑥

饶州历来有重视文教的传统，读书风气浓郁。宋仁宗嘉祐年间，抚州进士吴孝宗在《余干县学记》里，就形象地描绘了饶州：“古者江南不能与中土等，宋受天命，然后七闽、二浙与江之西东，冠带《诗》《书》，翕然大肆，人才之盛，遂甲于天下。江南既为天下甲，而饶人喜事又甲于江南。盖饶之为州，壤土肥而养生之物多，其民家富而户羡，蓄百金者不在富人之列，又当宽平无事之际，而天性好善。为父兄者，

---

① 程继红：《在理学与文学的交通线上——论南宋交通新“十”字构架在朱熹理学与稼轩词派传播中的意义》，《江西社会科学》2005年第4期，第23页。

② 章孝标：《送张使君赴饶州》，见王启兴主编《校编全唐诗》，湖北人民出版社2001年版，第2664页。

③ 脱脱：《宋史》卷三〇四《范正辞传》，中华书局1977年版，第12053页。

④ 张世南：《游宦纪闻》卷一，中华书局1985年版，第1页。

⑤ 祝穆撰，祝洙增订，施和金点校：《方舆胜览》卷一八《饶州》，中华书局2003年版，第323页。

⑥ 王克生修，王用佐等纂：康熙《鄱阳县志》卷二《舆地志下·风俗》，清康熙二十三年刻本。

以其子与弟不文为咎；为母妻者，以其子与夫不学为辱。其美如此。”①饶州富而重教，形成了浓郁的崇文风俗，饶州境内书院众多，“南宋江西境内，书院数量最多的是饶州，其后依次是信州、吉州、抚州、瑞州、洪州等，在各县之中，饶州德兴县最突出，竟有 12 所，超过多数州军的合计数。”②

饶州还是鄱阳湖地区理学传衍的中心。余干赵汝愚是宋代唯一的宗室宰相，也是朱熹重要的政治盟友和理学的学术靠山。朱熹在婺源故里和余干东山书院的讲学活动，使饶州有程端蒙、董铢、王过、程珙等一批朱熹门生，有柴中行、柴中立、柴中守为代表的“余干三柴”，有被誉为“江右理学巨子”的饶鲁等一批朱子后学。其中不乏开宗立派的人物，饶鲁开创了“双峰学派”，董梦程开创了“介轩学派”，安仁汤千、汤巾、汤中等“安仁三汤”创立了“存斋晦静息庵学派”等，在《宋元学案》中，以江西朱子后学为领衔学者的六大学案中，饶州就有介轩学案、双峰学案、存斋晦静息庵学案三个，独居其半。

二、朱熹两次回婺源故里省亲，推动了上饶书院的发展

朱熹 15 次途经上饶，特别是两次回婺源故里省亲讲学，植树扫墓、整修家谱、游览题词，著书立说，讲学授徒，大师过化存神，对上饶书院的发展、文教的兴盛起了直接的推动作用。

1. 朱熹两次回婺源扫墓省亲，认祖归宗

南宋高宗绍兴十八年(1148)，时年 19 岁的朱熹考中进士。按照传统的风俗礼法，身处异乡的游子，一旦金榜题名，就要衣锦还乡，认祖归宗，到祠堂告慰祖先，光宗耀祖。

绍兴二十年(1150)春，21 岁的朱熹以新科进士的身份衣锦还乡，第一次返归婺源故里祭祖扫墓，认祖归宗。朱熹先后寻访了婺源连同、官坑、汤村、王桥、镇卜、小港六处先祖墓地，作了封识，并且捐赠了省墓祭祖的费用。此外，朱熹还去谒告了明道坊前街的朱氏家庙，凭吊朱氏故宅中的虹井，游览了城南三里外朱松曾读书其中的紫阳山。

---

① 洪迈著，穆公校点：《容斋四笔》卷五《饶州风俗》，上海古籍出版社 2014 年版，第 276 页。
② 许怀林：《江西通史》(第 6 卷)《南宋卷》，江西出版集团、江西人民出版社 2009 年版，第 324 页。

朱熹同婺源一带有名的儒学先辈俞靖、滕洙、董琦等讲论诗赋学问。以少年得志的新科进士的名望同婺源的后生学子谈诗论文，论道讲学，把自己的影响首次带到了婺源，带到了徽州，在婺源故里有了程洵等最早的一批门人弟子。

程洵是程鼎之子，朱熹表弟，喜工诗文。他向朱熹请教诗文，朱熹开导他说："《三百篇》性情之本，《离骚》辞赋之宗，学诗而不本之于此，是亦浅矣。然学者所急，亦不在此。学者之要务，反求诸己而已。反求诸己，别无要妙。《语》《孟》二书，精之熟之，求见圣贤所以用意处，佩服而力持之可也。"①

朱熹这一次婺源扫墓省亲，在婺源故里收了首批弟子，把自己的影响带到了该地。返归时，朱熹改走德兴、贵溪、弋阳、铅山一路回福建。

淳熙三年（1176）二月，47 岁的朱熹已经是一个名满天下的理学大师。他第二次到婺源展墓，一直到六月初，逗留了 3 个多月。这期间，朱熹寻得始祖朱瓌之墓，加以修葺，并取得官府"文据"，据《新安月潭朱氏族谱》卷一所载："一世茶院府君讳瓌……娶杜夫人四娘，合葬万安乡千秋里，地名连同……淳熙三年丙申二月，文公自闽归婺源省宗族，拜丘墓，寻访始祖兆域，得之连同。告于有司。给到公据及执照，状连同四去，各六尺五寸，后之子孙得祭拜。"②

朱熹还与族兄朱然共同修订了《婺源茶院朱氏世谱》，亲笔写下了《婺源茶院朱氏世谱序》，对自己的家世做了简要的说明。此时他已是一个名满天下的理学大师，受到了地方官员、亲朋好友、门生故旧的热情欢迎。《朱子年谱》云："蔡元定从。既至，邑宰张汉率诸生请讲书于学，辞。复请撰《藏书阁记》，许之。而以程氏《遗书》《外书》《文集》《经说》，司马氏《书仪》、高氏《送终礼》、吕氏《乡仪》《乡约》等书留学中。乡人子弟日执经请问，随其资禀，诲诱不倦，又作《茶院朱氏谱序》，至六月初旬乃归。"③

婺源县令张汉多次请朱熹至县学讲学，被朱熹婉拒。当年六月，朱熹为婺源县学藏书阁写了《徽州婺源县学藏书阁记》："道之在天下，其实原于天命之性，而行于君臣、父子、兄弟、夫妇、朋友之间；其文则出于圣人之手，而存于《易》《书》《诗》《礼》《乐》《春秋》，孔、孟氏之籍，本末相须，人言相发，皆不可以一日而废焉者也。

① 王懋竑：《朱子年谱》卷一，《影印文渊阁四库全书》第 447 册，上海古籍出版社 1987 年版，第 225 页。
② 转引自束景南：《朱子大传》上，商务印书馆 2003 年版，第 384 页。
③ 王懋竑：《朱子年谱》卷二，《影印文渊阁四库全书》第 447 册，上海古籍出版社 1987 年版，第 280 页。

盖天理民彝，自然之物，则其大伦大法之所在，固有不依文字而立者。然古之圣人欲明是道于天下而垂之万世，则其精微曲折之际，非托于文字亦不能以自传也。故自伏羲以降，列圣继作，至于孔子，然后所以垂世立教之具粲然大备。天下后世之人，自非生知之圣，则必由是以穷其理，然后知有所至而力行以终之。……然自秦汉以来，士之所求乎书者，类以记诵剽掠为功，而不及乎穷理修身之要。其过之者，则遂绝学捐书，而相与驰骛乎荒虚浮诞之域。盖二者之蔽不同，而于古人之意，则胥失之矣。"①这篇学记，较系统地宣扬了他的理学思想，认为人要通过读书才能认识天理，强调了读书穷理的道问学工夫，也隐含着对"绝学捐书"的陆学的批评，并赠送县学《程氏遗书》《程氏外书》《程氏文集》等多种书籍。

朱熹这次回婺源，还在汪清卿的"敬斋"讲学。"日与乡人讲学于汪氏之'敬斋'，至六月乃去。"从三月至六月，士人蜂拥而至，求学盈门，有弟子 30 多人。除了程洵等原有弟子外，又有滕璘、滕珙兄弟，程先、程永奇父子，吴泉，李季札，程端蒙，董铢，董景房，汪清卿，张珍卿，程珙等一批士子前来拜师问学。《宋元学案补遗》引汪佑在《紫阳书院建迁源流记》云："朱子自闽归徽，省墓星源（婺源），绍兴庚午一至，淳熙丙申再至。其时思返故庐，迟留数月。教泽所振兴起，执弟子礼者三十人。"②朱熹以一个理学大师的威望，用自己尊德性、道问学的"顿进新功"来塑造这批新收弟子。

通过各种活动，朱熹的理学思想在婺源一带得以广泛传播，其门人中不少后来成为新安理学重要代表。朱熹此次故乡婺源之行实际上成了他理学思想的大宣传、大普及活动③。

朱熹两次回婺源讲学时间虽然不长，但时间跨度大，从 1150 年到 1176 年。从年少的新科进士到人到中年的一代大儒，思想的成熟、学问的成就对婺源等地的上饶学子影响巨大，真正把朱学之风吹进了婺源及皖南，从而形成了日后新安理学这一重要学派。束景南先生也说："朱熹这次婺源之行真正把朱学之风吹入了皖南，

---

① 朱熹：《晦庵先生朱文公文集》卷七八《徽州婺源县学藏书阁记》，朱杰人、严佐之、刘永翔主编：《朱子全书》（修订本）第 24 册，上海古籍出版社、安徽教育出版社 2010 年版，第 3734 页。

② 王梓材、冯云濠撰，沈芝盈、梁运华点校：《宋元学案补遗》卷六九《紫阳书院建迁源流记》，中华书局 2012 年版，第 169 页。

③ 郭齐：《朱熹传》，四川大学出版社 2000 年版，第 134 页。

从而在皖中形成了一个以新安弟子为核心的朱学学派支脉。”①

由于朱熹在上饶的影响力，上饶本地士子多前往武夷，归依朱熹门下，上饶朱熹的第一代弟子有上饶县的陈文蔚、余大雅、余大猷；玉山赵蕃和铅山徐子融等，此外汪逵、段钧、赵成父、欧阳国瑞及汪应辰之子汪伯时、汪季路等都与朱熹有过交游。他们以书院为阵地，以传播朱子学说为己任，自甘淡泊、克己内省，以“理”作为立世处事的价值尺度，在上饶的田园山丘中体验并践履着理学的精神，纷纷效法其师朱熹，创建书院，讲学授徒。因此，朱熹两次回婺源故里及其在上饶的活动，传播了他的学术思想，有力地推动了上饶书院的兴起与发展。

三、朱熹与上饶学者的交游与交锋

宋代的上饶是一个文教发达的地区，诞生了一大批知名学者，如玉山状元汪应辰，余干宰相赵汝愚，鄱阳的“鄱阳四洪”等，还有辛弃疾、曾几、韩元吉等一批寓贤，朱熹与他们都有着密切的交游交往与学术交锋。

1. 朱熹与玉山状元汪应辰的交游与交锋

汪应辰（1119—1176），原名洋，字圣锡，江西玉山人，人称“玉山先生”。祖籍新安，“公先世自新安徙玉山，遂世为玉山人”②。他幼时聪颖，功底扎实，科场异常得意，被宰相赵鼎视为神童，罗致门下。中书舍人胡寅评议道：“尔年未及冠，而能推明帝王躬行之本，无曲学阿世之态，遂冠时髦，名震中外。”③高宗绍兴五年（1135），年仅 18 岁就被高宗亲擢为第一名，并特赐名“应辰”。后历任吏部郎官，秘书少监、户部侍郎兼侍讲、吏部尚书等职，开创了“玉山学派”。汪应辰在学术上，主张兼容并蓄，博综百家，不能有门墙之隔，要广泛吸收不同学派的学术思想，“日以亲师取友、多识前言往行为事”，不论是对同辈还是晚辈，都抱着不耻下问的虚心态度。张栻曾赞汪应辰：“苟片善之足取，必挽后而推前。”④黄宗羲评价他“骨

---

① 束景南：《朱子大传》，商务印书馆 2003 年版，第 387 页。

② 夏浚：《汪文定公集序》，四川大学古籍所编《宋集珍本丛刊》第 46 册《汪文定公集》，线装书局影印清翁同龢抄本，2004 年，第 20 页。

③ 胡寅撰，容肇祖点校：《崇正辩 斐然集》卷一四《汪应辰改官》，中华书局 1993 年版，第 296 页。

④ 张栻：《南轩集》卷四三《祭汪端明》，《影印文渊阁四库全书》第 1167 册，上海古籍出版社 1987 年版，第 769 页。

鲠极似横浦，多识前言往行以畜德似紫微，而未尝仿佛，粹然为醇儒”①。

汪应辰比朱熹年长 11 岁，是朱熹的从表叔，也是吕祖谦的恩师。汪应辰严谨的学术作风和高尚的品格对朱熹产生了积极的影响，让朱熹受益良多。朱熹早期思想的形成和仕途的进步，离不开汪应辰的影响和努力。朱熹得以登上政治舞台，很大程度上得益于汪应辰等人的帮助、提携。乾道、淳熙年间朱熹的召命多出于汪应辰等人的举荐，得益于与汪应辰的密切交往。可以说汪应辰是朱熹仕途上的领路人，思想上的交锋者和人生中不可或缺的好友。在与汪应辰等同道学者不断的交流讲论、反复辩论中，朱熹完善了他早期的思想体系。

汪应辰对朱熹的才华十分赏识，多次举荐朱熹入朝为官，甚至朝廷升他为敷文阁待制时，汪应辰还举朱熹自代。朱熹与汪应辰的相识，始于绍兴三十二年（1162）九月。汪应辰以权户部侍郎知福州，在建安与朱熹相遇、相识，汪应辰对朱熹的才能十分欣赏，在给吏部侍郎陈俊卿的举荐信中，称赞朱熹：“其学材识足为远器，亦招其来此，帅司准备差遣……乞辟差元晦，敢望同凌丈见宰执言之……与宰执书，亦云其详托吏部两侍郎矣。”②汪应辰恳请吏部侍郎陈俊卿、凌景夏帮助举荐朱熹，又直接向宰相陈康伯力荐。在他们的举荐下，隆兴元年（1163），孝宗召朱熹入都奏事，但朱熹因对朝政不满，辞召命不赴。在汪应辰等人的努力下，隆兴元年六月，召命再下，十月，朱熹在垂拱殿面对新君孝宗奏事，即《癸未奏札》，提出大学之道在于明理，国家之计需顺理而行，而明理必须举贤才和行致知格物之道。对此，汪应辰很是关切，对他的登对充满希望：“窃计诚心正论，从容献纳，所以开寤上意者多矣。”③虽然此次朱熹“得君行道”的愿望没有实现，但入都后得以与众多道学士大夫的相识，提升了朱熹的知名度和影响力，朱熹因此成为道学群体的一员。

不久，朝廷升汪应辰为敷文阁待制，汪应辰又举荐朱熹自代。“臣伏睹左迪功郎监潭州南岳庙朱熹，志尚宏远，学识纯正，不守章句而以自得为本，不事华藻而以躬行为用，尊其所闻，充养益厚。举以代臣，实允公议。”④可见汪应辰对朱熹才华

---

① 黄宗羲原著、全祖望补修，陈金生、梁运华点校：《宋元学案》卷四六《玉山学案》，中华书局 1986 年版，第 1455 页。

② 汪应辰：《文定集》卷一四《与吏部陈侍郎》，中华书局 1985 年版，第 158 页。

③ 汪应辰：《文定集》卷一五《与朱元晦书》，中华书局 1985 年版，第 170 页。

④ 汪应辰：《文定集》卷六《除敷文阁待制举朱熹自代状》，中华书局 1985 年版，第 53 页。

的赏识和关爱。

隆兴二年(1164)二月,朱熹到福州拜访汪应辰,两人在此相处了整整一个月,对和、战等问题进行了充分讨论。汪应辰在给吕叔潜信中也提到了这次相见,说:“朱元晦到此,一月而归。其学问精进,所养益厚,所谓日新而未见其止也。”①

朱熹的仕途发展,得到了汪应辰等道学群体的帮助,同汪应辰的交往,使朱熹的政治生涯受益匪浅。

朱熹与汪应辰二人在思想上的往复辩难,更促进了朱熹早期理学思想的形成,有利于朱熹理学的建构。通过与汪应辰的论辩,朱熹基本上完成对佛老、苏学、王学等其他学派的横向清算,确立道学的正统地位。

朱熹从同汪应辰的儒释邪正之辨开始了对佛学的论战。汪应辰早年深受吕本中、张九成的影响,醉心于宗杲禅学。朱熹曾多次批评汪应辰的好佛,说:“张无垢参杲老,汪玉山被他引去,后来亦好佛。”②

隆兴元年(1163),朱熹将罗从彦的《龟山语录》寄给汪应辰,汪应辰在回信以《龟山语录》中“可疑者”问朱熹,“罗丈《语录》得之甚幸,尚有可疑者,谨具别纸。……罗丈《语录》中,有可疑者,不居其圣,与得无所得。形色天性,与色即是空,恐难作一类语看。”③所谓“可疑”,即语涉佛老之处。朱熹回信“异学决不可与圣学同年而语”。以此来批判汪应辰的“儒释道三道同源说”。

朱熹与汪应辰除了论战佛学外,对苏学的看法上,二人也存在分歧。隆兴二年(1164),二人由“儒释邪正之辨”渐渐转向“苏学邪正之辨”,由对佛学的批判转向了对苏学的辩难。

隆兴二年(1164),汪应辰任四川制置使兼成都知府,汪应辰对蜀中苏学也颇为同情,认为“欧阳、司马同于苏氏”,苏氏与欧阳修、司马光相似,而不能与王安石同比。“两苏之学不可与王氏同科。”朱熹反驳了汪应辰的看法,认为苏学与王学不同只在于“天下未被其祸而已”。④ 苏学之害不在王学之下!且苏学“语道学则迷

---

① 汪应辰:《文定集》卷一五《与吕叔潜》,中华书局1985年版,第158页。

② 黎靖德编,王星贤点校:《朱子语类》卷一二六,中华书局1986年版,第2307页。

③ 汪应辰:《文定集》卷一五《与朱元晦书》,中华书局1985年版,第152页。

④ 朱熹:《晦庵先生朱文公文集》卷三〇《答汪尚书》,见朱杰人、严佐之、刘永翔主编:《朱子全书》(修订本)第21册,上海古籍出版社、安徽教育出版社2010年版,第1340页。

大本,论事实则尚权谋,炫浮华,忘本实,贵通达,贱名检,此其害天理,乱人心,妨道术,败风教,亦岂尽出王氏之下也哉!"①如果"使其行于当世,亦如王氏之盛,则其为祸不但王氏而已"。② 认为苏学之害比王学更甚!"王氏仅足为申、韩、仪、衍,而苏氏学不正而言成理,又非杨、墨之比。"③

汪应辰则为二苏辩解,认为苏轼之于佛说只不过是"以智虑异度,以文字解说",而苏辙的《老子解》则是引用佛老之说论证儒释道三道合一,"欲和会三家",并没有什么邪心妄虑,只是积习之蔽而已,其学问之害也并不严重。"然世人诵习,但取其文章之妙而已,初不求于道也",劝诫朱熹对待苏氏"原其情"而不要惩创太过。但朱熹并没有息战,在朱熹的持续批判下,汪应辰只好让步,回信承认"苏氏之学,疵病非一"。④

在论辩中,朱熹年轻气盛,充满火药味,甚至连好友吕祖谦都看不下去,认为朱熹是"因激增怒",而汪应辰则以长者的大度风范和肚量,对晚辈朱熹殷殷相劝。最后,以"道不同,不相知",主动退让,退出了论辩。

朱熹在同汪应辰的往来论辩中,对于儒释之异和苏学的许多看法都日益明了,产生了对佛老、苏学等"杂学"进行批判的想法。

朱熹与汪应辰学术思想交锋的另一主题是围绕《西铭》展开的论战。乾道元年(1165),汪应辰在任职四川时,找到了失传多年的张载《语录》与《文集》,并寄给了朱熹,促使朱熹萌发了撰写《西铭解》的想法。于乾道六年至八年(1170—1172)最终完成了《西铭解》。《西铭解》写成后,很快在理一分殊上形成了朱熹、张栻同吕祖谦、汪应辰两方的对立。汪应辰坚持杨时早年提出的《西铭》有体无用、有理一无分殊的主张。乾道七年(1171),汪应辰奉祠归家之后,致信朱熹,言及《东铭》《西铭》互为表里,体用一源。认为"窃谓体用一源,显微无间,东、西二《铭》,所以相为表里,而顷来诸公,皆不及《东铭》,何也?……道无远近高卑之异,但见有不

① 朱熹:《晦庵先生朱文公文集》卷三〇《答汪尚书》,见朱杰人、严佐之、刘永翔主编:《朱子全书》(修订本)第21册,上海古籍出版社、安徽教育出版社2010年版,第1301页。

② 朱熹:《晦庵先生朱文公文集》卷三〇《答汪尚书》,见朱杰人、严佐之、刘永翔主编:《朱子全书》(修订本)第21册,上海古籍出版社、安徽教育出版社2010年版,第1301页。

③ 朱熹:《晦庵先生朱文公文集》卷三〇《答汪尚书》,见朱杰人、严佐之、刘永翔主编:《朱子全书》(修订本)第21册,上海古籍出版社、安徽教育出版社2010年版,第1304页。

④ 汪应辰:《文定集》卷一五《与朱元晦书》,中华书局1985年版,第155页。

同尔。然方其未至也,虽欲便造平易,而其势有未能者。"①在他看来,《东铭》和《西铭》互为表里,体现了程颐"体用一源,显微无间"的论断,但以往学者都认为《西铭》不及《东铭》,打破了"显微无间",从"体用一源"的角度对学者割裂《东》《西》二铭的偏颇作出批评。

朱熹反驳了汪应辰的说法,认为《东》《西》二铭,不可"同日而语",针对汪应辰"互为表里"的说法,提出二铭在词义、气象、深浅等方面都是"迥然不同"的。《西铭》本身就体现了"体用一源,显微无间"。如果一定要合二《铭》才能体现"体用显微"的话,那就会造成"体用显微判然二物"的后果,从根本上反驳了汪应辰的观点。使"程颐'《西铭》明理一分殊'的道统圣训经朱熹的解说成了千古定案"。②

朱熹与汪应辰的论辩,经历了批判佛学,到批判苏学再到清算宗杲、张九成,最后论辩《西铭》的历程,也是朱熹对自己早年曾出入佛老的清算,是建构朱熹思想体系不可缺少的一个环节。通过与汪应辰等人的交锋互辩,朱熹应对了佛学与苏学的挑战,在建构早期的理学思想体系上迈出了关键的一步。

朱熹与汪应辰虽然在学术上有着尖锐的交锋,进行了反复的论辩,但并没有因此而改变二人深厚的友谊。汪应辰奉行"行之以恕,居之以宽"的原则,为人宽容,对不同的学术意见,提出"道不同,不相知",对朱熹的批判,以长辈的姿态和长者肚量给予充分的宽容,通过书信,对朱熹反复开导,循循善诱。

汪应辰严谨的学风和高尚的品格对朱熹更产生积极的影响,让朱熹受益良多。对汪应辰的知遇之恩,朱熹心怀深深的感激。汪应辰去世后,朱熹专程到衢州常山,哭奠汪应辰。在祭文中高度评价汪应辰:"惟公学贯九流,而不自以为足;才高一世,而不自以为名;道高德备,而不自以为德;位高势重,而不自以为荣。……巍乎其若嵩、岱之雄峙!浩乎其若沧海之涵渟!"③

总之,汪应辰既是朱熹的长辈和益友,又是影响、成就朱熹一生伟业的恩师。二人的密切交往为朱熹的仕途奠定了政治基础,铺平了朱熹政治舞台的道路;二人思想上的往返辩难,则直接推动了朱熹早期理学思想的形成。

---

① 汪应辰:《文定集》卷一五《与朱元晦书》,中华书局 1985 年版,第 156 页。

② 束景南:《朱子大传》,商务印书馆 2003 年版,第 301 页。

③ 黄宗羲原著、全祖望补修,陈金生、梁运华点校:《宋元学案》卷四六《玉山学案》,中华书局 1986 年版,第 1457 页。

2. 朱熹与二陆论辩铅山鹅湖，开会讲之先河

乾道、淳熙年间，陆九渊通过槐堂、象山讲学，其学说影响迅速扩大，名震四方；与此同时，朱熹也在福建著书讲学，建立自己的学派，且学徒甚众，成为当时的学界领袖。朱熹、陆九渊是并立于世的两位大思想家，对对方的学术观点和影响声望早有耳闻，学术上和而不同，但相互有仰慕之心。两人虽然同植纲常，同扶名教，同宗孔孟，但由于"立教不同"，他们的思想有很大的差别。浙江金华的吕祖谦与朱熹有数十年的交情，是志同而道合的挚友。吕祖谦是陆九渊的乡试考官，与陆九渊相契甚深，是陆九渊进入官场和学术界的引路人，是朱陆共同的朋友。鉴于朱、陆均欲相识，于是在寒泉之会后，趁归途之便，谋为聚会，以调和朱、陆之分歧。本着"会归于一"的良好愿望，淳熙二年(1175)五月，由吕祖谦出面邀集朱熹与陆九渊、陆九龄兄弟，在上饶铅山鹅湖寺，举行了历史上有名的鹅湖之会。

朱熹在 5 月 28 日到达鹅湖寺，与陆九渊兄弟相会。双方从"为学之方"的读学方法到教书育人重点都各执己见，分歧主要是"博与约、简与繁及尊德性与道问学之间孰轻孰重、孰先孰后的关系问题"，辩论焦点是"为学之方"，在多日的集会上，朱、陆双方各持己见，论辩激烈。

《象山语录》较详细地描述了朱、陆鹅湖论辩的情景。二陆兄弟抵达鹅湖寺后，吕祖谦首问九龄别后新功，陆九龄于是举诗为答："孩提知爱长知钦，古圣相传只此心。大抵有基方筑室，未闻无址忽成岑。留情传注翻榛塞，著意精微转陆沉。珍重友朋相切磋，须知至乐在于今。"①举诗至前四句，朱熹就对吕祖谦说："子寿早已上子静船了也。"陆九渊亦举其途中和陆九龄诗云："墟墓兴哀宗庙钦，斯人千古不磨心。涓流积至沧溟水，拳石崇成泰华岑。易简工夫终久大，支离事业竟浮沉……举诗至此，朱子失色。至'欲知自下升高处，真伪先须辨只今。'元晦大不怿。于是各休息。"②第一天的论辩中，陆氏兄弟的诗都是从"心即理""理在吾心"出发，主张易简地发明本心，而反对朱熹的格物致知、读书穷理工夫。

鹅湖之会论辩的中心是"易简工夫"与"支离事业"之辩，主要体现在几个方面：

---

① 陆九渊著，钟哲点校：《陆九渊集》卷三四《语录上》，中华书局 1980 年版，第 427 页。
② 陆九渊著，钟哲点校：《陆九渊集》卷三四《语录上》，中华书局 1980 年版，第 427 页。

一是关于本体论。陆氏兄弟用诗的形式,表达了他们"吾心千古不磨"的心学主张,明确表示反对朱熹的格物致知、读书穷理的方法。当时,朱熹被有备而来的陆氏兄弟弄得有些猝不及防,对陆氏兄弟的心学理论并没有立即反驳,直到 3 年之后,他才和了一首诗,用"却愁说到无言处,不信人间有古今"的诗句,来反讥陆氏兄弟"心本论"的空疏与师心自用。

二是关于治学方法。朱、陆都认识到读书可以明理,但朱熹主张以"道问学"为先,要"即物穷理,泛观博览,而后归之于约"。主张教人要从格物致知入手,继而知至意诚,然后心得其正,推之以齐家治国平天下,这才是正当学问。因为格物需要一件一件地格,知识需要一点一滴地积累。因此,朱熹主张教人要泛观博览,而后归之约。方法就是通过读圣贤经典,理解圣贤本意,这才是成圣成贤的有效途径。而陆九渊却不赞成朱熹的观点,认为圣贤经典汗牛充栋,无法穷极,关键就是"发明本心",在于"尊德性"。认为心即理、良知良能是每个人心中所固有的,无需外求,只需要"尊德性",涵养本心所具有的善性,而不需要进行格物穷理"道学问"的工夫。强调发明本心是博大悠久的"易简"工夫,而读书穷理的为学之方则是支离事业,终将沉沦!对此,朱熹予以强烈的反对。朱熹说:"子寿兄弟气象甚好,其病却是尽废讲学,专务践履。却于践履之中要人提撕省察,悟得本心,此为病之大者。"这种做法,与禅学无异,有害于社会。

在鹅湖之会上,朱熹与陆氏兄弟之辩"语三日",双方就诗中提出的问题进行了面对面的论争。虽然经过了长达三日的辩论,其结果却是分歧越来越大,观点始终不能得到统一。朱以陆之教人为太简,陆则以朱之教人为支离。直到第四天,论争的氛围才逐渐缓和,朱陆双方相互介绍门下弟子,在一些具体问题上也达成了一致意见。6 月 8 日,朱熹、吕祖谦与二陆分手各归,鹅湖之会由此结束。

"鹅湖之会学以聚之,问以辩之,行以仁之。从此,百家争鸣成为中国大学学术发展道路,首开学术自由辩论之风。"①虽然没有达到"会归于一"的目的,但此次辩论有着十分重要的影响,是中国哲学史上一次堪称典范的学术讨论会。鹅湖之会是一次学人之间的自由集会,引发了不同学派之间平等的交流与争鸣,打破了思想

---

① 朱虹:《江右书院冠华夏》,见邬小辉主编:《江右书院行之论文》前言,江西美术出版社 2015 年版,第 2 页。

界的沉闷保守状态，增进了相互了解，催生出学术的繁荣。这种既坚持自己的学术主张，又不恪守门户，且互相尊重的学术风范为我国古代的学术论辩树立了良好的榜样。

鹅湖之会的另一重要意义就是促使了朱、陆双方都对自己的学术思想进行反省，相互借鉴，取长补短，对各自学说的偏颇进行了修正。陆氏兄弟正是在鹅湖辩论中，扩大了心学的影响力。曹聚仁先生在《风雨说鹅湖》中感叹道："宋明理学家朱、陆两氏论道于此，鹅湖之会乃是近代文化思想史上最重要的一页。"①

鹅湖之会直接导致了鹅湖书院的设立。鹅湖之会不久，信州知州杨汝砺在鹅湖寺建"四贤祠"。据《陆子年谱》载："后信州守杨汝砺建四先生祠堂于鹅湖寺，勒陆子诗石。"②以此纪念吕、朱、二陆四贤。

淳祐十年(1250)，江东提刑蔡抗奏请朝廷为书院赐额，于是理宗赐名"文宗书院"，取"斯文宗主，存神过化"之意，并立"四贤"像于其中。这便是当时一种"存神过化"现象——对"先儒过化之地，名贤经行之所，好事之家便捐田、捐会子而立书院"③。

明景泰年间，正式定名"鹅湖书院"。鹅湖书院的建立，为传播朱熹的理学思想提供了阵地，更促进了上饶书院教育发展。鹅湖之会邀请了信州太守詹仪参加，因此在鹅湖之会结束后，朱熹的理学思想通过官方途径在上饶得到了广泛的传播，得到了当地官府的支持，逐渐成为上饶地区的主流思想，对上饶的影响甚远，此后朱熹的思想在上饶普遍流传。可以说，鹅湖书院是推动上饶及江西学术文化全盛发展的一个里程碑。

淳熙五年(1178)，朝廷任命朱熹知南康军。朱熹一面辞免，一面动身到铅山县治(今永平镇)候命，于次年二月四日到铅山崇寿观音寺候命一个多月。铅山学子士人听说朱熹在铅山，纷纷前来求师论学。三月，陆九龄偕刘尧夫访朱熹于铅山观音寺，双方讲论三日。

观音寺之会较鹅湖之会，气氛要融洽得多，朱熹与陆九龄二人心平气和地进行了交流，都对自己的学问主张作了让步，且进行了一些自我批评，主要是陆九龄受

---

① 曹聚仁：《万里行记》卷七《赣闽》，生活·读书·新知三联书店2000年版，第288页。

② 陆九渊著，钟哲点校：《陆九渊集》卷三六《年谱》，中华书局1980年版，第490页。

③ 叶求利：《朱陆学术之辩》，《南平师专学报》2000年第3期。

到了朱熹的影响，开始慢慢接受朱熹关于儒家经典和义理化的解释，肯定了朱熹将义理之学与章句训诂之学相结合的基本方法，陆九龄基本上倾向了朱熹。“但显然主要是陆九龄受到了朱熹的影响，相见之后，陆九龄基本上倾向了朱熹。”①从朱熹在观音寺对余大雅的临别赠言中，建议余大雅“就简约上做工夫”，也可看出朱熹学术观点的转变。《朱子语类》载：“大雅谒先生于铅山观音寺……临别请教，以为服膺之计。曰：‘老兄已自历练，但目下且须省闲事，就简约上做工夫。’”②

观音寺之会为朱熹理学在上饶的进一步传播起了一定的推动作用。

3. 朱熹与鄱阳洪迈的太极、无极之争

朱熹还与鄱阳的洪迈进行了太极、无极之争。

洪迈（1123—1202），字景庐，号容斋，又号野处，南宋饶州鄱阳县人。他是洪皓的第三子，与兄洪适、洪遵并称“鄱阳三洪”。洪迈官至翰林院学士、资政大夫、端明殿学士。洪迈虽学识渊博，颇具文史才华，但一向以反道学、主和反战和与勾结近习被清议所鄙视。他与朱熹等道学家的矛盾由来已久，朱熹在为陈俊卿所作的《行状》中，直斥洪迈为奸佞小人，“奸险谗佞，不宜在人主左右，罢斥之”③。

朱熹在淳熙四年（1177）校定的周敦颐《太极图说》首句为“无极而太极”，当时流行的各种版本也大致如此。而9年后，由洪迈在淳熙十三年（1186）主修完成的《四朝国史》，其中《太极图说》却改为“自无极而为太极”。

淳熙十五年（1188）六月，朱熹自临安奏事归闽，在信州玉山县遇到了洪迈。洪迈给朱熹看了由其主修完成的《四朝国史》，令朱熹无比惊讶的是，在《四朝国史·周敦颐传》中，竟把周敦颐《太极图说》的首句“无极而太极”改成了“自无极而为太极”，且没有任何版本校勘考异的说明文字。朱熹当即要洪迈拿出版本依据，但洪迈却始终不能出示。朱熹认为这是洪迈等修撰《四朝国史》的御用文人的蓄意窜改，怀有险恶的政治用心，于是一回到武夷，就撰写了《记濂溪传》一文，将这一事件的真相公诸世人，要求予以修改。

---

① 束景南：《朱子大传》，商务印书馆2003年版，第453页。

② 黎靖德编，王星贤点校：《朱子语类》卷一一三《训门人十》，见朱杰人、严佐之、刘永翔主编：《朱子全书》（修订本）第18册，上海古籍出版社、安徽教育出版社2010年版，第2749页。

③ 朱熹：《晦庵先生朱文公文集》卷九六《陈公行状》，见朱杰人、严佐之、刘永翔主编：《朱子全书》（修订本）第25册，上海古籍出版社、安徽教育出版社2010年版，第4464页。

朱熹写道:“戊申六月,在玉山邂逅洪景庐内翰,借得所修《国史》中有濂溪、程、张等传,尽载《太极图说》。盖濂溪于是始得有立传。作史者于此为有功矣。”朱熹一方面肯定了洪迈修《四朝国史》为周敦颐等人立传的行为,认为他“于此有功”。但是,对于《太极图说》,“此说本语首句但云‘无极而太极’,今传所载乃云‘自无极而为太极’,不知其何所据而增此‘自’‘为’二字也?”朱熹认为此事,关系重大,是百世道术渊源所在,“况此乃百世道术渊源之所系耶。”①要求洪迈“当请而改之”,加以修正。

朱熹作《太极图说解》,认为“无极”即是“太极”,“太极”即是“无极”,它们是同一本体,都是本体之“理”,并不是先后生成的关系。“太极只是天地万物之理”②,而洪迈在《四朝国史》改为“自无极而为太极”,则把“无极”和“太极”一分为二,成了先后生成的关系,这就同道家“无”生“有”的本体论是一致的,从而论证周敦颐剽窃了道家无生有的本体论。如果这一说法成立,那么周敦颐道学宗主的地位就会受到动摇,并且从根本上动摇朱熹借周敦颐的宇宙本体论建立起来的整个理学体系。“朱熹马上怀疑到这是官方修史者别有用心的伪窜,是反道学王淮党又在用文字狱的惯用伎俩诬杀人。”③

4. 朱熹同韩元吉、赵蕃、徐斯远等“信上三君子”的交游

朱熹同韩元吉、赵蕃、徐斯远等活跃在南宋信州文坛的“信上三君子”也有比较深的交游交往。

“信上三君子”都以文学见长,韩元吉是“信上三君子”的元老前辈,也是当时信州文坛的盟主。

韩元吉(1118—1187),字无咎,号南涧,河南开封人。他出身中原文献世家,“师尹焞,与朱熹友善。又得吕祖谦为婿,师友渊源,儒林推重。”④绍兴二十三年(1153)秋,韩元吉任信州幕僚,第一次来到信州上饶,就对信州山水、风土情有独

---

① 朱熹:《晦庵先生朱文公文集》卷七一《记濂溪传》,见朱杰人、严佐之、刘永翔主编:《朱子全书》(修订本)第24册,上海古籍出版社、安徽教育出版社2010年版,第3410页。

② 黎靖德编,王星贤点校:《朱子语类》卷一《理气上》,见朱杰人、严佐之、刘永翔主编:《朱子全书》(修订本)第14册,上海古籍出版社、安徽教育出版社2010年版,第113页。

③ 束景南:《朱子大传》,商务印书馆2003年版,第705页。

④ 陈思编,陈世隆补:《两宋名贤小集》卷一六〇《南涧小集》,《影印文渊阁四库全书》第1363册,上海古籍出版社1987年版,第372页。

钟。乾道五年(1169),韩元吉母亲去世后,他忧居上饶三年,潜心学问,与上饶湖潭学者王时敏等多有交往。韩元吉任吏部尚书、龙图阁学士等职,淳熙七年(1180)致仕后,归老于上饶南涧。南涧是上饶市信江河南岸,位于上饶卫校和上饶地区人民医院之间的一条小河,因此,韩元吉自号南涧翁,开始了晚年的信州闲居生活。

韩元吉以其德高望重而成为信州文人群体的实际领袖,是当时上饶文坛的盟主。词选家黄升称赞他"文献、政事、文学,为一代冠冕"①。

早在绍兴二十九年(1159),朱熹与韩元吉就已相识,韩元吉时任建州建安知县,朱熹则居五夫里奉亲讲学,两人一同奉诏赴临安行在,但朱熹以疾辞。韩元吉是吕祖谦的岳父,吕祖谦又是朱熹的好友,因此,朱熹与韩元吉关系密切。乾道六年(1170),朱熹甚至写信向韩元吉借贷,但被韩以"某穷悴,止江东有少俸,连遣二女子,且置得数亩饭米,去岁了两处葬事"而婉拒。②

淳熙九年(1182),朱熹从临安归福建武夷,途经上饶,就住在韩元吉家。第二天,韩元吉邀请了上饶诗人徐安国一道陪朱熹游上饶南岩一滴泉,辛弃疾得到消息后,载酒具肴,倏然而至,赶来相会,一起诗酒娱乐,这便是上饶文化史上著名的南岩之会。

南岩,位于上饶县(今广信区)茶亭镇南岩村,距信州城约 5 公里,是宋代著名古书院。《重修南岩朱文公祠序》称其为与白鹿洞书院、鹅湖书院齐名的江南书院。《上饶县志》载:"县治西南十里,朱子读书处,钖然空嵌,可容数百人。"

朱熹留下了咏南岩诗:"遥望南岩百丈岗,青山叠叠树苍苍,题诗壁上云生石,入定岩前石作房。一窍有灵通地脉,半空无雨滴天浆。鹅湖此去无多路,肯借山间结草堂。"之后文人墨客,纷至沓来,石壁题刻如群星争辉。现有文公祠、大义石、一滴泉、千人室、五级峰、百丈壁、开鉴塘、濯缨井等八景。

赵蕃(1143—1229),字昌父,号章泉。其先河南郑州人,曾祖父赵旸在建炎初年,"以秘书少监出提点坑冶,寓信州之玉山",③去世后葬于玉山章泉,于是子孙定居于玉山,赵蕃也以"章泉"为号。

---

① 黄升:《中兴以来绝妙词选》卷三,《四部丛刊》本。

② 韩元吉:《南涧甲乙稿》卷一三《答朱元晦》,《影印文渊阁四库全书》第 1165 册,上海古籍出版社 1987 年版,第 251 页。

③ 脱脱:《宋史》卷四四五《赵蕃传》,中华书局 1977 年版,第 13146 页。

赵蕃少年时求学于临江(今江西樟树市)刘清之。直到年过五十,才得以问学于朱子。“然先生时以学道未成为惧,年且五十,更从朱子请益。”①《宋史·赵蕃传》亦云:“蕃年五十,犹问学于朱熹。”二人相契颇深,“蕃赋性宽平,与人乐易而刚介不可夺。”②朱熹评价他“昌父志操、文词皆非流辈所及”。提醒赵蕃要避免落入“巧于言语”的邪径,而“多从实处做工夫”。他说:“尤是文士巧于言语,为人所说,易入邪径。”③

赵蕃后来在信州传播发展理学,由于他的学术名望,士子门人负笈从学者益多,“户外之屦常满”。但他不以师道自居,“则勉以师友之源流”④,教导后生学子了解理学发展的脉络。刘宰在《章泉赵先生墓表》中,评议南宋初期学术传承渊源时说道:“诸老先生师友渊源,有以系学者之望,天下学者,翕然而景从之。闽、湘、江、浙师道并建。凡异时孔、孟之所传,周、程、张、邵之所讲,思之益精,语之益详,炳然斯文,万世攸赖,比年天不慭遗,诸老沦谢,文献之家,典刑之彦,岿然独存,犹有以系学者之望者,章泉先生一人而已。故先生退然不敢以师道自任,而天下学者,凡有一介之善,片文只字之长,皆裹粮负笈,就正函丈。”⑤对赵蕃“能续诸老先生之后,为学者所归”的名望地位进行充分肯定。

朱熹还与信州徐文卿交往密切。徐文卿,字斯远,玉山人。方回《瀛奎律髓》卷二十三《雨后到南山村家》注评云:“樟丘徐文卿,字斯远,信州玉山人,嘉定四年进士。与赵昌父、韩仲止声名伯仲。”⑥后人把赵蕃、韩元吉、徐文卿称为“信上三君子”。庆元元年(1195),刘宰校文上饶,评价徐斯远:“徐斯远尚友好学,安贫守道,不愧古人。顷岁校文上饶,惟以亲得此人为喜。”⑦

---

① 黄宗羲原著,全祖望补修,陈金生、梁运华点校:《宋元学案》卷五九《清江学案》,中华书局 1986 年版,第 1946 页。

② 脱脱:《宋史》卷四四五《赵蕃传》,中华书局 1977 年版,第 13146 页。

③ 朱熹:《晦庵先生朱文公文集》卷五四《答赵昌甫》,见朱杰人、严佐之、刘永翔主编:《朱子全书》(修订本)第 23 册,上海古籍出版社、安徽教育出版社 2010 年版,第 2580 页。

④ 黄宗羲原著,全祖望补修,陈金生、梁运华点校:《宋元学案》卷五九《清江学案》,中华书局 1986 年版,第 1946 页。

⑤ 刘宰:《章泉赵先生墓表》,转引自于北山著《杨万里年谱》,上海古籍出版社 2006 年版,第 244 页。

⑥ 方回选评,纪昀刊误,诸伟奇,胡益民点校:《瀛奎律髓》卷二三《雨后到南山村家》,黄山书社 1994 年版,第 594 页。

⑦ 刘宰:《漫塘文集》卷六《回艾节干庆长》,《影印文渊阁四库全书》第 1170 册,上海古籍出版社 1987 年版,第 360 页。

徐斯远与朱熹初识于淳熙九年(1182),三衢大会之后,朱熹在弟子们的簇拥下来到玉山,凭吊汪应辰的遗迹。徐斯远、赵昌父等人杖履相从,得与朱熹相识。以后他常到武夷,向朱熹问学讨论。朱熹评价徐斯远:“斯远诗文虽小,毕竟清。”①又说:“徐斯远与汝谈,比诸人较好。斯远乃程克俊之甥,亦是有源流。”赵蕃的《斯远生日》诗称他:“文得南涧赏,经从晦翁传。味有陆子同,誉由吾辈宣。”②

绍熙五年(1194)八月底,朱熹被任命为焕章阁待制兼侍讲,在信州待命,他应信州教授林德久之请,为新修复的信州州学大成殿作记。又在玉山县立起了他为抗金死节的张叔夜、郑骧写的《旌忠愍节庙碑》。当年闰十月二十六日,他罢经筵侍讲,携弟子归闽途中,应玉山县令司马迈之请,在县庠为诸生讲学,留下了著名的《玉山讲义》,对自己的理学体系,进行了一次最精约明晰的梳理与概括。他在讲义中写道:“古之学者为己,今之学者为人……须是格物致知、诚意正心、修身而推之,以至于齐家治国,可以平治天下,方是正当学问。”③反复强调应当实做力行,“就日用间便着实下功夫”。王懋竑《朱子年谱》称“此乃先生晚年亲切之训,读者宜深味之”。

5. 朱熹与辛弃疾在信州的交游

朱熹与辛弃疾是同时代交相辉映的璀璨巨星,一位是以倡道为己任的旷世大儒,一位是金戈铁马的词坛飞将,被誉为“横绝六合、扫空万古”的一代词宗。朱、辛二人交情甚笃,20余年惺惺相惜、砥砺前行。上饶作为理学扩张与文学传播的窗口,不仅是朱熹的祖籍,也是辛弃疾久居26年的终老之地,他们在此论政相知,交游酬唱,互相欣赏,彼此勉励。朱熹认为辛弃疾是股肱王室的卓荦奇才,辛弃疾则视朱熹为唐尧千载下仅有的两三个帝王师之一。

朱熹比辛弃疾大10岁,两人私交甚深。梁启勋先生认为辛弃疾“交游虽广,但择友甚严。唯与朱晦翁、陈同甫二人交情最笃。”④陈亮曾对朱熹与辛弃疾二人进行过比较评价,认为朱熹是“人中之龙”,是身备阳刚正气的一代儒宗,进退于兼济

---

① 黎靖德编,王星贤点校:《朱子语类》卷一四〇《论文下》,见朱杰人、严佐之、刘永翔主编:《朱子全书》(修订本)第18册,上海古籍出版社、安徽教育出版社2010年版,第3332页。

② 赵蕃:《淳熙稿》卷三《斯远生日》,中华书局1985年版,第52页。

③ 朱熹:《晦庵先生朱文公文集》卷七四《玉山讲义》,见朱杰人、严佐之、刘永翔主编:《朱子全书》(修订本)第24册,上海古籍出版社、安徽教育出版社2010年版,第3588页。

④ 徐汉明编校:《稼轩集》,长江文艺出版社1990年版,第406页。

天下与独善其身之间；辛弃疾是“文中之虎”，是压倒一世英豪的奇杰，壮声英概，有纵横驰骋于天地之间气势，“足以荷载四国之重”。

朱熹与辛弃疾同为南宋的“双子星座”，义气相知，惺惺相惜，交往密切，友情甚笃。他们都与上饶有深厚的历史渊源，上饶成为朱、辛早期交游的中心。

辛弃疾（1140—1207），字幼安，别号稼轩，谥忠敏，是南宋坚定的抗金志士和伟大的爱国词人。

绍兴十年（1140）五月，辛弃疾出生于金人占领下的山东历城。绍兴三十二年（1162），23 岁的辛弃疾成为抗金义军耿京部下的掌书记，受令奉表归顺南宋，受到宋高宗的接见赞赏，然而，当辛弃疾完成使命归见耿京时，叛徒张安国已杀耿京投靠了金人。盛怒之下的辛弃疾，亲率五十骑兵驰马济州，直捣金营，生擒张安国南下，献给了南宋朝廷。辛弃疾的这一壮举，令南宋朝野上下为之震憾，“懦士为之兴起，圣天子一见三叹息”。从此，辛弃疾离开了金人占领下的故乡，回归南宋朝廷，开始了报效国家的历程。

辛弃疾在南宋生活了 45 年，前 20 年间，他随任官奔波于江阴、建康、临安、滁州等地。1181 年以后，上饶成为辛弃疾南归后稳定的居住地，在上饶生活了 26 年，直到终老于此。

朱熹对辛弃疾有一个“赏识—反感—教诲—知己”的过程。朱熹对辛弃疾的军事政治才干是很赏识的。如辛弃疾在湖南任上为了平息匪盗，组建飞虎军，朱熹很是欣赏，对辛弃疾赈灾的断然措施也是大加赞扬，还作为日后教学时的典型案例。“直卿言：辛幼安帅湖南，赈济榜文只用八字，曰：‘劫禾者斩！闭粜者配！’先生曰：‘这便见得他有才。此八字，若做两榜，便乱道。’”①

朱熹知南康军时，41 岁的辛弃疾再次出任隆兴（南昌）知府兼江西安抚使，掌一路军政大权。淳熙八年（1181）辛弃疾用商船贩运牛皮，路经南康军，被朱熹截获，朱熹在《与黄商伯书》中记载了此事经过，对辛弃疾走私牛皮是颇有微词的。

淳熙七年（1180），辛弃疾钟情于信州优美的山水风光、淳朴的社风民俗，决定将家安置于此。朱熹的《济南辛氏宗图旧序》也有相关记载：“稼轩辛公其来，出济

---

① 黎靖德编，王星贤点校：《朱子语类》卷一一一《论民》，见朱杰人、严佐之、刘永翔主编：《朱子全书》（修订本）第 18 册，上海古籍出版社、安徽教育出版社 2010 年版，第 3561 页。

南中州。历诸显任,以安抚甸宣王命,即得大观山水,察风土之异齐,知土沃风淳,山水之胜,举无若西江信州者,遂爱而退居信之上饶。"①1181 年春,辛弃疾开工兴建带湖稼轩新居,冬天,带湖新居落成。带湖新居距信州府城北门(灵山门)大约里许,位于今天上饶市北门乡龙牙亭一带,面积约 170 亩。洪迈应辛弃疾所请所作的《稼轩记》云:"国家行在武林,广信最密迩畿辅。东舟西车,蜂午错出,处势便近,士大夫乐寄焉。……郡治之北可里所,故有旷土存,三面傅城,前枕澄湖如宝带,其从千有二百三十尺,其衡八百有三十尺,截然砥平,可庐以居。……济南辛侯幼安最后至,一旦独得之。既筑室百楹,度财占地什四,乃荒左偏以立圃,稻田泱泱,居然衍十弓,意它日释位而归,必躬耕于是,故凭高作屋下临之,是为稼轩。"②他根据带湖四周的地形地势,设计了"高处建舍,低处辟田"的庄园格局,筑室百楹,建有书房和学舍稼轩斋、植杖亭、信步亭、涤砚渚和供家人居住的集山楼、欣赏歌舞的婆娑堂及雪楼等建筑。

淳熙八年(1181)十一月,朱熹入都奏事途经上饶,悄悄游览了辛弃疾的带湖新居,见多识广的朱熹竟也对带湖新居的华丽气派惊诧不止。淳熙九年(1182),王蔺弹劾辛弃疾"用钱如泥沙,杀人如草芥",辛弃疾罢任落职,遂退居上饶带湖家中。他把带湖庄园取名为"稼轩",并以此自号"稼轩居士",开始了他中年以后的闲居生活。从此,上饶成为辛弃疾较为稳定的新家。庆元二年(1196)春,铅山瓢泉庄园建成。当年夏天,带湖庄园失火,辛弃疾于是举家移居瓢泉。直到开禧三年(1207)九月初十,辛弃疾在瓢泉离开人世,享年 68 岁,葬于铅山瓢泉之西七都(今陈家寨)虎头门阳原山中。

上饶成为辛弃疾南归后的第二故乡,上饶闲居时期也是辛弃疾诗词创作的高峰。按邓广铭先生的分类和统计,稼轩词 629 首中,有 355 首是在上饶、铅山一带创作的。

辛弃疾写下了大量描写上饶带湖、瓢泉四时风光、世情民俗和园林风物的诗词。如《西江月 · 夜行黄沙道中》:"明月别枝惊鹊,清风半夜鸣蝉。稻花香里说丰

---

① 朱熹:《朱子遗集》卷五《济南辛氏宗图旧序》,见朱杰人、严佐之、刘永翔主编:《朱子全书》(修订本)第 26 册,上海古籍出版社、安徽教育出版社 2010 年版,第 735 页。

② 洪景庐:《稼轩记》,见祝穆《古今事文类聚》前集卷三六,《影印文渊阁四库全书》第 925 册,上海古籍出版社 1987 年版,第 601 页。

年，听取蛙声一片。七八个星天外，两三点雨山前。旧时茅店社林边，路转溪桥忽见。”描写了夜行上饶县黄沙岭的情景：明月清风，疏星稀雨，鹊惊蝉鸣，稻花飘香，蛙声一片……从视觉、听觉和嗅觉等方面抒写上饶夏夜的山村风光，刻画出了一幅恬静自然、优美如画、生动逼真乡村图景。

据束景南先生在《朱子大传》中的推断，可能是在淳熙五年（1178）八月，辛弃疾与朱熹首次相识。此时朱熹第10次离开福建崇安，经铅山紫溪，前往弋阳，迎哭刘子羽长子、好友刘珙之灵柩。这年八月，辛弃疾接替张栻出任湖北转运副使，此时也在上饶。有可能是在往迎刘珙灵柩时两人初次相见。淳熙七年末至八年闰三月，朱熹任知南康军，辛弃疾任江西安抚使兼知隆兴府，两人在赈灾上相互支持，共修荒政。

淳熙九年（1182 ）九月，朱熹结束浙东赈灾后，辞任提举两浙东路常平茶盐公事，从浙江归崇安，路经上饶，住在韩元吉家。第二天，韩元吉约了诗人徐衡仲（徐安国）一道陪朱熹游上饶南岩一滴泉，辛弃疾知道后载酒具肴，倏然而至，亦赶来参与南岩之会。

四位诗翁游览南岩胜景，一路笑谈吟唱，把酒言欢，诗酒助兴。朱熹即兴留下了《咏南岩》诗：“南岩兜率境，形胜自天成。崖雨楹前下，山云殿后生。泉堪清病目，井可濯尘缨。五级峰头立，何须步玉京。”①诗中描绘了一滴泉、五级峰、濯缨井等南岩胜景。观赏完一滴泉后，朱熹又留下了《咏一滴泉》：“遥望南岩百尺冈，青山叠叠树苍苍。题诗壁上云生石，入定岩前石作房。一窍有灵通地脉，半空无雨滴天浆。鹅湖此去无多路，肯借山间结草堂？”②

后来，韩元吉之子韩淲作《访南岩一滴泉》，对这次相会的欢聚场景作了追忆：“僧逃寺已摧，唯余旧堂殿。颠倒但土木，仿佛昔所见。山寒少阳焰，崖冷尽冰线。曾无五六年，骤觉荒凉变。遗基尚可登，一滴泉自溅。忆昨淳熙秋，诸老所闲燕。晦庵持节归，行李自畿甸。来访吾翁庐，翁出成饮饯。因约徐衡仲，西风过游衍。辛帅倏然至，载酒具肴膳。四人语笑处，识者知叹羡。摩挲题字在，苔藓忽侵遍。壬寅到庚申，风景过如箭。惊心半存没，历览步徐转，回思劝耕地，尝着郡侯宴，今

① 王恩溥、邢德裕等修，李树藩等纂：同治《上饶县志》卷五《山川志》。

② 蒋继洙、李树藩等：《同治十二年广信府志》卷二之二《建置·寺观》，成文出版有限公司1970年影印本，第162页。

亦不能来,草木漫葱蒨。人间之废坏,物力费营缮。不如姑付之,猿鸟自啼啭。"①当年四诗翁把酒言欢的场景,令人羡慕不已,但如今,"僧逃寺已摧",昔日胜景已是废墟一片,"猿鸟啼啭"之声,代替了往昔的笑语欢声。

朱熹与辛弃疾、韩元吉、徐安国四诗翁的南岩之会,是当时各领风骚的著名诗人与理学大师友谊的见证,也是他们在学术上交锋交流的一次盛会。

在南岩盛会后,辛弃疾、徐安国、韩元吉都对朱学表现出了更大的倾心,扩大了朱熹理学在信州士子文人中的影响。

朱、辛两人交流密切,互相仰慕。朱熹对辛弃疾的才华非常欣赏。淳熙九年(1182),辛弃疾被弹劾落职罢官,赋闲于上饶,朱熹为他打抱不平,对弟子说道:"辛幼安亦是个人才,岂有使不得之理?"②绍熙二年(1191)冬天,辛弃疾任福建提刑,朱熹得到消息后,尤为激动,作了一道贺启《答辛幼安启》:"伏惟某官,卓荦奇才,疏通远识。经纶事业,有股肱王室之心。"③从此,"卓荦奇才,疏通远识"便成了对辛弃疾最贴切的评价。绍熙三年(1192)春天,辛弃疾赴任福建提刑,问政于朱熹,朱熹为辛弃疾出谋划策,针对辛弃疾治政过于严苛、宽民不足之弊,提出了"临民以宽,待士以礼,驭吏以严"的恳切忠告。"辛幼安为闽宪,问政,答曰'临民以宽,待士以礼,驭吏以严'。"④辛弃疾把这十二字方针作为福建施政的指导原则,一改往昔严政作风,以宽严并济、兴学教化而深得民心。庆元五年,辛弃疾家居铅山时,朱熹又在信中以"'克己复礼''夙兴夜寐'题其二斋室。"勉励辛弃疾能够克己复礼,辛弃疾于是将瓢泉的斋舍命名为"克己复礼斋"。

辛弃疾对朱熹更是敬佩有加,把他称为"帝王师"。绍熙四年(1193)九月,辛弃疾途经建阳考亭,与朱熹又一次相会,两人同游武夷,泛舟九曲,辛弃疾作《游武夷,作棹歌呈晦翁十首》相赠,其中有云:"山中有客帝王师,日日吟诗坐钓矶。费

---

① 韩淲:《涧泉集》卷二《访南岩一滴泉》,《影印文渊阁四库全书》第1180册,上海古籍出版社1987年版,第577页。

② 黎靖德编,王星贤点校:《朱子语类》卷一三二《本朝六 中兴至今日人物下》,见朱杰人、严佐之、刘永翔主编:《朱子全书》(修订本) 第18册,上海古籍出版社、安徽教育出版社2010年版,第3179页。

③ 朱熹:《晦庵先生朱文公文集》卷八五《答辛幼安启》,见朱杰人、严佐之、刘永翔主编:《朱子全书》第24册,上海古籍出版社、安徽教育出版社2010年版,第4025页。

④ 黎靖德编,王星贤点校:《朱子语类》卷一三二《本朝六·中兴至今日人物下》,见朱杰人、严佐之、刘永翔主编:《朱子全书》(修订本) 第18册,上海古籍出版社、安徽教育出版社2010年版,第3180页。

尽烟霞供不足，几时西伯载将归？”[1]把朱熹视为一位隐居山林的“帝王师”，期待像姜子牙遇周文王一样早日得到帝王的赏识。淳熙十六年(1189)，朱熹六十大寿，辛弃疾写了《寿朱晦翁》贺词，赞赏朱熹为“先心坐使鬼神伏，一笑能回宇宙春。历数唐尧千载下，如公仅有两三人”。[2] 朱熹病逝后，辛弃疾不顾党禁森严，作文往哭，祭奠朱熹，《宋史·辛弃疾传》有载：“熹殁，伪学禁方严，门生故旧至无送葬者。弃疾为文往哭之曰：‘所不朽者，垂万世名。孰谓公死，凛凛犹生！’”[3]此时，朱熹与辛弃疾已成生死之交了。

正是由于朱熹的过化之功，使上饶成为理学传播的前沿阵地，成为朱熹理学向外辐射的一个中转站。朱熹在上饶的讲学交游，更促进了上饶书院的繁盛。正如戴表元在《稼轩书院兴造记》中所说：“当其时，广信衣冠文献之聚，既名闻四方，而徽国朱文公诸贤实来，稼轩相从游甚厚。于是鹅湖东兴，象麓西起，学者隐然视是邦为洙泗阙里矣。”[4]“洙泗阙里”正是上饶理学地位的精准评价，而书院教育及朱熹的过化之功功不可没。

---

① 徐汉明校注：《辛弃疾全集校注》(下册)，华中科技大学出版社 2012 年版，第 711 页。
② 邓广铭辑校：《辛稼轩诗文钞存》，古典文学出版社 1957 年版，第 79 页。
③ 脱脱：《宋史》卷四〇一《辛弃疾传》，中华书局 1977 年版，第 12166 页。
④ 戴表元：《剡源戴先生文集》卷一《稼轩书院兴造记》，《四部丛刊》影印明万历间刻本。

第二章　朱熹在上饶的书院讲学

朱熹是南宋书院教育的领军者，热衷于创设书院以讲学授徒，著书立说，以书院作为传播其理学思想的阵地，具有深深的书院情怀。上饶的多所书院，留下了他讲学的身影。

一、朱熹的书院情怀

朱熹是继孔子之后最有影响的学者。钱穆先生评价道："在中国历史上，前古有孔子，近古有朱子，此两人，皆在中国学术思想史及中国文化史上发出莫大声光，留下莫大影响。旷观全史，恐无第三人堪与伦比。"①冯友兰先生则称他是"第一流的哲学家"。

朱熹是理学的集大成者，其学说"致广大，尽精微，综罗百代"。他的理学思想在南宋以后为历代统治者所遵奉，明清时期更是提高到官方哲学的地位。

朱熹对书院一往而情深，热衷于创设书院，制订学规，讲学授徒，"一日不讲学，则惕然以为忧"。他亲自创办了寒泉精舍、武夷精舍和竹林精舍（后改为考亭书院），兴复了白鹿洞书院、岳麓书院，为书院制定学规章程、在书院精研学问、传道讲学，开启了中国封建社会后期700多年的教育模式和路径。"朱子是南宋书院教育的中坚与旗帜，终其一生，以极大的热情投入到书院建设之中。在南宋167所书院中，与朱子直接有关的书院就有67所，占据40%以上。"②朱熹对书院的钟情真可谓到了痴迷的地步。

据方彦寿先生《朱熹书院与门人考》一书统计，与朱熹有直接关联的书院达40

---

① 钱穆：《朱子新学案》，巴蜀书社1986年版，第1页。
② 朱人求：《朱子"全体大用"观及其发展演变》，《哲学研究》2015年第11期，第44页。

所，其中朱熹亲手创建的书院有 4 所，修复的书院有 3 所，他讲学的书院有 20 所，还为 7 所书院撰记、题诗，为 6 所书院题词、题额。此外，他年轻时读书及成为理学名师后讲学经行过化之地，后人建书院加以纪念的有 27 所，合计有 67 所书院同朱熹有着密切的关系。

据雍正《江西通志》所载，在江西，除了众所周知的复兴白鹿洞书院之外，朱熹曾亲临丰城龙光书院、九江濂溪书院、余干东山书院、德兴银峰书院、玉山怀玉书院等书院讲学，宣扬其学说。可以说，"朱子思想形成于书院，成熟于书院，书院既是朱子学术思想的'孵化器'，也是他毕生经营的精神家园。"①

淳熙六年（1179），朱熹在南康知军任上，修复了白鹿洞书院，制定了影响深远的《白鹿洞书院揭示》这一著名学规，集中体现了朱熹的书院教育思想。

朱熹首先明确"父子有亲，君臣有义，夫妇有别，长幼有序，朋友有信。右五教之目。尧、舜使契为司徒，敬敷五教，即此是也。学者学此而已"。以儒家的"五伦"，即五种最基本的伦理道德纲常，立为"五教之目"，强调"学者学此而已"。认为书院教育最主要的是为了让生徒明五伦，培养良好的人伦道德。做到父慈子孝、君仁臣忠、夫义妻从、长幼有序等。

在《白鹿洞书院揭示》中，还明确了"博学之、审问之、谨思之、明辨之、笃行之"的为学之序。制定了"言忠信，行笃敬，惩忿窒欲，迁善改过"的修身之要和"正其义不谋其利，明其道不计其功"的处事之要。在待人接物上，要做到"己所不欲，勿施于人。行有不得，反求诸己"。要换位思考，凡是自己不想要的东西，切勿强加给别人。做到推己及人，宽恕待人，"己欲立而立人，己欲达而达人"。凡是行为得不到预期的效果，都应该反过来检查自己。

《白鹿洞书院揭示》，明确了五教之目、为学之序、修身之要、处事之要、接物之要，体现了朱熹理学家的教育特色，强调书院教育的最终目的是"植纲常、扶名教、尊孔孟"，以培养士人"正谊明道"相标榜，这与儒家的格物、致知、诚意、正心、修身、齐家、治国、平天下的八条目是一致的。

淳祐元年（1241），宋理宗视察太学，亲自书写了《白鹿洞书院揭示》赐给太学

---

① 朱人求：《南宋书院教化与道学社会化适应——以朱熹为中心的分析》，《孔子研究》2010 年第 2 期，第 77 页。

生，此后该揭示被摹写、抄录在各地的书院及地方官学，作为“学规”“教条”高悬于书院和官学，成为天下书院共同遵守之规条，定型了南宋以后中国封建社会七百年书院办学的样式，并东传朝鲜、日本，至今仍作为一些学校的校训学规。

“朱熹兴复白鹿洞书院，是中国教育史上的一个重要事件。这是在总结、继承孔孟以后一千多年的学校教育经验的一次重要实践。对后来书院的发展，学校的建设所产生的重大影响远远超过了朱熹理学，成为我国历史上，各种学术流派兴办书院，学校，得以借鉴的共同财富。”①著名的教育史学家王炳照先生认为，“朱熹不仅是一代理学大师，也是一位有着丰富教育实践的教育家，在他一生的教育实践活动中形成的教育思想对南宋之后社会教育的发展，产生过重大影响。无论是官学还是书院教学，从教育的目的的确定，教育内容的要求，以及在教育方法上，都是以朱熹的教育思想为标准和参照的”②。

二、朱熹在上饶的书院讲学

朱熹15次到达上饶，上饶的婺源、铅山、玉山、德兴、余干等地都留有他过化的足迹。余干东山书院、婺源汪清卿之“敬斋”、德兴银峰书院和玉山草堂书院都留下了朱熹讲学的身影。

1. 讲学余干东山书院

位于鄱阳湖平原的余干县，不仅是“梦里水乡”，更有“理学名区”的雅誉。北宋吴孝宗在《余干县学记》中所描绘的繁盛情景，至今仍让人津津乐道：“人才之盛，遂甲于天下。江南既为天下甲，而饶人喜事，又甲于江南。”好一个江南甲天下，饶州甲江南！在经济发达的同时，余干县还形成了重视文教的社会风气。“为父兄者，以其子与弟不文为咎；为母妻者，以其子与夫不学为辱。其美如此。”③

赵汝愚的东山书院为余干文风文脉的培育，可谓功不可没，而东山书院又与理学大师朱熹的过化密不可分，东山书院也见证了赵汝愚与朱熹的深厚情谊！

东山书院位于余干县城冠山羊角峰，南宋淳熙五年（1178），由赵汝愚与从弟赵汝靓创建，赵汝愚号东山，书院因此也名为东山书院。

---

① 李才栋：《江西古代书院研究》，江西教育出版社1993年版，第140页。
② 毛礼锐：《中国古代教育家传》，北京师范大学出版社1987年版，第249页。
③ 洪迈著，穆公校点：《容斋随笔·四笔》卷五《饶州风俗》，上海古籍出版社2015年版，第276页。

谢枋得的《东山书院记》载："笃行先生赵公及其子忠定、从弟汝靓有东山书院，云风堂乃笃行、忠定兄弟教子孙之所，题则文公笔也。"①雍正十年《江西通志》卷二二亦载："东山书院，旧在余干县羊角峰侧，宋赵汝愚暨从弟汝靓建。汝愚子崇宪师事朱子，于此讲学。汝愚卒，朱子来吊，复馆焉。后为胥吏所据，邑人李荣庭鬻产赎之。谢枋得记。"②赵崇宪在为柴元裕所作《松冈书舍记》，也有关于东山书院的记载："乡校之兴大有功于世教。先严中丞忠定公闻晦庵朱先生与胡宪、刘勉之、刘子翚三君子得道统之正，爰构书院于本邑东山，延居讲学，愚与从叔靓师事之。柴君元裕字益之，与予渊联秦晋，亦来就学。潜心义理，苦志不渝。"③

东山书院是程朱理学在余干传播的学术起点和发展的第一个平台。"赵汝愚于政治上对朱熹多有暗助，而朱熹在学术上对赵氏家族则亦教益颇丰，而学术关系便应从东山书院开始形成。东山书院的讲学，也成为他在余干传播其学术的起点"④。书院建成后，因赵汝愚与理学大师朱熹关系密切，情谊深厚，于是邀请朱熹前来讲学。朱熹见书院四面山水清幽，无市井之喧，有泉石之胜，实乃理想的"燕闲讲学之地"，便慨然应允，并挥笔题写了"云风堂"三字的匾额，高悬于书院中堂。赵汝靓及赵汝愚长子赵崇宪、第五子赵崇度，都拜朱熹为师，受学于此。赵汝愚之孙赵必愿、曾孙赵良淳也是朱子后学弟子，赵汝愚家族四世六人荣登《宋元学案》。朱熹到东山书院"三次讲学，余干以至饶州各地士子闻风而至者众，柴元裕等皆入其门。赵崇宪有《松冈书舍记》叙其事。东山书院直至清末均有史事可考，并祀朱、赵。朱熹与赵汝愚尝同游余干琵琶洲，讲学其处"。⑤

东山书院的创始人赵汝愚是南宋孝、光、宁宗三朝举足轻重的人物，是两宋唯一的宗室宰相。宋代善处宗室，"睦好懿亲，没有宗室之祸"是宋代"善政"之一。为防范宗室干政，宋太祖定下了"不以宗室为相"的"祖训"。但赵汝愚是唯一的例外，他在光宗传位于宁宗的"绍熙内禅"中，定策扶危，成功地实现了皇权的顺利交

---

① 谢枋得：《叠山集》卷三《东山书院记》，《影印文渊阁四库全书》第 1184 册，上海古籍出版社 1987 年版，第 878 页。

② 谢旻等监修：雍正十年《江西通志》卷二二《书院》，《影印文渊阁四库全书》第 513 册，上海古籍出版社 1987 年版，第 719 页。

③ 项珂修，刘馥桂等纂：同治十年《万年县志》卷九《艺文 · 松冈书舍记》，清同治十年(1871)刻本。

④ 吴长庚主编：《朱熹与江西理学》，江西高校出版社 2007 年版，第 125 页。

⑤ 李才栋：《江西古代书院研究》，江西教育出版社 1993 年版，第 141 页。

接,他也因定策之功拜为右相,成为两宋唯一的宗室宰相。

赵汝愚(1140—1196),字子直,号东山,祖籍浙江嘉兴,是宋太宗八世孙。祖父赵不求监余干酒税,始居余干县城。祖父给他取名"汝愚",寓有"养成大拙方为巧,学到如愚始称奇"之意,字"子直",表明了祖父对他正直为人的期待。他少有大志,以修齐治平为己任,"常以司马光、富弼、韩琦、范仲淹自期"①。期望能建功立业,名垂青史,经常自勉道:"丈夫得汗青一幅纸,始不负此生。"26 岁时,考中进士第一名,成为宗室状元。

淳熙九年(1182)和绍熙元年(1190),赵汝愚两次任知福州兼福建安抚使,与朱熹相识相知。朱熹成了他主政福建最重要的智囊之一,赵汝愚也成为朱熹要找的坚强的政治靠山。孝宗禅位光宗后,绍熙二年(1191),赵汝愚从四川被召回京,拜为吏部尚书。朱熹更对他寄予厚望,在《与赵尚书书》中言道:"窃闻荣被追诏,入长天官,夫以尚书望实之隆,宜在庙堂参断国论之日久矣。……有识传闻,交相庆贺,盖不独为门下之私喜也。"②期望赵汝愚能"博求人才,以身裨益"。绍熙四年(1193)三月,赵汝愚拜官同知枢密院事,执掌兵权,步入执政之列。

绍熙五年(1194),孝宗病世后,光宗公然拒绝出面主持父亲的丧礼,致使国丧无人!在这危急关头,赵汝愚临危不乱,处变不惊,从赵宋家族的最高利益出发,决定由韩侂胄入宫,请高宗吴皇后即太皇太后作主,让光宗内禅,拥光宗第二子嘉王赵扩即皇帝位,是为宁宗。从而成功地实行了皇位的交接,史称"绍熙内禅"。

赵汝愚也因为定策之功,在宁宗即位后升为枢密使,一个月后又升为右丞相。他以宗室和执政的双重身份主持全局,并举荐朱熹为焕章阁待制兼宁宗侍讲。

赵汝愚开启的新局面令朱熹兴奋不已,他当时正在知潭州的任上,接到诏命,不及推辞就欣然上路。"庆元初,赵子直当国,召朱文公为侍讲,文公欣然而至"③。"欣然而至"一词足以见朱熹当时迫切与兴奋的心情,显示了他对得君行道的极度热心。由于赵汝愚的举荐,朱熹得以帝王师的身份立于朝廷,进入中枢,实现了他政治生涯最光辉的 46 天。

---

① 脱脱:《宋史》卷三九二《赵汝愚传》,中华书局 1977 年版,第 11982 页。

② 朱熹:《晦庵先生朱文公文集》卷二九《与赵尚书书》,见朱杰人、严佐之、刘永翔主编:《朱子全书》(修订本)第 21 册,上海古籍出版社、安徽教育出版社 2010 年版,第 1257 页。

③ 罗大经:《鹤林玉露》卷三《庆元侍讲》,齐鲁书社 2017 年版,第 68 页。

朱熹入朝后,感激赵汝愚的引荐,成为赵汝愚有力的政治同盟者,在很多事情上同声呼应,互相唱和。

但高处不胜寒,在朝仅仅46天,因卷入赵汝愚与韩侂胄的权力之争,朱熹被逐出朝廷。韩侂胄认为他功高赏薄,而怨恨汝愚,从而埋下了韩赵之争的隐患。在韩侂胄的谗言下,宁宗罢免了朱熹的侍讲之职,朱熹得君行道的政治理想宣告破灭!

韩侂胄为谋除赵汝愚的相位,在庆元元年(1195),接受京镗"彼宗姓,诬以谋危社稷,则一网无遗"的建议①,决定在赵汝愚是同姓宗室宰相这一事上大做文章,"汝愚以同姓居相位,本非祖宗典故,倚虚声,植私党,以定策自居,事功自恣。"②认为赵汝愚宗室为相,破坏了"祖宗不用宗室为相"的祖训,违反了祖宗规定,赵汝愚因而被罢相。又以"汝愚唱引伪徒,谋为不轨",将其贬为宁远军节度副使,安置湖南永州。在途经衡州时,指使衡州太守钱鍪对他百般刁难污辱,气得汝愚饮食不进,忧愤成疾。庆元二年(1196)正月二十日,暴卒于衡州,时年57岁,一个孤忠之臣,就这样含冤而逝。直到1208年韩侂胄被诛后,朝廷才为赵汝愚平反昭雪,赐谥"忠定",赠太师、追封沂国公。理宗时,又追封为福王。

韩侂胄为进一步排斥异己,掀起了"庆元党禁",将道学定为伪学,韩侂胄"以汝愚之门及朱熹之徒多知名士,不便于己,欲尽去之,谓不可一一诬以罪,则设为伪学之目以摈之"。③ 于是禁以"伪学"取士,借学术打击排除异己。庆元三年(1197)十二月,把赵汝愚、朱熹等59人打入"伪学逆党籍"。朱熹及其弟子遭受沉重打击,朱熹步入一生当中最困厄的岁月,度过了凄凉的晚年。

赵汝愚之子赵崇宪扶柩归葬余干故里,当时已罢归福建崇安的朱熹听到讣告后,不顾"伪学党禁"之祸,不顾身体疾病,先往寒泉哭吊,又到赵汝愚女婿家祭奠,作文恸哭:"夫何不幸,乃困烦言。适此退闲,忽闻远役。……何悟反复,接踵言归,我罪未论,公行先迈!"亲撰《祭赵丞相文》:"惟公天赋中和,家传忠孝。爱君忧国,恳恳不忘。进秉机枢,适逢变故。禀承慈训,援立圣明。计定一时,功垂万世。"④

---

① 脱脱:《宋史》卷三九二《赵汝愚传》,中华书局1977年版,第11988页。

② 周密撰,高心露、高虎子校点:《齐东野语》卷三《绍熙内禅》,齐鲁书社2007年版,第29页。

③ 脱脱:《宋史》卷三九四《胡纮传》,中华书局1977年版,第12024页。

④ 朱熹:《晦庵先生朱文公文集》卷八七《祭赵丞相文》,见朱杰人、严佐之、刘永翔主编:《朱子全书》(修订本)第24册,上海古籍出版社、安徽教育出版社2010年版,第4091页。

对赵汝愚这位挚友的一生给予了高度的评价。因此,后来沈继祖弹劾朱熹的六大罪状中,第五大罪即为“哭吊汝愚”。

赵汝愚含冤去世后,时人都把他比为屈原。朱熹为纪念赵汝愚,注《楚辞》,表达自己的哀思,把他对赵汝愚的感恩、知遇之情,融注在屈原形象的塑造中。“赵汝愚永州安置,至衡州而卒,朱熹为之注《离骚》以寄意焉。”赵汝谈《挽赵忠定》也有“空令考亭老,垂首注《离骚》”的记载。在朱熹去世前最艰难的时期,《楚辞集注后语辩证》成为他的绝笔。

朱熹讲学东山书院,余干及周边学子纷纷前来问学。在东山书院的西峰有一天然水池,池水渗自山崖,久旱不绝,冬夏不涸,名为“龙池”。朱熹在东山书院讲学期间,经常临池洗砚,并取池水磨墨作书。朱熹走后,学子们争相效仿,日久天长,竟然把一天然池水染黑,故后人称为“墨池”,墨池旁有碑,曰“朱子注《离骚》处”,至今遗迹尚存。每当皓月当空,俯视池水,似有明月坠池之感,因此“龙池夜月”成为干越八景之一。

大儒朱熹的到来,使东山书院名声大振,成为理学名儒游学和教化弟子之重要场所。“大贤过化传薪渊艾,曹、柴、饶、胡诸公后先辉映。理学名里甲于江右,迄今俗尚礼教,士砺廉隅,前贤遗泽数百年固未艾也。”①

赵汝靓去世后,东山书院在元初被胥吏侵占,鄱阳人李荣庭为使书院不至沦为胥吏之手,变卖家产,以双倍的价钱赎回了书院。因此,抗元英雄谢叠山为东山书院撰写了《东山书院记》一文,盛赞李荣庭的行为是使“使文公之道大明于斯世,笃行、忠定之家学亦不绝矣。”对李荣庭之举大加赞赏,称:“学孔、孟者,必自读《四书》始。意之诚,家国天下与吾心为一,诚之至,天地人物与吾性为一。夫人能言之,手指目视,常在于人所共见,戒慎恐惧,常在于己所独知,天下能几人哉。”②元至正末,书院因兵乱被毁。

明初,东山书院被寺院所占。弘治二年(1489)知县沈时按原貌重建书院。正德四年(1509),王浩八领导的姚源洞起义军占领余干,东山书院又遭焚毁。

正德六年(1511),提学副使李梦阳巡按余干县,登上冠山,环顾书院旧址,与时

① 冯兰森《序》,见区作霖、冯兰森修,曾福善纂:同治《余干县志》,清同治十一年(1872)刻本。

② 谢枋得:《叠山集》卷三《东山书院记》,《影印文渊阁四库全书》第1184册,上海古籍出版社1987年版,第878页。

任江西右布政使的温江，决定重新修复书院。曰："夫盗贼不平者，教化不行也，兵阵无勇者，亲上之义不明，又视其长轻也。"①决定将书院移到中峰。"乃于是令知县冠丈中峰地，东西得二十八丈，南北七丈，中构堂五间，南向以祠，而堂之东仍构云风堂。西构讲堂，又构东西廊号房以处讲朱子之学者。"②当年夏，余干知县徐冠在中峰重建东山书院，中有书堂5间，堂之东建云风堂，南向有祠，西筑讲堂，东西廊为号房，东山书院为之一新，为此，李梦阳著有《东山书院重建碑》，对东山书院的历史进行了回顾总结，称："东山书院故在余干县冠山东峰。旧志曰：南宋时赵忠定汝愚、其弟汝靓，汝愚子崇宪建。而朱子至则主之而讲学云。书院故有堂，曰云风堂，朱子手笔。"③新建后的东山书院立祠祭祀赵汝愚、朱熹二人，以赵汝靓、柴元裕、曹建、胡居仁配祀。

东山书院作为朱熹"过化"之处，在清代又经过多次兴废。顺治间，曾由官员倡复。康熙八年(1669)，余干知县江南岭复倡修，课士其中，并呈请提学使黄虞舟批准特增名额，聘请德安蔡元思后裔蔡毓志任教谕，主理书院之事，蔡毓志手书胡居仁《续白鹿洞学规》，谓："鹿洞吾家学，而诸生亦文敬乡人，愿共勉。"又聘胡居仁后裔胡之治讲学书院，并订定《东山学规》。

乾隆二十四年(1759)，知县李世仁因东山书院颓废，捐资倡建，形成较大的规模，书院基址东西38丈，南北7丈，建有书院1座，理学祠3间，云风堂3间，丽泽堂3间，斋房1间，望湖亭1座，占地40余亩。

嘉庆十五年(1810)，又重修了云风堂、干越亭、慎独堂、丽泽堂等书院建筑，从东山脚下修建了90余级石阶，直达书院大门，并建有"入德之门"牌坊，上书"明体达用"匾额，牌坊左右刻有"读书志在圣贤，为官心存君国"的联语。

光绪二十九年(1903)，随着清廷实行新政，东山书院改为余干县高等小学堂，结束了东山书院700多年的办学历程。1960年，在书院旧址上兴建余干县委招待所。

东山书院因有朱熹在此讲学，亲临教诲，从而使书院文风深厚，培养了大批人

---

① 李梦阳：《空同集》卷四二《东山书院重建碑》，《影印文渊阁四库全书》第1162册，上海古籍出版社1987年版，第376页。

② 李梦阳：《空同集》卷四二《东山书院重建碑》，《影印文渊阁四库全书》第1162册，上海古籍出版社1987年版，第376页。

③ 李梦阳：《空同集》卷四二《东山书院重建碑》，《影印文渊阁四库全书》第1162册，上海古籍出版社1987年版，第375页。

才，成为余干理学传播的第一个平台，余干的很多乡贤都出自东山书院。

赵汝愚长子赵崇宪后来官至户部尚书，从弟赵汝靓是宋代著名的理学家，崇宪和崇度在《宋元学案》中都列入晦翁门人。此外曹建、柴元裕及柴中行、柴中立、柴中守等"余干三柴"和饶鲁等都是受书院熏陶培养的一批理学大家。明代更有理学大师胡居仁和张吉，余干也因此而成为理学名区，有"人文之盛甲江南"之说。

所谓"大贤过化传薪渊艾，曹、柴、饶、胡诸公后先辉映。理学名里甲于江右，迄今俗尚礼教，士砺廉隅，前贤遗泽数百年固未艾也。"①赵汝愚创建东山书院及邀请朱熹讲学，对余干县的教化之功，功不可没。

2. 讲学婺源敬斋、钟山书院

淳熙三年（1176），朱熹第二次回婺源时，汪清卿以朱熹为师。汪清卿，字湛仲。他早年有志圣贤之学，以"敬"名其斋。朱熹在婺源的两个多月里，就住在县城西郊汪清卿家，在其"敬斋"讲学。"日与乡人讲学于汪氏之敬斋，至六月乃去。"

朱熹知南康军时，汪清卿还到南康拜访朱熹。淳熙七年（1180）三月十五日，朱熹与其堂叔朱棣在汪清卿、程正思等人的陪同下，登游落星石并题字，朱熹还将自己所作的《敬斋箴》赠送给了汪清卿。

朱熹讲学敬斋，婺源学子蜂拥而至，除了程洵等原有弟子外，又有滕璘、滕珙兄弟，程先、程永奇父子，吴泉、李季札、程端蒙、董铢、董景房、张珍卿、程珙等一批士子前来拜师问学。《宋元学案补遗》引汪佑在《紫阳书院建迁源流记》云："朱子自闽归徽，省墓星源（婺源），绍兴庚午一至，淳熙丙申再至。其时思返故庐，迟留数月。教泽所振兴起，执弟子礼者三十人。"②三十名弟子中，就有滕璘、滕珙兄弟。

滕璘（1154—1233），字德粹，号溪斋，婺源东溪人。淳熙八年（1181）进士，历官鄞县尉、四川制置司干官、鄂州州学教授等职。

朱熹敬斋讲学时，滕璘与其弟滕珙慕名前往，执弟子之礼，拜朱熹为师。在此之前，滕璘与朱熹已有书信往来。《文集》卷四九《答滕德粹书一》云："仆与足下虽幸获同土壤，而自先世已去乡井，中间才得一归，扫丘墓、省族姻，今又二十余年。"考朱熹曾于绍兴二十年（1150）和淳熙三年（1176）两次回婺，第一次滕璘年方5

① 冯兰森《序》，见区作霖、冯兰森修，曾福善纂：同治《余干县志》，清同治十一年（1872）刻本。

② 王梓材、冯云濠撰，沈芝盈、梁运华点校：《宋元学案补遗》卷六九《紫阳书院建迁源流记》，中华书局2012年版，第169页。

岁,不可能执弟子礼,故应在第二次。朱熹视滕璘为"乡里后起之秀",对他宠爱有加,悉心指导,朱熹《文集》收录了给滕璘的回信达十二通之多。朱熹教导他要改正"贪多欲速"的毛病,指示他为学之要:"足下诚若有志,则愿暂置于彼而致精于此,取其一书,自首而尾,日之所玩不使过一、二章,心念躬行,若不知复有他书者。如是终篇,而后更受业焉,则渐涵之久,心定理明,而将有以自得之矣。《论语》一书,圣门亲切之训,程氏之所以教,尤以为先。足下不以愚言为不信,则愿自此书始。"①

滕璘在淳熙十年至十三年(1183—1186)任浙江四明鄞县县尉四年,《朱子语类》卷一一八《训门人六》训滕璘末条云:"先生曰:'县尉既做了四年,滕德粹元不曾理会。"淳熙十二年(1185)八月,朱熹还应滕璘之请为鄞县尉厅范仲淹题壁诗作跋《跋范文正公送窦君诗》。淳熙十四年(1187),滕璘离任鄞县县尉后,就迫不及待地再赴武夷从朱熹学。朱熹在为滕璘之叔所撰的《跋滕南夫溪堂集》中就有"淳熙丁未,其兄孙(滕)璘访予崇安,出其集与此传示予,因太息而书其后"诸语。在《答滕德章》书五中亦有"德粹之来,幸此款曲,所恨贤者在远,未遂合并之愿耳"的记载。

滕璘性格刚强,不屈权贵。庆元党禁之际,滕璘宁绝仕途,也不屈于当局,时"韩侂胄当国,或劝先生一见,可得掌政。先生曰:'彼以伪学诬一世儒宗,以邪党锢天下善士,顾可干进乎?'""庙堂欲处之班列,终不肯为韩屈,径从铨曹注庆元签判及主管官告院,以病奉祠。"②他不愿意屈事权臣韩侂胄,宁可受其迫害,也不肯与韩侂胄同流为伍,显示出高尚的节操。

滕璘去世后,真德秀为他撰写了《朝奉大夫赐紫金鱼袋致仕滕公墓志铭》,盛赞滕璘"子朱子于潭溪之上,留止四旬,问辨弥笃。盖公于师友渊源所渐如此,故终身践行,不离名教之域"。③ 清代陆心源《宋史翼》亦评价滕璘:"其为政务宽厚爱民,两为帅幕,皆以诚实不欺事其长,所议多悦从。"④

滕珙,字德章,号蒙斋,滕璘之弟。他自幼受家学熏陶,读书不专以场屋计,而

---

① 朱熹:《晦庵先生朱文公文集》卷四九《与滕德粹》,见朱杰人、严佐之、刘永翔主编:《朱子全书》(修订本)第22册,上海古籍出版社、安徽教育出版社2010年版,第2273页。

② 黄宗羲原著,全祖望补修,陈金生、梁运华点校:《宋元学案》卷六九《沧洲诸儒学案》,中华书局1986年版,第2292页。

③ 真德秀:《西山文集》卷四六《朝奉大夫赐紫金鱼袋致仕滕公墓志铭》,《影印文渊阁四库全书》第1174册,上海古籍出版社1987年版,第730页。

④ 陆心源辑撰:《宋史翼》卷二五,中华书局1991年版,第265页。

笃志力行。滕珙奉父亲之命,与兄滕璘修书请教于朱熹。真德秀在为滕璘所作墓志铭云:“乾道、淳熙间,朱子倡道南方,海内学士至者云集,新安滕公德粹时甚少,与弟德章奉其尊君之命,以书自通而谒教焉。”朱熹赞赏他们“今足下既知程氏之学不异乎孔孟之传而读其书矣,又知科举之夺志,佛、老之殊归,皆不足事,则亦循是而定取舍焉耳,复何疑而问于仆耶”?① 并教之以为学之要,认为学问别无它巧,只要持之以恒,讲诵精熟就可。滕珙弱冠后,入太学,又求学于吕祖谦。学成回来后,“群居讲学,涉猎经史,所闻于前言往行之美亦既多矣”,一时学者云集。朱熹致信给他,教导教学心得,“知教授里门,来学得众,甚善。大抵今日后生辈以科举为急,不暇听人说好话,此是大病,须先与说破此病,令其安心俟命,然后可教告以收拾身心,讨论义理,次第当有进耳。”②

滕珙在淳熙十四年(1187)中进士,授旌德县主簿,为政甚有治绩,声名闻于州县间。后任合肥县令,《江南通志》亦载“先生令合肥,有仁政”。许月卿认为“昔乡正受学于子朱子者,几三十人,惟先生兄弟之传得其宗,故愈久而愈著”。③ 滕珙著有《蒙斋集》,“为文以义理为主,不事绮靡”。

朱熹还到婺源钟山书院进行讲学。

钟山书院,淳熙初由婺源人李缯创建。李缯(1116—1193),字参仲,他筑室钟山隐居,世称“钟山先生”。李缯曾求学于尹和靖弟子吕广问、吕和问,在他们那里接触到了“伊洛致知笃敬之学”,开始研读理学,成为“婺源道学派的开拓者”。④ 有《论语解义》《西铭解义》和《山窗业书》等著作传世。

李缯一生绝意科举,未入官场,以讲学著述为业。他讲学钟山书院,凡有来学者,李缯“随其资诱之,循循不倦”,婺源不少士子师事于他。李缯是程洵的启蒙老师,程氏深受其影响。程洵在为李缯所作《行状》中云:“初,先生之少也尝从洵先君子学;后,洵复受业先生之门。”李缯主张人要有礼义廉耻四维,四维张,则“其心康,其身昌”;四维不张,则“其心荒,其身灭”。学者最重要的是要“知耻”。在为学

① 程曈辑撰,王国良、张健点校:《新安学系录》卷七《滕溪斋》,黄山书社2006年版,第142页。
② 程曈辑撰,王国良、张健点校:《新安学系录》卷七《滕蒙斋》,黄山书社2006年版,第148页。
③ 程曈辑撰,王国良、张健点校:《新安学系录》卷七《滕蒙斋》,黄山书社2006年版,第149页。
④ (日)中岛乐章著,郭万平、高飞译:《明代乡村纠纷与秩序——以徽州文书为中心》,江苏人民出版社2012年版,第59页。

工夫上，他强调一个“敬”字。他说：“敬者，心之闲辔也。心有不敬焉，则驰矣。敬而不已则明，明则诚。故学者致心之道，敬为要。”①

李缯颇具文采，对一些学者“文章不足学”的论调进行了批评，认为“文者所以载道，言之不文，行之不远。而世儒或以文为不足学，非也”。他有不少诗词传世，如《晓步》诗：“晓步闲随蛱蝶行，村南村北雨新晴。山花野草自幽意，布谷一声春水生。”描绘了早晨随着飞舞的蝴蝶悠闲地漫步，所见的是村南村北一片雨后新晴的清新景象。山花野草都散发着清幽的诗意，清脆的布谷鸟叫声预告着初春的来临。时人评价他“词采自然，如风行水上，如浮云游太空中，姿态横生，可喜可愕”。朱熹亦曾称道李缯之文“笔力奔放，而法度谨严，学者所难及也”②。

朱熹两次回婺源，都与李缯有过交往。绍兴二十年（1150），朱熹“始得一归故乡，拜其坟墓宗亲姻党，于是乃获识公，而听其余论，心固已知其贤。然是时年少新学，未能有以扣也”③。正是这次回婺源，朱熹因得识李缯。

淳熙三年（1176）三月，朱熹第二次回婺源省亲展墓时，与李缯这位老朋友再次相见，分外亲切，“中年复归而再见公，然后从游益亲”。朱熹与表弟程允夫一同到李缯的钟山书院，“徜徉其间，讲论道义，谈说古今，觞咏流行，屡移晷刻。”④一道讲论读书其中。《朱子语类》卷一二六亦载李缯之子李季札录云：“先生（指朱熹）游钟山书院，见书籍中有释氏书，因而揭看。先君问：‘其中有所得否？’曰：‘幸然无所得。吾儒广大精微，本末备具，不必它求。’”⑤

也是这一年，李缯之子李季札师事于朱熹，成为朱门弟子。

朱熹两次回故里省亲扫墓，在婺源敬斋、钟山书院讲学，收了婺源最早的一批朱门弟子，成为婺源朱熹理学的早期传承者。朱熹去世后，作为朱熹故里的学子，他们学宗朱子，推崇朱子，精研程朱性命义理之学，继续以研习传播程朱理学为己

---

① 周晓光：《新安理学》，安徽人民出版社2005年版，第67页。

② 程洵：《钟山先生李公（缯）行状》，见程敏政编《新安文献志》卷八七，《影印文渊阁四库全书》第1376册，上海古籍出版社1987年版，第429页。

③ 朱熹：《晦庵先生朱文公文集》卷八三《跋李参仲行状》，见朱杰人、严佐之、刘永翔主编：《朱子全书》（修订本）第24册，上海古籍出版社、安徽教育出版社2010年版，第3934页。

④ 朱熹：《晦庵先生朱文公文集》卷八三《跋李参仲行状》，见朱杰人、严佐之、刘永翔主编：《朱子全书》（修订本）第24册，上海古籍出版社、安徽教育出版社2010年版，第3935页。

⑤ 朱熹：《朱子语类》卷一二六，见朱杰人、严佐之、刘永翔主编：《朱子全书》（修订本）第18册，上海古籍出版社、安徽教育出版社2010年版，第3937页。

任，致力于传承光大朱子学说，“致力于儒学与朱子学的传承、捍卫以及弘扬”①。

3. 讲学德兴银峰书院

淳熙三年（1176），朱熹婺源省亲过境德兴，曾受邀讲学于余瀚、余渊兄弟的银峰书院，并题“岁寒堂”匾额。

德兴余瀚、余渊兄弟，皆为绍兴五年（1135）进士，因忤秦桧乞休归里，在德兴建银峰书院讲学读书。

据光绪《江西通志》载，银峰书院在“德兴县延福坊。宋淳熙间邑人余瀚、余渊延朱子讲学其中。明崇祯间裔孙应馨改建于肯堂山下”②。《德兴县志》亦载：“岁寒堂，在县治西，宋余瀚建，朱晦翁额曰‘岁寒堂’，尝咏云云。”雍正《江西通志》卷二十二云：“岁寒山，在德兴县西南二里……县东南有肯堂山，宋乾道间余敛子瀚重葺‘绣彩堂’，朱子更额‘肯堂’，因以名山。”

朱熹讲学银峰书院时，德兴士子程端蒙、董铢等前来受教，从而成为德兴的第一代朱门弟子。

程端蒙（1143—1191），字正思，号蒙斋，先受业江介，后师事朱熹。淳熙三年（1176），朱熹归婺源省墓时的及门弟子。黄百家认为“新安为朱子之学者不乏人，而以程端蒙为首”。程端蒙后来在德兴十都开创了“求放心斋”，在十二都游弈坞兴办了“蒙斋书院”。

程端蒙编著有《性理字训》，该书“根据《四书》以及朱熹的《四书集注》，从中提炼出命、性、心、情、才、志、仁、义、礼、智、道、德、诚、信、忠、恕、中、和、敬、一、孝、悌、天理、人欲、义利、善、恶、公、私等三十个范畴，通俗疏释。释句多为四字一句，并和以声，便于儿童读时朗朗上口，容易记忆，为童蒙学习理学的基本教材”。③ 如曰：“天理流行，赋予万物，是之谓命。人所禀受，莫非至善，是之谓性。主于吾身，统乎性情，是之谓心。感物而动，斯性之欲，是之谓情。为性之质，刚柔、强弱、善恶分焉，是之谓才。心之所之，趋向期必，皆由是焉，是之谓志。”《性理字训》对朱熹理学义理进行了精致的解释，对理学的一些重要范畴如命、心、性、情等进行了诠释，

① 解光宇：《朱子徽州弟子及其思想研究》，《朱子学刊》2009 年第 1 辑，第 211 页。

② 曾国藩、刘坤一监修，刘绎、赵之谦等纂：光绪七年《江西通志》卷八二《建置略·书院》，台湾华文书局 1967 年版。

③ 张岱年主编：《孔子百科辞典》，上海辞书出版社 2010 年版，第 596 页。

使之通俗易懂，更容易被初学者接受。朱熹评价道："小学《字训》甚佳，言语不多，却是一部大《尔雅》也。"①《性理字训》成为理学入门工具书，对理学的普及与传播，起了积极的作用。

董铢（1153—1214），字叔重，称盘涧先生。《宋元学案》载："董铢，学于朱子。登嘉定进士，授迪功郎、婺州金华尉。黄勉斋志其墓。……从子梦程传其学。"②《江西通志》亦云："董铢……游朱子之门，凡来学者晦翁必命铢与辩难，然后折衷，所著有《性理注解》《易注》，卒，黄勉斋志其墓。"③董铢在《易》学、《四书》学和《尚书》学等方面很有造诣，著有《性理注》《解易注》和《四书注》，还与程端蒙合编了《董程二先生学则》，对读书人的行为举止作了详细具体的要求："居处必恭，步立必正，视听必端，言语必谨，容貌必庄，衣冠必整，饮食必节，出入必省，读书必专一，写字必楷敬，入席必整齐，相呼必以齿。"这是理学生活化、日常化、行为化的一个准则。朱熹在《跋董程二先生学则》中评价道："鄱阳程端蒙与其友生董铢共为此书，将以教其乡人子弟而作新之，盖有古人小学之遗意。余以为凡为庠塾之师者，能以是而率其徒，则所谓成人有德，小子有造者，将复见于今日矣。于以助成后王降德之意，岂不美哉！"④

后来，他在德兴九都建盘涧书院，讲学授徒，传播朱子学说。

淳熙三年（1176）朱熹曾赠诗程烨、程燧兄弟："君家构屋积玉堆，两桂天香手自栽。清影一帘秋淡荡，任渠丰冶斗春开。"后来，程烨、程燧兄弟在德兴游弈坞创办书院，并取名为"双桂书院"。

董铢、程端蒙与王过并称为"德兴三贤"，他们同为朱子门生，深受朱熹学术的影响。"德邑接壤婺源，子朱子遗泽虽百代未艾也，程端蒙、董盘涧、王拙斋三先生，非朱门高弟子乎！虽朱子不废地而学，而理学之福泽，正文昌阴骘之本也。"⑤他们

① 朱熹：《晦庵先生朱文公文集》卷五〇《答程正思》，见朱杰人、严佐之、刘永翔主编：《朱子全书》（修订本）第22册，上海古籍出版社、安徽教育出版社2010年版，第2330页。

② 黄宗羲原著，全祖望补修，陈金生、梁运华点校：《宋元学案》卷六九《沧洲诸儒学案上》，中华书局1986年版，第2280页。

③ 曾国藩、刘坤一监修，刘绎、赵之谦等纂：光绪七年《江西通志》卷一六一《列传·饶州府》，台湾华文书局1967年版，第3349页。

④ 朱熹：《晦庵先生朱文公文集》八二《跋董程二先生学则》，见朱杰人、严佐之、刘永翔主编：《朱子全书》（修订本）第24册，上海古籍出版社、安徽教育出版社2010年版，第3879页。

⑤ 何逵东主编：《德兴县志》卷三〇《文存·文昌祠记》，光明日报出版社1993年版，第1037页。

在当地建书院授徒讲学，以书院为阵地，讲学授徒，致力于朱熹理学的传播，扩大了朱子学的传播范围，在德兴、鄱阳形成了介轩学派这一理学学派。介轩学派在《宋元学案》中又称为鄱阳之学，是南宋末年以朱熹弟子董梦程为代表的一个地域性理学流派，活跃于赣东北德兴、婺源、鄱阳、乐平等县市及徽州休宁等地，对朱子学在上饶地区的传播与普及，起了积极的作用。

5. 讲学玉山草堂书院

草堂书院在玉山县北的怀玉山中，原名杨亿精舍。

怀玉山脉又名辉山、玉斗山、干越山，位于江西省上饶市玉山县、德兴市与浙江省衢州市开化县交界处，是鄱阳湖水系和钱塘江水系的分水岭。怀玉山位于玉山县西北部，距县城约 70 千米。《方舆志》云："天帝遗玉此山，山神藏焉，故名。"怀玉山周围八座奇峰耸立，最高云盖峰，海拔 1538 米，林木茂盛，山水甚佳，有龙潭一十八礤，二十四奇景。顶上有一处 600 多亩的高山冲积平原，名为大洋坂，地宽势平，水土肥沃。唐大历年间(766—779)，僧人志初云游怀玉山，在金刚峰南麓建定文寺，后更名法海禅院、怀玉寺。开宝七年(974)，玉山县令杨文逸在怀玉山金刚峰法海禅院一侧，为其孙杨亿建造了一读书屋，取名为杨亿精舍。

杨亿(974—1020)，字大年，祖籍福建蒲城，出生于信州玉山。祖父杨文逸为南唐玉山县令。杨亿"博览强记""才长于史"。淳化三年(992)中进士，曾任翰林学士兼史馆修撰，官至工部侍郎，参编《太宗实录》，与王钦若主修《册府元龟》，是西昆体的集大成者。

据光绪《江西通志》载："淳熙间，朱子与陆九渊、汪应辰诸贤讲学其间，有司及门人拓建书院，置田以供四方来学者。"①同时亦载："朱子讲学于此，有青山绿树亭、源头活水亭，堂庑号舍具备。相传朱子题山下酒舍一联云：'泉飞白石堪为酒，灶傍青山不买柴。'即其地也。宋末书院废，斗山王奕与其子介翁结庐居此。"②

从朱熹《文集》考察，朱熹曾与吕祖谦有过"怀玉之约"。淳熙元年(1174)，朱熹在写给吕祖谦的信中说道："秋冬间无事，或可出入。甚思承教，但未敢预期耳

① 曾国藩、刘坤一监修，刘绎、赵之谦等纂：光绪七年《江西通志》卷八二《建置略·书院》，台湾华文书局 1967 年版。

② 曾国藩、刘坤一监修，刘绎、赵之谦等纂：光绪七年《江西通志》卷八二《建置略·书院》，台湾华文书局 1967 年版。

……闻怀玉山水甚胜,若会于彼,道里均矣。”①但到了秋冬间,两人均因故不能践约前往。《答吕伯恭》书三六云:“怀玉之约迟以明年,无所不可。”但直到淳熙二年(1175)鹅湖之会后,朱、吕“怀玉之约”仍未成行,故朱熹在《答吕伯恭》书四十云:“却悔前日不且挽留,或更自鹅湖追逐入怀玉深山,坐数日也。”②

朱熹与吕祖谦的“怀玉之约”是否最终成行,尚未可知,但据《玉山县志》《广信府志》等相关文献记载,朱熹上怀玉山不少于3次。

绍熙五年(1194)八月底,朱熹离任知潭州赴都城任经筵,在信州待命,信州士子得有机会当面求教朱熹。在玉山县立起了朱熹写的歌颂张叔夜、郑骧抗金死节事迹的《旌忠愍节庙碑》,还鼓励玉山县宰司马迈尽快为他们塑像建庙。

朱熹最后一次上怀玉山,是绍熙五年(1194)11月11日,65岁的朱熹离任经筵讲学,从都城临安返归福建武夷,途经玉山县,玉山县宰司马迈邀请朱熹在怀玉山草堂书院为县学诸生讲学,留下了被称为朱子“晚年亲切之训”的《玉山讲义》。

朱熹在《玉山讲义》中,系统阐发了他的理学思想体系,可以归纳为六大精髓:一是性即理;二是仁包四性。性虽可分为仁义礼智信五常之性,但仁可包含其他四性,性即仁;三是仁体义用。仁存于心,义形于外,未发为仁体,已发为义用;四是性一气殊。性皆善,但因气禀不同,因而有天地之性与气质之性的区别;五是存天理灭人欲。去除物欲,才能恢复被物欲所蔽的善性,才能存天理,复善性;六是尊德性,道问学。要求的是尊德性与道问学的统一,做到“尊德性以全其大,道问学以尽其小”,致广大与尽精微的统一,极高明与道中庸的统一,温故与知新的统一,反复强调应当实做力行,于自己分上实下功夫。“他的《玉山讲义》,完全把抽象的理气性命的玄理探讨变成了一个‘勇猛著力’的实行实做的迫切现实问题,正反映了他晚年的一种由博返约、由知到行的思想动态,无怪他的弟子们都把这篇讲义奉为‘晚年亲切之训’了。”③

朱熹在《玉山讲义》中,教导诸生“古之学者为己,今之学者为人。故圣贤教人

① 朱熹:《晦庵先生朱文公文集》卷三三《答吕伯恭》书三十五,见朱杰人、严佐之、刘永翔主编:《朱子全书》第21册,上海古籍出版社、安徽教育出版社2010年版,第1453页。

② 朱熹:《晦庵先生朱文公文集》卷三三《答吕伯恭》书四十,见朱杰人、严佐之、刘永翔主编:《朱子全书》第21册,上海古籍出版社、安徽教育出版社2010年版,第1459页。

③ 束景南:《朱子大传》,商务印书馆2003年版,第993页。

为学,非是使人缀辑语言、造作文辞、但为科名爵禄之计,须是格物致知,诚意正心,修身而推之,以至于齐家治国,可以平治天下,方是正当学问”。① 对晚辈的谆谆教诲溢于言表,《玉山讲义》也是朱熹“生平对自己的理学体系作的一次最精约明晰的理论概括”②。

朱熹还为书院题写了“草堂”二字。草堂书院因朱熹讲学于此而闻名,后又改称怀玉书院,直至清末均有史迹可考。李光地作《重修怀玉书院记》云:“以今考之,鹅湖辩论,其言不传,独《玉山讲义》,剔抉详明。虽同问而答,而已尽乎义理之根源,功夫之切要。”③

6. 朱熹与玉山刘氏义学

玉山刘氏义学的创办人是刘允迪。朱熹对刘允迪创办义学的善举大加赞扬,并专门撰写了《刘氏义学记》一文予以表彰。

刘允迪(1117—1193),字德华,一字桂亭,玉山县横街人。据《城西刘氏宗谱》记载,其先刘奭于唐僖宗中和元年(881)因避黄巢之乱,由睦州迁至玉山顺城乡赖家源,后改为刘坞(今横街刘坞塘)。建炎三年(1129),苗傅、刘正彦的“苗刘之乱”,波及玉山,家遭焚毁,刘允迪父亲刘洵于是举家迁往梅峡之口,名曰“梅村”,即今峡口村。

刘允迪少时家境贫寒,求学充满艰辛,绍兴十四年(1144)与弟允济同领乡荐,次年(1145)俱补太学。隆兴元年(1163),时年47岁的刘允迪终于登进士第,先后担任桂阳军教授、汉阳军教授等职,累官至朝奉郎参议沿海制置使军事。淳熙七年至九年,刘允迪任江州德安县令,“为政一本儒术,甚以惠爱得其民”。当时朱熹也正在知南康军任上,朱熹多次与刘允迪通信探讨如何做好救灾工作,而且要求相邻的建昌县官吏多向德安刘允迪学习。

刘允迪告老还乡之后,虽已步入古稀之年,但看到家乡子弟依然求学艰辛,于是,捐出全部家产,在家乡峡口建了一所义学,“以教族子弟及乡之愿学者”。淳熙

① 朱熹:《晦庵先生朱文公文集》卷七四《玉山讲义》,见朱杰人、严佐之、刘永翔主编《朱子全书》(修订本)第24册,上海:上海古籍出版社、合肥:安徽教育出版社,2010年,第3588页。

② 束景南:《朱子大传》,商务印书馆2003年版,第992页。

③ 李光地:《榕村集》卷一四《重修怀玉书院记》,《影印文渊阁四库全书》第1324册,上海古籍出版社1987年版,第727页。

十五年(1188)九月,朱熹路过玉山时,应邀为之作《刘氏义学记》。朱熹回顾了他任守南康军时,刘允迪县宰“惠爱其民”的政绩,特别是“所不为若等力请于州,必蠲十七者,令宁委印绶去,终不忍使若等为异乡鬼也”①的这种为灾民请命的勇气与情怀,称赞“信其为君子人也”。

《刘氏义学记》记载了刘允迪建义学的初衷,“吾家本单贫,而入仕又甚晚,顾无以仁其三族者,间尝割田立屋,聘知名之士,以教族子弟。而乡人之愿学者,亦许造焉。”②不由发出感叹:“今士大夫或徒步至三公,然一日得志,则高台深池,撞钟舞女,所以自乐其身者唯恐日之不足。虽廪有余粟,府有余钱,能毋为州里灾害则足矣,固未暇以及人也。如刘侯者,身虽宠而官未登六品,家虽温而产未能千金,顾其所以用心者乃如此,是则可谓贤远于人!”③

同时,期待刘氏义学的学子们,要修身明理,治平天下,不仅为科举谋利禄,更为自身明理修德性,以不负刘侯期望。“古人之所谓学者,岂读书为文,以干禄利而求温饱之云哉?亦曰明理以修身,使其推之可以及夫天下国家而已矣。群居于此者,试以此意求诸《六经》孔孟之言,而深思力行之,庶其有以不负刘侯之教也。”④

《城西刘氏宗谱·刘氏义学记》后又附:“孝宗朝淳熙十有五年秋九月己未(廿六日),新安朱熹记并书,开封赵冲篆额,淳熙十五年十一月三日甲午,允迪立碑记。”更加明确了刘氏义学是在淳熙十五年建成,时年刘允迪已72岁了。

南宋恭帝德祐元年(1275),刘鹏飞所作《城西刘氏宗谱·义学胜记》载:“立义学在于宅之西北,建大殿奉圣哲,皆表塑其像;置两庑立贤儒,具神主之位。春秋祭祀有牲宰俎豆之陈,正献分献,皆如邑祀之礼。外有棂星门,门前开池,左引江塘之水注之,取泮水之义。更外又有门牌,名曰义庠,傍有小门。殿后有植桂堂,东西斋,延明师育英才。其后更有千峰阁,阁之两旁又有先生处舍阁。之后,更有折路

---

① 朱熹:《晦庵先生朱文公文集》卷八十《刘氏义学记》,见朱杰人、严佐之、刘永翔主编《朱子全书》(修订本)第24册,上海古籍出版社、安徽教育出版社2010年版,第3791页。

② 朱熹:《晦庵先生朱文公文集》卷八十《刘氏义学记》,见朱杰人、严佐之、刘永翔主编《朱子全书》(修订本)第24册,上海古籍出版社、安徽教育出版社2010年版,第3791页。

③ 朱熹:《晦庵先生朱文公文集》卷八十《刘氏义学记》,见朱杰人、严佐之、刘永翔主编《朱子全书》(修订本)第24册,上海古籍出版社、安徽教育出版社2010年版,第3792页。

④ 朱熹:《晦庵先生朱文公文集》卷八十《刘氏义学记》,见朱杰人、严佐之、刘永翔主编《朱子全书》(修订本)第24册,上海古籍出版社、安徽教育出版社2010年版,第3792页。

廊,廊之后复有勤思亭,亭后有塘。暮春之时,师弟子浴于塘,取沂水之义。至亭勤思歌咏,乐薰陶之风……师友未达而亡者,葬于学之东山,设庵命仆看奉,每岁两祭,名曰义学庵。”

宋末元初,因战乱所及,刘氏义学年久失修,几近荒废。元顺帝至正十年(1350),时任玉山县监的寿安在原址重修。

此外,朱熹还为弋阳碧落洞天书院题字,为信州州学大成殿撰写了《信州州学大成殿记》。

在弋阳叠山书院文昌阁旁,卧着一块巨石,上有“碧落洞天”四个大字,书法精妙,意态浑然。相传是朱熹在碧落洞天书院亲手题写,刻在碧落山崖壁之上,为了让更多人能欣赏到朱熹的书法艺术之精妙,故而拓印下来,存放此处,便于人们游览观赏。

“碧落”指青天,“洞天”是道家所称的福地。碧落山,在弋阳县城东北1里左右,是一座东西向绵延的山丘,海拔不过百米左右,北坡较为陡峭,南坡则相对平缓,相传始建于唐代的碧落洞天书院,就建于南坡之上,朱熹曾在此驻留讲学。因为北面山脚下的小村庄村民多为詹姓,当地人也称这座山为詹家山。在詹家山的岩石峭壁上,有“碧落洞天”四个大字,金钩铁画,意态浑然,旁边还有一些小字落款,遗憾的是年深月久,字迹模糊,几不可辨。

20世纪90年代,在碧落洞天书院遗址上兴建了弋阳第一中学。王十朋《梅溪集》载:“碧落洞天者,书院层其下,窅然以幽;亭阑悬其上,豁然以敞,诚藏修游息之所也。独陟其岭,俯仰四顾,藐无与俦,慨然轻世,肆志之思起焉”,想见碧落洞天的旷然神妙。

绍熙五年(1194)十一月,朱熹被免去焕章阁待制兼侍讲之职,被排挤出朝廷的朱熹在归家途中来到信州州学,目睹了翻修一新的大成殿,答应了信州州学教授林德久的请求,为修复的信州州学大成殿作记:“熹惟国家稽古命祀,而礼先圣、先师于学宫,盖将以明夫道之有统,使天下之学者,皆知有所向往而几及之……于是为记其事,使刻诸石,以厉其徒,且使后之君子有以考焉,而毋忘林君之志也。”①

---

① 朱熹:《晦庵先生朱文公文集》卷八〇《信州州学大成殿记》,见朱杰人、严佐之、刘永翔主编:《朱子全书》,第24册,上海古籍出版社、安徽教育出版社2010年版,第3806页。

第三章　朱熹门人后学在上饶创办的书院

陈荣捷先生在《朱子门人》一书中，对于朱熹的门人弟子分为正式弟子、私淑弟子、讲友等数种，认为“严格而论，凡亲面请教，只发一问者，亦为弟子”。

在上饶，朱熹通过书院讲学，培养了一批弟子。书院既是朱子学术思想的“孵化器”，也是他毕生经营的精神家园，以书院为阵地，一批批士子读书人慕名奔趋，将其理学思想在上饶各地广为传播宣扬。

大师过化存神，上饶的朱门子弟效法其师，致力于创办书院，授徒讲学，弘扬师说，培育人才。特别是“嘉定更化”之后，程朱理学受到推崇，“书院得到了进一步的发展，并走向高潮”①。南宋后期，上饶的书院教育步入高峰时期，一批书院兴起，“饶州，含鄱阳、浮梁（今景德镇）、余干、乐安、德兴、安仁（今余江）诸县共 37 所。……信州，含上饶、永丰（今广丰）、玉山，弋阳、贵溪、铅山诸县共 26 所。”②很多书院都是朱熹的门人弟子创办的，也有一部分书院为纪念朱熹而创设。本章就对上饶各县市区朱子门人后学创建的书院作一梳理。

一、德兴市朱子门人后学创办的书院

“山川之宝，惟德乃兴”的德兴，自南唐升元二年（938）设县以来，一直有重视文教的传统，是有名的诗书之邦。北宋政和初，汪藻应德兴县令黄诚之请撰写的德兴《谯楼记》云：“大江之东，岁以士荐之于京师者，其州十而饶为最，环饶之境，岁以士荐者，其县六，而德为最。虽其好学使然，抑山川有以相之。”③清同治十一年《德兴县志》亦载：“德兴山峭川驶，都人、士大抵务实行而黜浮躁，故人文于宋称极

---

① 李才栋：《江西古代书院研究》，江西教育出版社 1993 年版，第 104 页。
② 李才栋：《江西古代书院研究》，江西教育出版社 1993 年版，第 106 页。
③ 姜炳火主编：《聚远楼文化》第 1 辑，百花洲文艺出版社 2006 年版，第 87 页。

盛。汪学士云:‘士大夫虽在万里外,亦知其为诗书之邦。’”①两宋时期德兴有进士343人,占饶州总数的35.5%。一些经济条件较好的家庭“为实现自己无法实现的梦想,将精力集中在子孙的教育上,希望他们能够在科举中一举成名,改变家族的命运”②,致力于捐资兴建书院,延聘名儒学士主持书院讲学。据学者考证,“德兴自宋至明,全县共建书院25所,其中建于宋代的17所,其中与朱子学有密切关系的有12所。旧志云:‘书院为昔贤讲学之所,考亭而后,大儒辈出,于宋极盛,夫紫阳之居如此,其近亲炙私淑乡先生皆得传,其所学在书院,指不胜屈稷下淹中之风,视他邑为独隆焉。’”③

宋元时期,德兴是朱子学流传的一个重要区域。德兴因邻近朱熹故里婺源,朱熹两次返乡,不少德兴学子,纷纷前往婺源向朱熹问学。程端蒙、董铢、王过、程珙等成为德兴朱熹的第一代弟子。他们效法其师,热衷于创办书院讲学授徒。朱熹门人程端蒙在1176年至1187年创办了蒙斋书院;董铢在1201年至1204年创办了盘涧书院;程珙在1198年至1200年创办了柳湖书院;王过在1208年至1218年创办了拙斋书院;董鼎在1241年至1252年创办了深山书院;齐梦龙在1243年至1252年创办了觉翁书院;余芑舒在1272年创办了息斋书院;董熠于1208年至1218年创办了南隐书院;王渭在1214年至1224年创办了南山书院;王炎于1272年创办了双溪书院,等等。据统计,上饶朱熹门生弟子中,德兴弟子创办的书院数量最多。

德兴市书院一览表

书院名称	创办时间	创办者	书院地址
寅宾书院	绍兴间(1131—1162)	张焘	
银峰书院	绍兴间(1131—1162)	余瀚、余渊	

① 孟庆云修,杨重雅纂:《德兴县志》卷一《地理志·风俗·士习》,《中国方志丛书》(华中地方·第259号),成文出版社有限公司1970年版,第226页。

② 胡荣明:《德兴历代书院》,见政协上饶市委员会编:《饶信文化·上饶书院文化专辑》,2017年(内刊),第76页。

③ 胡荣明:《德兴历代书院》,见政协上饶市委员会编:《饶信文化·上饶书院文化专辑》,2017年(内刊),第77页。

续表

书院名称	创办时间	创办者	书院地址
蒙斋书院	淳熙间(1176—1187)	程端蒙	十二都游弈坞
柳湖书院	庆元间(1198—1200)	程珙	德兴十都
归轩书院	庆元间(1195—1200)	邹近仁	
双桂书院	庆元间(1195—1200)	程烨、程燧	
盘涧书院	嘉泰间(1201—1204)	董铢	德兴九都
南隐书院	嘉定间(1208—1218)	董熠	
拙斋书院	嘉定间(1208—1218)	王过	德兴十二都
南山书院	嘉定间(1214—1224)	王渭	
深山书院	淳祐间(1241—1252)	董鼎	
觉翁书院	淳祐间(1243—1252)	齐梦龙	德兴九都
双溪书院	咸淳八年(1272)	王炎	德兴八都
息斋书院	咸淳八年(1272)	余芑舒	县南水桥
初庵书院	咸淳八年(1272)	黄棠	
耒阳宾馆	元初(1275—1294)	胡炳文	
斗山书院	元初(1275—1294)	王奕、王介翁	
四勿斋书院	元初(1275—1294)	王忆	
方塘书院	元初(1275—1294)	徐元祥	
双贤书院	元初(1275—1294)	王应奎、王泰	
靖翁书院	元初(1275—1294)	李思正	
银麓书院	正德间(1506—1521)	徐珊	
二贤书院	嘉靖三十八年(1559)	何迁	
绪山讲院(文麓精舍)	嘉靖三十八年(1559)	王守胜	

续表

书院名称	创办时间	创办者	书院地址
兴贤书院	万历二十六年(1598)	何镤	何为知县

此外,在明嘉靖间,重新修复了四所书院:德兴蒙斋书院,由程氏后裔修复;柳湖书院由德兴知县俞记修复;息斋书院由知县许公商修,这 3 所书院的修复都得到了提学副使王宗沐的支持。在巡抚汪元锡的支持下,德兴归轩书院也由邹氏后裔修复。

德兴朱熹门人后学创办了一批有代表性的书院。

1. 程端蒙创建蒙斋书院

蒙斋书院由朱熹门人程端蒙在德兴十二都游弈坞创建,创建时间在 1176 年至 1187 年之间。

程端蒙,字正思,号蒙斋。先受业江介,后师事朱熹,是朱熹的得意门生,著有《性理字训》,又与董铢合编《程董二先生学则》,对后世影响很大。

程端蒙是朱熹淳熙三年(1176)归婺源省墓时的及门弟子。黄百家认为"新安为朱子之学者不乏人,而以程蒙斋为首。蒙斋之后,山屋以节著,双湖以经术显,其后文献蒸蒸矣"①。淳熙六年(1179)朱熹任知南康军时,程端蒙曾随行。淳熙七年(1180),程端蒙补太学生,对策时坚持朱熹的观点,不合主试者之意罢归,却得到朱门子弟的崇敬。绍熙二年(1191)程端蒙去世后,朱熹作《程君正思墓表》,评价他"任道勇而用志专,必能卒究精微之蕴,广斯道之传"。认为他"天资端悫,自幼已知自好,稍长即能博求师友,以自开益,遂以词艺名。荐书既乃见予于婺源,闻诸老先生所以教人之大指,退即慨然发愤,以求道修身为己任,讨论探索,功力兼人,虽其精微或未究极,而其固守力行之功,则已过人远矣"。②

程端蒙著有《性理字训》,这是一部理学的入门工具书。他根据《四书》以及朱

① 黄宗羲原著,全祖望补修,陈金生、梁运华点校:《宋元学案》卷六九《沧洲诸儒学案上》,中华书局 1986 年版,第 2279 页。

② 朱熹:《晦庵先生朱文公文集》卷九〇《程君正思墓表》,见《朱子全书》(修订本)第 24 册,上海古籍出版社、安徽教育出版社 2010 年版,第 4185 页。

熹的《四书集注》，将命、性、才、志、仁、义、礼等理学名词加以疏解，便于初学者理会学习。朱熹称赞“小学《字训》甚佳，言语虽不多，却是一部大《尔雅》也”①。作为理学入门工具书，《性理字训》对程朱理学的普及与传播，起了积极的作用。

他还与董铢共同编著了《董程二先生学则》，对读书人的行为举止作了详细具体的要求，是理学生活化、日常化的一个行为准则。朱熹在《跋董程二先生学则》中评价道：“鄱阳程端蒙与其友生董铢共为此书，将以教其乡人子弟而作新之，盖有古人小学之遗意。余以为凡为庠塾之师者，能以是而率其徒，则所谓成人有德，小子有造者，将复见于今日矣。于以助成后王降德之意，岂不美哉！”②

饶鲁在任白鹿洞书院山长时，把《董程二先生学则》与《白鹿洞书院揭示》同揭于书院，一道成为书院的学规。认为二者“一则举其学问之宏纲大目，而使人知所用力；一则定为群居日用之常仪，而使人有所持循，即大、小学之遗法也。学者诚能从事于此，则本末相须，内外交养，而入道之方备矣”③。

2. 董铢创建盘涧书院

盘涧书院由董铢在1201年至1204年之间创建，创办于德兴九都。

董铢（1153—1214），字叔重，称盘涧先生，是朱熹的得意门生。《宋元学案》载：“董铢，学于朱子。登嘉定进士，授迪功郎、婺州金华尉。黄勉斋志其墓。”④董铢开始从学于德兴乡先生程洵，20岁以后多次到武夷山向朱熹问学，与黄榦同师朱子，志笃学勤，深得朱熹学术真瑞。朱熹在竹林精舍讲学期间，请董铢为学长，新来学者必命董与之辩难，然后折衷。“庆元初，先生归自讲筵，日与诸生论学于竹林精舍，命叔重（董铢）掌其事。诸生日所诵习，叔重先与之反复辩难，然后即先生而折衷焉。”⑤颇有代师执教的意味。

嘉定元年（1208），董铢中进士，授迪功郎、任婺州金华尉等职，他在易学、《四

① 朱熹：《晦庵先生朱文公文集》卷五〇《答程正思》，见朱杰人、严佐之、刘永翔主编《朱子全书》（修订本）第22册，上海古籍出版社、安徽教育出版社2010年版，第2330页。

② 朱熹：《晦庵先生朱文公文集》八二《跋董程二先生学则》，见朱杰人、严佐之、刘永翔主编《朱子全书》（修订本）第24册，上海古籍出版社、安徽教育出版社2010年版，第3879页。

③ 张伯行：《学规类编》卷一，中华书局1959年版。

④ 黄宗羲原著，全祖望补修，陈金生、梁运华点校：《宋元学案》卷六九《沧洲诸儒学案上》，中华书局1986年版，第2280页。

⑤ 黄榦：《勉斋集》卷三八《董县尉墓志铭》，《影印文渊阁四库全书》第1168册，上海古籍出版社1987年版，第454页。

书》学和《尚书》学等方面很有造诣，著有《性理注》《解易注》和《四书注》，还与程端蒙合编《学则》。后来，他在德兴九都兴建盘涧书院，讲学授徒，传播朱子学说。董梦程、董琮、程正则等都是他的知名弟子。

董铢与程端蒙共同制定了《董程二先生学则》，要求学生做到"居处必恭，步立必正，视听必端，言语必谨，容貌必庄，衣冠必整，饮食必节，出入必省，读书必专一，写字必楷敬。几席必整齐，堂室必洁净，相呼必以齿，接见必有定，修业有余功，游艺有适性，使人庄以恕，而必专所听"等等，要求凡学于此者必严朔望之仪，必谨晨昏之令。《学则》是一份相当详细的条规，朱熹对此也给予了充分的肯定。淳熙十四年(1187)，他为《学规》作《跋》云："道不远人，理不外事。故古之教者，自其能食，能言，而所以训导整齐之者，莫不有法，而况家塾、党庠、术序之间乎？彼其学者，所以入孝出弟，行谨言信，群居终日，德进业修，而暴慢放肆之气，不设于身体者，由此故也。"①

朱熹把教育分为小学和大学两个阶段，15 岁前入小学，15 岁后才入大学。小学教育，又称为启蒙教育，是打基础的阶段，以识字、习字为主，进行伦理道德行为规范的养成教育，应该"学其事"。要读书认字，使之"长大则易语"，要"自其能食、能言"即需以规矩培养习惯，做到蒙以养正。遵守规矩，养成良好的行为习惯，是小学教育的首要任务。良好的行为习惯要从少儿时期抓起，从具体生活细节入手，要"教之以洒扫、应对、进退之节，爱亲、敬长、隆师、亲友之道。皆所以为修身、齐家、治国、平天下之本"。使之从小便养成合乎"孝悌诚敬"的良好习惯和品德，为大学的学习夯实基础。

小学阶段也是人生记忆的黄金时节，主要记诵经典，同时，由于年龄较小，物欲未染，知识未开，可塑性大，容易养成良好的习性和品德。

朱熹非常重视小学教育，为了做好小学教育，朱熹编写《训蒙绝句》《童蒙须知》《小学》等童蒙教材。"夫童蒙之学，始于衣服冠履，次及言语步趋，次及洒扫清洁，次及读书写文字"，对儿童日常生活中应该遵守的礼仪、行为一一作了具体规范。《小学》一书，汇集了古代圣贤"嘉言懿行"，并以日常生活中的人伦道德主题，

---

① 朱熹：《晦庵先生朱文公文集》八二《跋董程二先生学则》，见朱杰人、严佐之、刘永翔主编《朱子全书》(修订本)第 24 册，上海古籍出版社、安徽教育出版社 2010 年版，第 3879 页。

分立君臣、父子、夫妇、长幼、朋友、心术、感化、衣服、饮食等纲目，汇聚名儒的格言和前人的典范事例，对儿童进行生动具体的教育。

朱熹认为大学阶段则应“讲明义理，以修其身”。注重培养发明此事之理，探究穷理的功夫。要“教之以穷理、正心、修己、治人之道”，讲习“修身、齐家、治国、平天下”的道理，学习“修己治人”之术。

朱熹因此对董铢、程端蒙的《董程二先生学则》高度评价。

黄百家与王梓材认为，德兴有朱学的兴盛，程端蒙、董铢为功臣，他们通过董梦程、沈贵珤等创立了介轩学派，促进了朱子学说在饶州、徽州等地的流传。

“介轩学派”的创始人董梦程，德兴海口村人，是董铢之从子，学者称“介轩先生”。《宋元学案》载：“董梦程，字万里，号介轩，鄱阳人，盘涧先生铢之从子也。初学于盘涧与程正思，其后学于勉斋。南宋开禧元年（1205）进士、朝散郎、钦州判。”①董梦程曾师从于董铢及程端蒙，后又师事黄榦，得朱学真传，是朱熹的二传弟子。同治《德兴县志》称其得勉斋之源委，著有《书诗训释》《尔雅通释》等。

董梦程应该也在德兴讲学，他的弟子不少，但其讲学的书院名称已无考。族弟董鼎、德兴沈贵珤、婺源胡方子、许月卿皆入其门。

朱熹在德兴弟子还有王过。王过，字幼观，号拙斋。他在1208年至1218年建拙斋书院讲学。王过与董铢、程端蒙并称为“德兴三贤”，他们同为朱子门生，深受朱熹学术的影响。“德邑接壤婺源，子朱子遗泽虽百代未艾也，程端蒙、董盘涧、王拙斋三先生，非朱门高弟子乎！虽朱子不废地而学，而理学之福泽，正文昌阴骘之本也。”②他们在德兴兴办书院，授徒讲学，培养了一批后起之秀，对朱子学在德兴的传播与普及，起了积极作用，扩大了朱子学在该地区的传播，使赣东北“虽十室之村，不废诵读”，促进了理学文化的下移。

3. 程珙创建柳湖书院

位于德兴十都的柳湖书院为朱熹门人程珙所建。程珙，字仲璧，号柳湖。程珙是程端蒙的从曾孙，在玉山率生员听朱熹讲学，成为朱熹弟子，后归里隐居讲学。《宋元学案·沧洲诸儒学案》称其为“蒙斋先生之从曾孙也。亦登文公之门，著有

---

① 黄宗羲原著，全祖望补修，陈金生、梁运华点校：《宋元学案》卷八九《介轩学案》，中华书局1986年版，第2971页。

② 何逵东主编：《德兴县志》卷三〇《文存·文昌祠记》，光明日报出版社1993年版，第1037页。

《易说》”。[①] 清同治十一年《德兴县志》对程珙的学行有更详细的记载：“程珙，字仲璧，德兴人，正思之从曾孙也。愤时宗异学而晦翁反见疏黜，叹曰：‘吾何以苟禄为哉？’遂日从正思讲学，凡所得于晦翁者，悉以指之。绍熙间晦翁有《玉山讲义》，仲璧深叩仁义体用之旨，饶、信间闻而从者益众。明年，伪学禁严，仲璧益自持，遇有辩难，寓书晦翁，务求真是，晦翁卒，为位哭，朔望必奠。居之东，有湖数亩，岸柳数十株，清阴掩映，仲璧爱之，建阁其侧，日与同志肄业习静。学者称为柳湖先生。”[②]

庆元间，程珙在家乡十都建柳湖书院，其创办时间，比董铢、王过还早，且影响不小，饶州、信州的学子“从者益众”。还曾建来阳宾馆，礼请胡炳文等主讲，延名士肄业其中，在德兴传播理学思想。

4. 董鼎讲学深山书院

深山书院由董鼎创办于 1241 年至 1252 年间。董鼎，字季亨，号深山，是董梦程族弟。其自称：“鼎生也晚，于道未闻，我族兄介轩亲受学于勉斋、盘涧，故再传而鼎犹私淑焉。”是朱熹的三传弟子。据黄榦称，董鼎得“其学之端绪”。《宋元学案·介轩学案》称：“所著有《尚书辑录纂注》六卷，草庐极称之。其采拾诸家极博，不守一师之说，有功于《尚书》者也。”他在德兴建深山书院讲学，其子董直卿传其学。

5. 余芑舒创建息斋书院

息斋书院在 1272 年由余芑舒创建。余芑舒其父余季芳，字子初，号桃谷，登淳祐元年进士。《宋元学案·介轩学案》载：余季芳少孤力学，中进士后，言于吏部曰：“受训慈帏，愿明家学。儌荣干禄，实非初心。即窃收名，志求归养。”部臣以闻。敕曰：“谢名乞养，臣子良心。欲励孝廉，宜从所愿。特授九江司法以荣之。”朝廷赞赏其孝心，从其所愿。余季芳归里德兴后，讲学授徒，与董梦程一道在家乡传播朱熹理学思想，弟子尊其为“桃谷先生”，著有《桃谷尚书义》《桃谷集》。

余芑舒是余季芳之子，字德新，号息斋，得家学之传。与饶鲁、董鼎友善。余芑舒、王希旦与婺源胡一桂、休宁陈栎共称“宿儒四家”。余芑舒每日读书暇，则整襟

---

① 黄宗羲原著，全祖望补修，陈金生、梁运华点校：《宋元学案》卷六九《沧洲诸儒学案上》，中华书局 1986 年版，第 2283 页。

② 孟庆云修，杨重雅纂：同治十一年《德兴县志》卷八《人物志·理学》，《中国方志丛书》（华中地方·第 259 号），成文出版社有限公司 1970 年版，第 961 页。

端坐。尝谓门人曰："读书须虚心熟读，其味无穷，及早了悟身心间事，自有受用。"①朝廷征辟补学录不受，在1272年，建息斋书院授徒讲学。临卒，口吟东坡"治生不求富，读书不求官"句，以训后人。著有《读蔡氏书传疑》《书传解》《易解》《息斋集》等。

介轩门人中，齐梦龙创办了觉翁书院。齐梦龙，字应祥，号觉翁，宝祐元年（1253）进士。1243年至1252年间，曾建觉翁书院于德兴九都。

6. 董煟创建南隐书院

在德兴的古书院中，董煟在1208年至1218年间创建的南隐书院颇具特色，这是一所传授经世致用，讲求实用之学的书院。

董煟（？—1217），字季兴，号南隐，德兴海口镇海口村人。光宗绍熙四年（1193）进士。先后任瑞州新昌（今宜丰）县尉，鄂州教授，所任之地，重视地方文教，"至则作新学宫，市田百亩以资士之不能上学宫者"。

董煟在温州瑞安知县任上，遇上了一场几十年不遇的洪水，灾情十分严重。董煟心急如焚，他一面迅速向朝廷如实上报灾情，请求朝廷赈济；同时，积极组织瑞安官员分头到灾区各地救灾，实施赈济、赈粜、赈贷等办法，使灾民得到安置，渡过了难关。大灾之后，董煟还在思考如何才能有效抵御灾害，减轻灾害造成的损失。

董煟在总结前人救荒经验的基础上，根据自己的救灾实践和切身体会，撰写了《救荒活民书》3卷5万余字，陈述救荒之策，并于嘉泰年间进呈宋宁宗。宁宗阅后，对他召见褒奖，夸赞他："尔忠惟报国，诚在爱民。"赏赐绢帛，升为通议郎，并称赞该书为"南宋第一书"，下令刊印，发行到各郡县。

在《救荒活民书》中，董煟提出了"五法""十五项"救荒举措。

"五法"即常平以赈粜、义仓以赈济、劝分、禁遏籴、不抑价等五大救荒要法。即官府设立常平仓，达到平抑谷价，救助灾荒的目的；在乡村设立义仓，由民间储蓄，以备当地水旱之灾；劝分即劝谕富民出钱出粮救济灾民；禁遏籴就是允许其他地方的人来购运粮食；不抑价是官府不限制粮价，米价随行就市。

"十五项"救荒举措为检旱、减租、贷种、恤农、遣使、弛禁、鬻爵、度僧、治盗、捕

---

① 黄宗羲原著，全祖望补修，陈金生、梁运华点校：《宋元学案》卷八九《介轩学案》，中华书局1986年版，第2975页。

蝗、合籴、存恤流民、劝种二麦、通融有无、借贷内库等救灾方法。

董煟救灾的指导思想是“厚黎元”,要求统治者恤民,以“仁政”减灾。在《救荒活民书》中,再三强调对乡村民众进行基本保障的必要性,因为“憔悴之民,多在乡村,于城郭颇少”,对农民的辛苦耕作和困苦的生活充满同情:“农家寒耕热耘,以供众人之食,及其饥也,不耕者得食,而耕者反不得食,不免采掘蕨根野葛以充饥肠,岂不甚可怜哉?”因此,在赈济时要防止“不耕者得食,而耕者反不得食”的弊病发生,做到“以农为先,浮食者次之”。

董煟被称为“南宋治荒名吏”,他的《救荒活民书》汇集了古代行之有效的各种救灾措施,是中国历史上第一部荒政百科全书,也是第一部有关乡村社会保障思想的指导性文献。该书刊行之后,为历代从政者所重视,成为宋代以后开展荒政的纲领性文献。

董煟不尚空谈,书中所提出的各项救灾措施,切实可行,行之有效,因此,乾隆皇帝亦称其著述“实有经济,与同时空谈性命者殊”。《四库全书简明目录》称该书“在南宋人著述之中,最切于实用,胜理气心性之空谈”。四库馆臣评价此书“尤古书中之有裨实用者也”。实用而非空谈成为该书的最大特色。

董煟为母丁忧后,又改知辰州辰溪县(今湖南怀化辰溪县)。“辰地远人,缓于学。”当地百姓对文教并不重视。董煟“乃急之,取成童以上择师救之,且身率之,期年文风大振”。

董煟是程迥的门人和女婿。王梓材称其:“娶沙随(程迥)之女,有家法,故其学为沙随之学。”同治《德兴县志》亦称:“沙随程迥官德兴丞,一见,妻以女,遂得师承。”程迥,字可久,号沙随,曾师从于喻樗,是杨时的三传弟子。同时又求学于昆山王葆和嘉禾闻人滋等“通经博古之学”与“拨繁济剧之才”的学者,受其影响,程迥博闻强识,得其经世之学,于户口、田制、贡赋、占法、医药、度量衡等均有研究。朱熹称其:“博闻至行,追配与人,释经订史,开悟后学,当世之务,又所通该,非独章句之儒而已。”董煟在程迥的亲自教诲下,得其学术之真传,除了心性义理之学外,更多是经世致用的实用之学。

端明殿学士休宁人程珌在《董知县墓志铭》中云:“古之学者格物以致其知,开物以成其用。二者常相须而未始相悖也。”但曲学之士杂然四出,“穷理者流于虚无之说,而不本乎性命之原。用世者汩于功利之末,而不知乎经济之本。”但董煟之学,“平日之论,以为自汉以前固未易言,而唐之人才亦非后世所可及者。相则房、杜,将则李、郭,节义则张,许,论则魏、陆,文则韩、柳,诗则李、杜,字画则欧、颜,下至于术数技艺亦皆精绝一世。”认为董烳之学,居于实学之顶峰,“岂后世空谈者可望耶!”充分肯定了董烳不尚空谈的实用之学。

董烳在嘉定间致仕后,回到德兴老家,1208 年,在家乡创办南隐书院,以其号为书院之名,讲学授徒。他在讲学中,始终坚持“力行之说”,以经世致用的实用之学授徒,很多人慕名而来,影响很大。但南隐书院具体教学情况如何,由于史料湮没而难以考察。1217 年,董烳去世后,葬于德兴六都(今泗洲镇)金狮源口。

董烳虽然早已离世,但他的“活人之书,已足垂后世”,他在南隐书院“皆切于当世”的经世致用的讲学,在众多空谈性命义理的书院教学中,无疑是独具一格,具有鲜明的特色。

二、婺源县朱子门人后学创办的书院

婺源作为文公阙里,是一个有着深厚书院文化底蕴的“书乡”。据《婺源县志》载,“婺学自宋迄今有兴无替。紫阳振铎,钟鼓管弦之声未息也”“十家之村,不废诵读”“田野小民皆知耻畏义”,读书之风十分浓郁。“婺源为紫阳夫子之故乡,笃于学术,代产儒宗。自紫阳相其辉,江永振其绪,讲学风气,盛极一时。”①婺源的朱子后学们,也效法其师,纷纷兴建书院,讲学授徒。尤其婺源徽商有“贾而好儒”的传统,十分重视教育,将业儒入仕看作是“亢吾宗”“大吾门”的致远大业,经商致富发家后,致力于创办书院,培育子弟。

婺源经书院的教化熏陶,人文蔚起,代有名流,培养了一批批后起之秀。“先后养育了 500 多位进士,出任仕宦者达 2665 人,文人、仕宦者列入《中国人名大词典》的有 150 多位,传世著作有 3100 多部,其中选入《四库全书》者有 83 种。”②是名副其实的“书乡”。

---

① 陈爱中:《婺源历代书院》,见政协上饶市委员会编:《饶信文化 · 上饶书院文化专辑》,2017 年(内刊),第 82 页。

② 陈爱中:《婺源历代书院》,见政协上饶市委员会编:《饶信文化 · 上饶书院文化专辑》,2017 年(内刊),第 83 页。

婺源县书院一览表

书院名称	创办时间	创办者	书院地址
湖山书院		胡一桂	婺源太白镇
婺源紫阳书院	元初(1275—1294)	汪元奎	婺源县城
心远书院	元初(1275—1294)	俞皋	
明经书院	元至大年间(1308—1311)	胡淀	婺源考水
阆山书院	至正间(1341—1350)	汪同	
东湖精舍	元末	汪德钧	
二张先生书院	弘治间(1488—1505)		
学道书院	嘉靖间(1522—1566)	吴辕	
福山书院	嘉靖十六年(1537)	吴辕	
霞源书院	万历二十年(1592)	朱一桂	蚺城南门桥
紫阳书院	嘉靖间	曾汴修复	
教忠书院	咸丰七年(1857)		清华镇黄家村

1.程洵在婺源的讲学

朱熹第一次归婺源时,程洵等成为最早的一批门人弟子。在婺源的书院教育中,程洵是一个重要人物。他在婺源讲学授徒,培育了一批婺源的子弟。但他讲学的书院名称无考。

程洵(1135—1196),原字钦国,后更字允夫,号克庵,婺源人。他是程鼎之子,朱熹内弟。他"好学而敏于文",少年喜读河南程氏和四川眉山苏氏之书,感觉读之"心开目明,恍然若与数先生坐于卷中,而亲闻声欬也"①。因而喜工诗文,沉迷于诗文之中。

绍兴二十年(1150),当朱熹以新科进士的身份回归故里婺源扫墓省亲时,程洵向朱熹请教诗文。朱熹开导程洵:"《三百篇》性情之本,《离骚》辞赋之宗,学诗而

① 程曈辑撰,王国良、张健点校:《新安学系录》卷七《程克庵》,黄山书社2006年版,第134页。

不本之于此,是亦浅矣。然学者所急,亦不在此。学者之要务,反求诸己而已。反求诸己,别无要妙,《语》《孟》二书,精之熟之,求见圣贤所以用意处,佩服而力持之可也。"①认为为学之要务,在于反求诸己的心性道德修养,而不在于诗文词章。最终,程洵被朱熹说服,认同了朱熹的看法,转而致力于孔、孟和濂洛之书,且"欲尽弃举业,一意学问,以求进于圣贤之域,贫不果也"②。

程洵的学术受到了朱熹的影响,这是事实。但对程洵学术影响最大的是婺源乡先生李缯。李缯的学术既受程学影响,又嗜好苏学,"雅好文词,至老不衰"。受其影响,程洵学术的最大特色在于"合苏程为一家"。周必大对此也甚为震惊,他在《程洵尊德性斋小集序》中称,"心窃异之"。因为"自元和后,苏氏有戏伊川程氏之语,门人怨怒,力排苏氏,由是学者党分川洛朔。"终程洵一生,始终在苏学和程学之间徘徊,期望调和二者之间的差异,"初慕苏氏之议论,复谓程苏之道同",可见,程洵这种思想受李缯影响很大,故周必大认为,"君之所传,实本于缯。学者果可无渊源乎?"③

程洵讲学于婺源,"士友云集,登其门者,如出文公之门"④,为理学在婺源的传播作出了很大贡献。程洵曾以"道问学"为斋名,朱熹更名为"尊德性斋"。他著有《尊德性斋集》,朱熹称赞该书:"意格超迈,程度精当,虽诸老先生犹抚手降叹。"周必大为该书作序,评价该书"议论平正,辞气和粹"。程洵病故后,朱熹为之恸哭,亲撰祭文曰:"中外兄弟,盖无几人,有如允夫,尤号同志。学与时背,仕皆不逢,犹计暮年,更相勉励,卒其旧业,以毕余生。何意允夫,而遽止此。"⑤对他的去世深表痛惜。

作为婺源第一代朱熹弟子,程洵在婺源的书院讲学活动,促进了程朱理学在婺源的传播和婺源书院文教的发展。

2. 胡一桂创建湖山书院

到了元代,婺源作为朱熹故里,许月卿、胡一桂、程复心、胡炳文等婺源的理学家们,更是对朱熹无限崇仰,唯朱子是尊。他们在宋末元初朱子之学渐趋晦暗难明

① 王懋竑:《朱子年谱》卷一,《影印文渊阁四库全书》第447册,上海古籍出版社1987年版,第225页。
② 程曈辑撰,王国良、张健点校:《新安学系录》卷七《程克庵》,黄山书社2006年版,第134页。
③ 许家星:《〈朱子门人〉补证》,《中国哲学史》2010年第4期,第71—79页。
④ 程曈辑撰,王国良、张健点校:《新安学系录》卷七《程克庵》,黄山书社2006年版,第135页。
⑤ 程曈辑撰,王国良、张健点校:《新安学系录》卷七《程克庵》,黄山书社2006年版,第137页。

之际，力主朱学，努力探寻朱学本旨。同时，严立门墙，批驳排斥其他学说，致力于维护朱子学的纯洁性。他们致力于书院讲学授徒，热衷于对朱子学术进行注疏解释，重视理学普及读物的编写，编纂了一系列的理学初级读本，以使初学者更容易步入朱学门庭。其中胡一桂和他的湖山书院就是这一时期的典型代表。

胡一桂(1247—?)，字庭芳，因居所之前有两小湖，自号双湖居士，人称双湖先生。其父胡方平，与德兴沈贵珤受《易》学于董梦程，为朱熹四传弟子。

胡一桂"生而颖悟，好读书，尤精于《易》"①。景定五年(1264)，年仅18岁的胡一桂中乡试，但会试落第，于是退而讲学。他曾先后三次到福建访求名士，求文公余绪，与熊禾在武夷山中讲道论学。

他自小得家学传承，专治《易》学。《元史》本传云："一桂之学，出于方平，得朱熹氏源委之正。"②著有《易本义附录纂疏》《易学启蒙翼传》两部《易》学著作，是一位精研《易》学的名家，也是元代新安理学中严守朱学门户的典型代表。陈栎在《祭胡双湖文》中评价他为"晦翁忠臣"。"晦翁忠臣，先生其一。以儒明经，功孰与匹?"③

胡一桂建有湖山书院进行讲学，在书院祀朱熹、黄榦、董梦程、沈贵珤、胡方平等五位先贤。胡一桂讲学湖山书院，远近师之者益众，董真卿亦曾入其门下。

3. 胡炳文掌教考水明经书院

胡炳文掌教的婺源考水明经书院，有"进士走廊"之美誉，对婺源文教影响甚大。

婺源考水明经胡氏，子孙世代以《易》学传家，具有深厚的家学底蕴，"一门十余叶缃素相传"。胡师夔，"通五经，尤精于《易》，撰《易传史纂》"④，其学一传于朱子从孙朱小翁，再传其子胡斗元，三传其孙胡炳文。

胡斗元，字声远，号孝善，他师承朱熹从孙朱洪范，获授《易》学，成为治《易》名家，其子胡炳文得其家学真传。

---

① 程曈辑撰，王国良、张健点校：《新安学系录》卷一一《胡双湖》，黄山书社2006年版，第211页。

② 宋濂：《元史》卷一八九《儒学传一·胡一桂传》，中华书局1976年版，第4322页。

③ 程曈辑撰，王国良、张健点校：《新安学系录》卷一一陈定宇《祭文》，黄山书社2006年版，第212页。

④ 弘治《徽州府志》卷九《人物三·隐逸》，《天一阁藏明代方志选刊》本，上海古籍书店1964年影印本。

胡炳文(1250—1333),字仲虎,号云峰,学者称云峰先生。他出生于婺源考水明经胡氏,“笃志家学,潜心朱子之学”。胡炳文幼嗜学,既长成,从其父胡斗元得所传朱熹理学。

胡炳文秉承家学传统,潜心于朱熹之学,一生致力于研究、弘扬朱子学说,潜心《四书》及《易》学研究50年。黄百家说:“云峰于朱子所注《四书》用力尤深。”①他上溯伊洛,以达洙泗渊源。凡诸子百家,阴阳医卜,星历术数,靡不推究,著有《周易本义通释》十二卷,《四书通》二十六卷,《纯正蒙求》三卷;另有诗文《云峰集》二十卷。

至元二十五年(1288),胡炳文任江宁府学教谕,后升信州路学录和“道一书院”山长,被尊为一代名儒。

元至大三年(1310),胡炳文和族侄胡淀、胡澄在婺源考水(今高砂乡考水村)共同创建的明经书院,成为婺源进士走廊。为纪念胡氏远祖唐代明经进士胡昌翼,而将书院命名为“明经书院”。

胡淀为明经书院捐田300亩,其弟胡澄也捐田60亩,供祭祀和师生廪膳之资。明经书院规模宏大,有房屋200间,右为大成殿,左为会讲堂,内有斋庐四处和“明诚”“敬义”二塾。胡氏子弟不管贫富,四方学子无论远近,都可以在此读书求学。

胡炳文在给元代“国之名儒”吴澄的书信中,介绍了书院的详情:“其规制田三之二为春秋丁祭、山长俸给,三之一开义学。盖恐山长未必皆能兼训导,姑徇其名以期永久,而义学则度其实也,淀之弟澄所捐田五十亩,专开小学,以训乡族子弟,大学则生徒不拘远近,行供不拘员数。”吴澄曾应邀作《明经书院记》,称赞道:“真儒明经之学,复见于朱子之乡,不其伟欤!”②

书院落成后,知州黄惟中聘胡炳文为山长,掌政事,教训诸生,并请于朝,赐额“明经书院”。

胡炳文见当时不少士子只知临摹晋帖、吟咏晚唐诗词,却不懂经学,深为忧虑。他认为朱子、明经公故里更要承先圣衣钵,弘扬理学,以明人伦为首务。他说:“蒙

---

① 黄宗羲原著,全祖望补修,陈金生、梁运华点校:《宋元学案》卷八九《介轩学案》,中华书局1986年版,第2987页。

② 吴澄:《吴文正集》卷三七《明经书院记》,《影印文渊阁四库全书》第1197册,上海古籍出版社1987年版,第395页。

学宜择严师,故以师儒之教为先。师虽严,父母溺爱不可也,故父母之教次之。教在父师,学在己,故勤学又次之,然学莫大于明伦。”①

胡炳文非常注重蒙学教材的编写,致力于朱子学说的普及。他的《纯正蒙求》就是为刚入学的儿童编写的启蒙教材。《纯正蒙求》分三卷,每卷 120 句,共 360 句,篇幅虽然不长,但内容丰富,集古代嘉言善行,名物典故于一体,各以四字属对成文,并分别注明出处,对少年心志的去恶向善,养成良善的品德,大有裨益。《四库全书》给予了很高的评价,认为“炳文是书,则集古嘉言善行,各以四字属对成文,而自注其出处于下。所载皆有裨幼学之事……上卷叙立教明伦之事,中卷叙立身行己之事,下卷叙待人接物之事。……然童子入塾之初,正取其浅近而易晓。此书词虽弇陋,不及朱子《小学》之详备,而循讽可知足资感发,其于端本正始之道,不可云无所裨也”。认为此书堪与“朱子《小学·外篇》足相表里,固未可以浅近废也”。②

《新安学系录》卷十二引吴澄语评价胡炳文道:“有功朱子,炳文居多。自晦庵没,学者载其说于四方,更传递授,源远益分。先生晚得其传,精思力践,望其涯涘而直止焉。使其及门较功第学,盖与勉斋、北溪诸贤相后先也。”③

明经书院落成之后,四方慕名前来求学的学子络绎不绝,“历数年,学者至盈千人”。学子们在此索儒经之隐,阐理道之微,胡炳文掌教的明经书院攻研程朱理学,“一以郡先师朱子为归”,使得“儒风之盛甲东南”“一时弦诵之盛,盖甲于东南”。成为名副其实的文教圣地,也赢得了“进士走廊”的美誉。有三位皇帝为明经书院赐匾,至今保留完整的清康熙御笔亲书金字匾“儒理至宗”。清康熙五十八年,婺源知县窦祖禹在《考川明经胡氏家乘序》一文中也说:“婺之北离县治三十里,曰考川者,实宋儒玉斋、双湖、云峰、梅严诸先贤发胤之所,其鼻祖讳昌翼公,唐昭宗太子也,避梁之乱,易李为胡,循以明经登后唐进士,隐居教授,先朝敕建书院,特命名儒为山长主之。”

继胡炳文之后,任明经书院山长的有余元启、李惟诚、胡世佐等名儒。遗憾的是,元至正十三年(1353),享有盛名的明经书院遭兵火焚毁。

① 胡炳文:《纯正蒙求》卷上,《影印文渊阁四库全书本》第 952 册,上海古籍出版社 1987 年版,第 4 页。

② 永瑢等:《四库全书总目》卷一三六《纯正蒙求提要》,中华书局 1965 年版,第 1153 页。

③ 程曈辑撰,王国良、张健点校:《新安学系录》卷一二《胡云峰》,黄山书社 2006 年版,第 234 页。

明成化十六年(1480)，胡云峰裔孙胡浚申文呈报提学御史娄谦要求合族重建。万历十二年(1584)，在官府的支持下，考水胡氏合族重建明经书院。重建后的书院，中作堂为讲道之所，左有祠以奉炳文，右为室以居诸生肄业者。程敏政为之作记，且有《题兴复明经书院》诗云："藏书不说几青箱，构堂还同旧墨庄。一日衣冠重步武，百年林壑倍生光。身传古学惟师孟，谱摘遗宗本自唐。流荫满庭应未已，春风乔木正苍苍。"

清康熙五十三年(1714)，考川胡氏又合族将书院移建于凤山东麓。雍正年间(1723—1735)，邑令吴之珽曾为书院题诗："帝子龙潜处，明经赋考槃。乾坤归性命，姓氏寄烟峦。倡道薪传远，承家世学安。七儒书具在，星斗夜光寒。"①对明经书院作出了很高的评价。

受明经书院影响，婺源考水还先后建有石丘书院、云峰书院、藏书楼、藏云楼和精舍、文昌阁等建筑，成为婺源文教的重地。正如洪武二十年的《明经胡氏宗谱·序》中云："考川富贵繁丽，吾无所羡；惟比屋书声，他处所无，为可敬羡耳。"

4. 余懋衡讲学紫阳书院

婺源紫阳书院又名晦庵书院，在婺源县城保安山。朱熹曾两次回故里婺源省亲祭祖，在县讲学，及门弟子甚众，后人因建朱子祠以祀。元至元二十四年(1287)，知县汪元奎改创书院于县学之侧，名曰"晦庵书院"。明嘉靖九年(1530)，知县曾忭改建于县治后的保安山上，更名"紫阳书院"。此后延至清末，数百年间，紫阳书院历经多次重修。

晦庵书院最初由婺源知县汪元奎在元至元二十四年(1287)创建于县学之侧，以朱熹的名号命名书院，主要是为了祭祀朱熹，宣扬朱熹的理学思想。婺源紫阳书院的创立，与当时的大环境有关，蒙元入主中原之后，在以军事力量加强对汉民族镇压和统治的同时，又采取"汉法"，实行汉化措施，"崇儒尊孔"，推崇理学，继续实行科举制度，保护学校与书院，以缓和汉民族的反抗情绪。同时，南宋一些较有名气的名儒学者，为保持民族气节，入元不仕，隐而创办书院，讲学授徒，因而促进了元代书院的发展。晦庵书院建成后，当时知名儒士汪一龙就曾在此讲学。

---

① 陈爱中:《婺源历代书院》，见政协上饶市委员会编:《饶信文化·上饶书院文化专辑》，2017 年(内刊)，第 84 页。

晦庵书院经历了七建五毁的兴废历程，但祭祀朱熹、延续程朱学脉之风一直传承。晦庵书院在元顺帝至正十二年（1352）毁于兵火，明朝重修时改名为紫阳书院。

嘉靖九年（1530），因书院多次遭火灾，知县泰和人曾汴将学宫和三先生祠堂一并移建保安山上，集多士讲艺，倡明身心之学，并建瑞云楼，同时易名为“紫阳书院”。紫阳书院主祀朱熹，并以蔡元定、黄榦配，后以朱熹已有专祀而改祀周敦颐和二程。

嘉靖四十一年（1562），婺源知县张槚置学田389.35亩，以资膏火，作讲学、会文之费。紫阳书院礼聘邹元标等知名学者主持讲会。邹元标制订会约，每季一会讲，紫阳书院呈现繁盛局面。

邹元标（1551—1624），字尔瞻，号南皋，吉水县城小东门邹家人。20岁时拜嘉靖进士泰和人胡直为师，后游历名山大川，到访诸路书院，饱闻各家学说，考究程朱理学。万历五年（1577）中进士，为官忠言直谏，抨击时弊，改革朝政。曾评论张居正“才虽可，学术则偏，志虽欲为，自用太甚”，且进贤未广，断刑太滥，官路未通，民隐未周，因而遭张居正打击，被廷杖受重伤，流放到贵州都匀卫六年。张居正死后，邹元标才被召回朝廷任吏部给事中、刑部右侍郎、左都御史等职，因犯颜直谏，几起几落，因此民间有“打不死的邹元标，割不尽的韭菜蔸”之俗语。

邹元标回归后讲学吉水仁文书院与吉安、匡庐等地书院，前后达30年，从游者日众，名声益高，“中外疏荐遗夫凡数十百上，莫不以元标为首”。明光宗朱常洛即位后，召拜大理寺卿，尚未到任，又提拔为刑部右侍郎，复转吏部，转左都御史。邹元标是东林党首领之一，与赵南星、顾宪成号为“三君”，为阉党所忌恨，被魏忠贤等以“宋室之亡由于讲学”阴谋驱逐辞归。天启四年（1624），邹元标辞职归，不久，卒于家，谥忠介。

万历七年（1579）张居正废书院时，紫阳书院也遭禁毁。修复后，书院讲学日盛。天启初，在书院讲学的多为饱学之士，如户部尚书段莘人汪应蛟、吏部尚书沱川人余懋衡、南京光禄寺卿济溪人游汉龙、江西布政司参议桃溪人潘之祥、兵部郎中汪秉元、朱熹十三代嫡孙翰林院五经博士朱德洪等知名学者。

余懋衡，字持国，号少原，婺源沱川人。万历二十年（1592）进士。他崇文重教，热心于讲学，余懋衡讲学紫阳书院时，写下《紫阳书院讲学坐间口占》一诗：“代是文明运，人当圣作期。枫宸勤访落，冠带慎培基。心析危微细，学从诚敬窥。普天惟此事，共阐皇玉规。一心如太虚，何处来尘垢。水止静无波，镜磨光自有。中和致我身，位育在吾手。浩荡此乾坤，德明长且久。”①又在婺源创建富教堂，主持福山书院联讲会。

明末天启间，阉党魏忠贤废毁书院，以紫阳书院余懋衡借讲学而讽议朝政，量裁人物，也被禁毁之列，遭到打击。魏忠贤其党张讷疏言：“天下书院最盛者无过东林、江右、关中、徽州。”紫阳书院被迫去书院之名，改为三贤祠。

清初，紫阳书院毁于兵火，仅存瑞云楼，周、程木主寄栖其中。康熙间得以修复。康熙三十二年（1693）国子祭酒吴苑清摹“学达性天”匾，悬于书院正厅。清康熙三十六年（1697），奉天宁远人张绶任婺源知县，捐俸集资，招集工匠，采购材料，在原址上重建紫阳书院。新建的紫阳书院有厅堂、廊庑、房舍，并重建三贤祠。

三贤祠始建于南宋淳熙八年（1181），婺源县令周师清在县学建造“三先生祠”，将北宋理学的创立者周敦颐和程颢、程颐三人奉祠并祀，以期望婺源文风昌盛，文脉隆兴。淳熙八年（1181）八月，朱熹应邀撰写了《徽州婺源县学三先生祠记》，认为三先生之学，虽其简古渊深，未易究测，然其大指，“则不过语诸学者讲学致思，以穷天地万物之理，而胜其私以复焉。”②三先生之学，“其施则善始于家而达之天下，其具则复古礼、变今乐，政以养民而刑以肃之也。”最重要的是要在日用之间用功，“岂有以外乎诸君日用之间哉！”建三先生祠，“既得以日见先生之貌象而瞻仰之，则曷若遂读其书，求其指，以反诸身而力行之乎？”③

乾隆三十三年（1768），紫阳书院又一次重修，新建头门、二门、正厅、后寝及东、西书房 22 间，东廊房 9 间，外门房 3 间，并高悬“紫阳书院”匾额于大门上。④

清嘉庆九年（1804），“重造正厅、三贤堂、博学堂、审问堂、慎思堂、明辨堂、笃行堂，共号舍 70 间，账房 1 间，厨房 2 间，头门门房 3 间；左右翼各置阁院；左边还

---

① 陈爱中：《婺源历代书院》，见政协上饶市委员会编：《饶信文化 · 上饶书院文化专辑》，2017 年（内刊），第 83—84 页。

② 朱熹：《晦庵先生朱文公文集》卷七九《徽州婺源县学三先生祠记》，见朱杰人、严佐之、刘永翔主编《朱子全书》（修订本）第 24 册，上海古籍出版社、安徽教育出版社 2010 年版，第 3761 页。

③ 朱熹：《晦庵先生朱文公文集》卷七九《徽州婺源县学三先生祠记》，见朱杰人、严佐之、刘永翔主编《朱子全书》（修订本）第 24 册，上海古籍出版社、安徽教育出版社 2010 年版，第 3761 页。

④ 陈爱中：《婺源历代书院》，见政协上饶市委员会编：《饶信文化 · 上饶书院文化专辑》，2017 年（内刊），第 83 页。

另建余庆祠。”重建后的紫阳书院规模宏大，不仅有瑞云楼、正厅、两庑和厨房，还另建三贤堂、余庆祠，并按照朱熹的《白鹿洞书院学规》为学的“五个次序”，修建了博学堂、审问堂、慎思堂、明辨堂、笃行堂。

咸丰间，紫阳书院毁于兵火，同治五年（1866）重建。光绪二十九年（1903）一月，紫阳书院改为“婺源县立高等小学堂”。光绪三十二年（1906），又改为“县立模范小学校”。

紫阳书院历经600多年的风雨沧桑，书院集诸生徒，训导学士，为婺源人才的培养，为朱子文化在故里的传承和弘扬，对朱子文化的认同，发挥了巨大作用，使婺源人“彬彬兴起于文”，成为著名的书院之乡。

2006年，在熹园，重新修复了紫阳书院。修复后的紫阳书院，由瑞云楼、讲经堂、方塘、三贤祠组成，规模宏大，构造精巧，雕刻精美，体现了徽派古建的独特魅力和深厚的文化底蕴。

5. 福山书院

福山书院在婺源福山（今中云镇茶场背后）。明嘉靖十六年（1537），湛若水门人赎买山地，请县令吴辕（浙江余姚人）创建福山精舍，即福山书院。福山书院景色优美，坐北朝南，三面环山。湛若水在《福山素心亭诗有序》中写道：“尝闻婺源有福山之胜，山有总灵洞，有自然岩，其余名胜不可胜纪。有泉曰洗心泉，方生纯仁及瓘兄弟，黄生善及奇叔侄，与诸同志治之为讲学之地。泉上有亭，予名之曰素心亭。夫心之自然，是以总灵，故洗心则心素矣，素心则无所用洗矣。因作诗寄题其上，以示诸同心者。”“总灵洞”实为悠灵洞，位于书院左侧。其洞顶有甘泉先生所题字“悠灵洞”三字。

万历三十六年（1608），邑人余世安向知县金汝谐（浙江平湖县人）倡议重建福山书院，但当时书院基址被当地豪民所侵，后经刑厅裁决，才得以修复。清乾隆三十六年（1771），福山书院又进行了新的一次扩建，扩建后的书院规模不小，中为讲堂，后为朱子祠，有东西书舍11间，这是福山书院最鼎盛的时期。咸丰七年（1857），书院毁于兵火，仅存朱子祠及讲堂并西边学舍1所。同治三年（1864），又重新修缮了西边学舍5间。福山书院民国年间废毁。①

---

① 陈爱中：《婺源历代书院》，见政协上饶市委员会编：《饶信文化·上饶书院文化专辑》，2017年（内刊），第85页。

福山书院是一种讲会式书院。自福山书院建成以后，有多名学者到福山书院讲学。例如，原在紫阳书院讲学的户部尚书汪应蛟、吏部尚书余懋衡等。他们借讲学而评议朝政，量裁人物，形成有相当影响的势力集团，为新的学说发展开辟了道路。

此外，婺源还有霞源书院，明万历年间（1573—1620）由婺源知县朱一桂创建，院址在瑞亭里二十五都霞坞（今蚺城南门桥南侧）。还有位于甲路乡甲路村的龙川书院，元代胡炳文曾于此讲学、著书。

清代咸丰、同治年间，婺源创设了不少书院，其中比较知名的有教忠书院、开文书院、崇报书院等。教忠书院创办于咸丰七年（1857），位于清华镇黄家村。清华镇是一个具有悠久的历史，深厚文化底蕴的“千年古镇”，教忠书院“初办团练局楼，旋改为修文之所，名‘教忠楼’，俗称‘教忠书院’”。

婺源作为朱子故里，有着深厚的朱学根基，婺源民众对朱熹及其学说有一种天然的亲和力。正如胡炳文所说：“我辈居文公乡，熟文公书，自是本分中事。今能使舟车所至，人力所通者，皆家传而人习，斯道一大幸也。”①朱熹两次到婺源故里，在书院讲学授徒，对婺源读书风气的提升起了巨大的推动作用。受朱熹影响，朱熹的门生弟子，效法其师，重视文教，纷纷创建书院，传播朱熹理学，使得婺源形成村村兴学、户户读书的崇文重教氛围。“正是由于这些由村学乡塾组成的乡村教育体系长期不懈的运转，形成了婺源‘十户之村，不废诵读’‘山间茅屋书声琅’的良好风气，也从而成就了一批渴望上进的读书种子和优秀人才。”②

三、余干县朱子门人后学创办的书院

余干县位于鄱阳湖东南岸，信江下游，地势平坦，江河密布，有“梦里水乡”之誉。这里土地肥沃，草盛鱼肥，历来为江南殷富之地，是著名的“鱼米之乡”。

余干县民淳俗朴，尚道德，崇信义，“有邹鲁遗风”。自朱熹讲学余干赵汝愚的东山书院之后，余干成为“朱子过化之地”，受其影响，余干的朱门后学，纷纷兴办

---

① 胡炳文：《云峰集》卷一《答定宇陈先生栎并辞求遗逸诏》，《影印文渊阁四库全书》第1199册，上海古籍出版社1987年版，第742页。

② 王季桂：《婺源书院的“源头活水”》，见政协上饶市委员会编：《饶信文化·上饶书院文化专辑》，2017年（内刊），第200页。

书院，宣扬理学，培养人才，教化百姓，培育了余干县的学脉文风。余干士子“多俊秀，喜儒，以名节相高”，成为著名的“理学名区”，诞生了众多的理学名家，赵汝愚、赵汝靓、曹建、饶鲁、柴元裕、刘伯正、柴中行、胡居仁、张吉等是余干理学家的杰出代表。

余干县书院一览表

书院名称	创办时间	创办者	书院地址
东山书院	淳熙间（1174—1177）	赵汝愚、赵汝靓	余干县城
松冈书屋	淳熙末（1187—1189）	柴元裕	今属万年
南溪书院	嘉定间（1214—1224）	柴中行	今属万年
龙泉书院	宝庆间（1225—1227）	彭震	
忠定书院	淳祐初（1241—1242）	赵崇宪	余干县琵琶洲
礼吾书舍	天顺六年（1462）	胡居仁	余干梅溪
南谷书院	成化十七年（1481）	胡居仁	余干梅溪
碧峰书院	成化间（1468—1484）	胡居仁	
梅桂书院	康熙间（1662—1722）	鲁志	
忠敬书院	同治三年（1864）	王必达	

书院在余干理学传播过程中起了重要作用，如果以书院为参照，那么，理学在余干的传播，经历了东山书院、松冈书舍、南溪书院以及南谷书院等四个不同的传播阶段。

理学最早传入余干，得益于赵汝愚及其东山书院。东山书院成为理学在余干传播的学术起点和发展的第一个平台。赵汝靓、赵崇宪、赵崇度、赵必愿、赵良淳5人为朱熹门人或朱子后学弟子，赵汝愚家族四世六人荣登《宋元学案》。

关于东山书院，在《朱熹在上饶的书院讲学》章已经有较详细的介绍，不再赘述。

1. 赵崇宪创建忠定书院

淳祐初(1241—1245),赵汝愚长子赵崇宪奏请礼部在余干县琵琶洲创建了忠定书院。主要是为了纪念其父——南宋右丞相忠定公赵汝愚,因而书院也以赵汝愚谥号命名。元至正间(1350 年前后),知州乌枢重建忠定书院,不久毁于火。

赵崇宪(1160—1219),字履常,赵汝愚长子。淳熙八年(1181)进士,历任监饶州赡军酒库、抚州军事推官、提举江西常平兼权隆兴府、直秘阁知静江府,后任直华文阁致仕。

据黄榦《书赵华文行状》称:“榦少从晦庵先生游,窃闻笃行公之名……后十余岁遂获与仲兄偕受知于丞相忠定公,窃窥言论设施之大概。华文方以少年擢高科,馆于刘忠肃公之家,而受业于晦庵先生之门,遂与为友焉。其后从宦江西,累累相遇,则华文涉历愈深、年愈高而德愈昭也。”①赵崇宪在“少年擢高科”之后,淳熙八年至十一年(1181—1184)之间闲居未仕,于是“馆于刘忠肃公之家,而受业晦庵先生之门”,在崇安五夫里刘忠肃(珙)家和武夷精舍从学朱熹。

之所以馆于刘珙之家,因为他是刘珙的女婿。淳熙五年(1178)夏,刘珙逝世后,朱熹为其撰写了《观文殿学士刘公神道碑》,文中称刘氏有两女,“次适某官赵崇宪”。真德秀《赵华文墓志铭》则称其“继室刘氏枢密忠肃公之女,忠肃公之薨也,属朱文公为择所归,既而以归公”②。由此可知,赵崇宪乃刘珙之婿,问学于武夷精舍,借住在其妻娘家,方便求学。

赵崇宪任职地方时,致力于理学的传播,文教的兴复,“其在郡国,以劝学毓材为首务,于九江则新濂溪祠,又为书堂以处学者,求周氏后之幼慧者三人廪而教之。豫章东湖近岁昉立书院,公至增葺其未备,又为选堂长,益生员,置书史,丰廪给,如所以经纪濂溪者,所至讲求公私利疚,汲汲如理家事。”③

2. 胡居仁创礼吾书舍、南谷书院

余干礼吾书舍是明代理学家胡居仁创建,位于梅溪大悟村(今余干五雷乡境

① 黄榦:《黄勉斋先生文集》卷六《书赵华文行状》,中华书局 1985 年版,第 127 页。

② 真德秀:《西山文集》卷四四《赵华文墓志铭》,《影印文渊阁四库全书》第 1174 册,上海古籍出版社 1987 年版,第 701 页。

③ 真德秀:《西山文集》卷四四《赵华文墓志铭》,《影印文渊阁四库全书》第 1174 册,上海古籍出版社 1987 年版,第 701 页。

内)。胡居仁的礼吾书舍,使荒野之地弦歌响,为余干文教的繁盛,功用甚丰。据《同治余干县志》和《同治饶州府志》所载:"礼吾书院,在(余干)孝诚乡大梧村,明儒胡文敬公讲学之所。文敬师吴康斋先生与弼题额,旧圮。"但据张劲松教授《〈胡敬斋年谱新编〉补正》一文所考,礼吾书院应在安仁大原(今余江县)。因为从明英宗正统十一年(1446),胡居仁十二三岁时,就随父母迁居到安仁之大原,在此生活了20年之后,于1465年,在他32岁时才迁回到余干梅溪西南五六里的福寿墩,而礼舍书院建于1462年3月前,此时他还家住余江。

礼吾书舍建成后,英宗天顺六年(1462)三月,胡居仁的恩师,崇仁学派的开创者吴与弼到访胡居仁家,为书院题匾:"礼吾书舍。"这一年,胡居仁29岁,也算是年轻有为,事业有成吧。

胡居仁(1434—1484),字叔心,号敬斋,余干县梅港大山底村人,明朝著名的理学家、教育家。一生"奋志圣贤之学",是明初诸儒中恪守朱学最醇者。他崇奉程朱,以程朱学说为依归,以继承和光大程朱理学为己任,"在明代正道显晦,异学争鸣之际,毅然以斯道自任"①"人以为薛瑄之后,粹然一出于正,居仁一人而已。"②成为明代道学典范而受到晚明学者的尊崇。在他去世百年之后,万历十三年(1585),被从祀孔庙,追谥"文敬",成为与薛瑄、陈献章、王阳明一道,在明代从祀孔庙的四位大儒之一。

胡居仁性情笃厚,品德高尚,淡泊自处,远离官场,不阿附权贵,绝意科举仕进,布衣终身,一生以授徒讲学为业。在学术上他基本恪守程朱,以居敬穷理,躬行实践为特色,与娄谅等人开创了"余干之学"这一学派,成为明初程朱理学在江西最有力的传播者。

胡居仁以主敬为其学术主旨,"其学以主忠信为先,以求放心为要。操而勿失,莫大乎敬,因以敬名其斋"。黄宗羲称其"一生得力于敬"③。他重视"为己"之学,强调诚敬、慎独、力行。"其进修以力行为实地,其要领以主敬为持循,慕道安贫,日寻孔颜之乐,穷经讲学,深得濂洛之传。"④他将程朱理学家的人格修养理论转变为

---

① 胡居仁撰,冯会明点校:《胡居仁文集》,江西人民出版社2013年版,第10页。

② 张廷玉:《明史》卷二八二《儒林传一·胡居仁传》,中华书局1974年版,第7232页。

③ 黄宗羲著,沈芝盈点校:《明儒学案》卷二《崇仁学案二》,中华书局2008年版,第29页。

④ 杨希闵编:《胡文敬公年谱》,北京图书出版社1999年版。

自己的道德实践，且躬身践履、笃志力行。

他持身“严毅清苦，左绳右矩”①，淡泊名利，“与人语，终日不及利禄”②，是洁身自好，安贫乐道的典范，“一切势利纷华，举不足以动其心”③。清代蔡文勤视胡居仁为一代儒宗，他说：“敬斋先生一布衣耳，岿然独立，蔚为一代儒宗。”④明代余干籍理学家张吉把胡居仁视为余干县曹建之后第一人，他说：“吾邑自曹无忘先生以后，仅见斯人而已。”⑤

胡居仁绝意仕进，远离官场，布衣终身，在礼吾、南谷书院讲学终其一生，两次短暂出任庐山白鹿洞书院洞主，可谓其学术生涯的最高峰。他以躬行践履为主，勤于讲学，严于著述，存世作品有限。除《居业录》外，还有《胡文敬集》三卷，《易像钞》十八卷，均被《四库全书》收录。

关于礼吾书院的创建过程，胡居仁在《上邑宰》书中，有详细的记载：他告别老师吴与弼之后，“思与二三同志，别求燕闲之地，以共讲其所闻而不可得，于是乡党某等捐割己资，即幽旷之地，构屋数间，以为群居讲学之所。至壬午三月，师吴与弼经历至所，赐之匾曰：‘礼吾书舍。’盖因其地而寓号焉。至今岁同类渐众，屋舍寡狭，难以容居，止有乡邻某见多空闲麦地五六余亩，在于舍后，可作学基。复有义士某等俱愿舍田换易，共成美事，……今兴学礼吾，正使斯人得闻弦歌之美。”

可见，礼吾书院是胡居仁创办的私人讲学授徒场所，因为建在“礼吾”这个地方，所以吴与弼给书院题名为“礼吾书舍”。书院当时的规模、学生人数，胡居仁在写给他的老师于世衡的信中，也有交代：“某即今僻处礼吾，愚拙益甚。……今岁四方朋类渐至，人数二十以上，但才德疏寡，训导无方，不能有益于人，渐惧愈甚也。”生徒人数已在20人以上，以至要扩建书院。

礼吾书院虽然位置偏僻，但有青山绿水相伴，安静清幽，正是读书讲学的理想场所。从胡居仁写的《礼吾书院》《秋日书怀》三首诗中，也可以看出胡居仁书院建

① 黄宗羲著，沈芝盈点校：《明儒学案》卷二《崇仁学案二》，中华书局2008年版，第29页。

② 张廷玉：《明史》卷二八二《儒林传一·胡居仁传》，中华书局1974年版，第7232页。

③ 张吉：《居业录要语序》，见胡居仁撰，冯会明点校：《胡居仁文集》，江西人民出版社2013年版，第6页。

④ 杨希闵编：《胡文敬公年谱》，北京图书出版社1999年版。

⑤ 张吉：《居业录要语序》，见胡居仁撰，冯会明点校：《胡居仁文集》，江西人民出版社2013年版，第6页。

成后信心满满的喜悦心情。

《礼吾书院》(之一):“卜筑礼吾山水胜,清幽期与古人伦。人言此地诚孤野,我亦肯为孤野人。”

《礼吾书院》(之二):“自古多贤仰鲁邦,儒风今喜振吾乡。礼吾一段荒闲地,翻作弦歌礼义场。”①

从诗中,可以看出胡居仁在书院建成后的兴奋与喜悦心情,原本地处偏僻,杂草丛生的荒芜之地,因为书院落成,因为有学子们的琅琅书声,宛若到了邹鲁礼仪之邦、孔孟之乡。

《秋日书怀》:“礼吾地僻聚儒衣,三尺丝桐满架书。细草幽兰秋径馥,清风明月夜窗虚。固知圣教元无隐,惟有人心却是危。记取当年箪食乐,残蝉斜日任悲凄。”表明了他效法颜回,安贫乐道,虽然生活清苦,但在困苦生活中磨炼自己,追求心灵的愉悦,只要与书籍为伴,以仁义修身,培育英才,授徒讲学,就能体悟到人生的意义与快乐。

虽然胡居仁在礼吾书院讲学时没有留下学规、讲义等史料,但他在 31 岁时,修建了丽泽堂,制定了《丽泽堂学约》:“凡入丽泽堂者,一以圣贤之学为宗,削去世俗浮华之习,尚节行,惇信义,毋习虚诞之文以干利禄,毋作草率之诗以取时宠。”要求:

一、学中规矩,一依白鹿洞,及程端蒙、西山真先生为准。

二、读书务以《小学》为先,次《四书》,以及《六经》,与周、程、张、朱、司马、邵之书,非理之书,不得妄读。

三、读书务在循序渐进,一书已熟,方读一书,毋得卤莽躐等,虽多无益。

四、凡学以德行为先,才能次之,诗文末焉。②

胡居仁要求弟子,到书院求学,不仅仅是为了记诵词章,参加科考,获取功名利禄,而是要专心于成圣成贤的“圣贤之学”,是为完善自己的人格修养,培养高尚的品德,因此,书院教学要以德行为先。在读书的方法上,做到循序渐进。胡居仁因教育有方,治学严谨,使从游者日众,四方学子络绎不绝地慕名而来。

---

① 胡居仁著,冯会明点校:《胡居仁文集》,江西人民出版社 2013 年版,第 224 页。

② 胡居仁著,冯会明点校:《胡居仁文集》,江西人民出版社 2013 年版,第 215 页。

胡居仁还创建了南谷书院。

成化十七年(1481),胡居仁在安乐乡之南极峰创建南谷书院,作为聚徒讲学之所。他留《南谷》一诗:"心迹高栖结构幽,吾人于此足藏修。此山岑嵂青云锁,南谷深沉紫雾浮。敬意毋荒时翼翼,善心不昧日休休。君今莫道功名事,争似箪瓢乐更忧。"表达了他淡泊功名,绝意仕进,追求"颜回处陋巷,箪瓢乐有余"的从容心境。

胡居仁除创办礼吾、南谷书院外,还于成化三年(1467)和成化十六年(1480),两次入主白鹿洞书院,主持书院讲席。他在白鹿洞,重建了书院的各种规章制度,制订了著名的《续白鹿洞学规》,这是继朱熹《白鹿洞书院揭示》以后白鹿洞书院最重要和影响最大的学规。

白鹿洞书院经朱熹重修后,"一时文风士习之盛济济焉,彬彬焉。"成为南宋传承理学的重要基地。但元末书院毁于战火,殿堂斋舍夷为平地。明代成化元年(1465),江西提学佥事李龄与南康知府何浚再次倡修书院,礼聘胡居仁为白鹿洞山长,主持书院讲席。

胡居仁入主白鹿洞后,制定了《续白鹿洞学规》六条:

一、正趋向以立其志;二、主诚敬以存其心;三、博穷事理,以尽致知之方;四、审察几微,以为应事之要;五、克治力行,以尽成己之道;六、推己及物,以广成物之功。

胡居仁在每条学规之下都列引经书及先贤的言论,然后阐述自己的看法观点及办学主张,对书院的办学宗旨、学术主张、求学门径、修身方法、处事接物等都有明确而具体的要求。

尽管《续白鹿洞学规》本身是朱熹《揭示》的翻版和细化,与《揭示》相比,在内容的创新方面有限,但《续学规》及他的教学活动,是对当时读书人只背诵程朱的陈言、忽视身体力行等现象的纠偏,有纠正当时轻浮学风、追求实学的倾向。

四、万年县朱子门人后学创办的书院

万年是世界稻作文化发源地、中国贡米之乡,地处江西省东北部、鄱阳湖东南岸。明正德七年(1512),明武宗在平定王浩八在姚源洞发动的农民起义后,析鄱阳、余干、乐平、贵溪边界之地设立万年县,因县治位于万年峰之阳而得名,隶饶州府。

万年虽然建县历史较短，但书院文化较为发达，万年县先后创办有21所书院，其中规模较大，影响深远的有南溪书院、石洞书院、斛峰书院、姚西书院和植桂书院。

万年县书院一览表

书院名称	时间	创建人	地点
翠岩书院	南宋绍兴间（1131—1162）	叶舜民	
松冈书舍	淳熙末（1187—1189）	柴元裕	
南溪书院	嘉定间（1214—1224）	柴中行	垱下乡
双峰书院	嘉定末（1224）	饶鲁	青云镇乐华村
书源书院	景定初（1260）	胡孟容	
斛峰书院	咸淳间（1265—1274）	李伯玉	青云镇万斛峰
团湖书院	咸淳间（1265—1274）	李宏	
水东书院	咸淳间（1270—1274）	史泳	
道一书院	咸淳八年（1272）	程绍开	裴梅镇百丈岭
玉溪书院	明初	何英	
姚西书院	康熙五十二年（1713）	韩奕	
植桂书院	同治二年（1863）	项珂	
萃英书院	同治十年（1871）	西乡公建	
拱辰书院	同治十年（1871）	北乡公建	

万年县朱子门生后学创办的书院主要有：

1. 柴元裕的松冈书舍

松冈书舍由柴元裕创办。

柴元裕（1128—1211），字益之，号强恕，是朱熹讲学东山书院的弟子。赵崇宪所撰《松冈书舍记》云："先严中丞忠定公闻晦庵朱先生与胡宪，刘勉之、刘子翚三君子得道统之正，爰构书院于本邑东山，延居讲学，宪与从叔靓师事之。……柴君与予渊联秦晋，亦来就学。”柴元裕与赵汝靓、赵崇宪等一道在东山书院师从于朱熹，并称其“潜心义理，苦志不渝，求得程颐书，潜抄默诵，日以继夜，同堂敬服之”①。柴元裕博闻强识，精通五经，尤长于《易》，其学术以穷理尽性为本。所著《春秋》《尚书》《论语解》《易系辞》《中庸》《大学说》《宋名臣传题》。② 去世后，汤汉为其作《柴元裕墓志》。

柴元裕隐居丘园，终身不仕，毅然以师道自任，教授生徒。淳熙末于乡里建松冈书舍，因“环馆皆松也”故名，匾其斋曰“强恕”，“因自勉以勉人也”，门人称为“强恕先生”。赵崇宪曾为撰记，称松冈书舍“其学规仿白鹿洞书院”。书院建成后，“四方从学者众，汤伯纪汉、饶伯舆鲁、李纯甫伯玉皆其门人。”③柴元裕仿白鹿洞书院规制，教授生徒，四方从学者甚众，其侄中行、中立、中守及汤汉、饶鲁、李伯玉等皆出其门下。对理学的传播厥功甚伟，培养了柴中行、柴中立、柴中守“余干三柴”等一批本土理学人才。“如汤汉、饶鲁、李伯玉、暨从子中行、中立诸君子以道学鸣者，多出其门。”④松冈书舍成为理学传播的又一重要平台。

松冈书舍培养的弟子中，柴中行是著名的代表，其学术影响甚至超过柴元裕。

明正德间，在参政吴廷举的支持下，柴氏后裔对松冈书舍进行了修复。

2. 柴中行创办南溪书院

南溪书院由柴中行创办。

柴中行（1175—1237），字与之，号南溪，是柴元裕之侄，为朱熹再传弟子。程钜夫作《南溪书院记》，称：“公讳中行，字与之，宋名儒巨卿也，学于强恕先生元裕。”柴中行师从柴元裕，从他那里得到程朱理学之传，因此，其学源自柴元裕，但柴中行的人品和学术影响超过了柴元裕。

柴中行学问渊博，性格刚毅，铁骨铮铮，被称为南宋名儒巨卿。绍熙元年（1190）中进士后，授抚州推官，时韩侂胄禁理学，斥之为“伪学”，转运使考校官吏，要先声明自己非伪学之徒，柴中行却说：“自幼读习程氏《易传》，如以为伪，不愿考

① 项珂修，刘馥桂等纂：《万年县志》卷九《艺文·松冈书舍记》，清同治十年（1871）刻本。

② 黄宗羲原著，全祖望补修，陈金生、梁运华点校：《宋元学案》卷七九《丘刘诸儒学案》，中华书局 1986 年版，第 2640 页。

③ 黄宗羲原著，全祖望补修，陈金生、梁运华点校：《宋元学案》卷七九《丘刘诸儒学案》，中华书局 1986 年版，第 2640 页。

④ 项珂修，刘馥桂等纂：《万年县志》卷九《艺文·松冈书舍记》，清同治十年（1871）刻本。

校。"显示出他一身正气、不阿权贵的傲骨！后调任江州教授，转运司需要一名干官，江州知州准备推荐他，先派人告诉他消息，柴中行却正色说："身为人师，而称人恩主、恩师，心窃耻之，毋污我！"①官至崇政殿说书，进秘阁修撰。

柴中行告老还乡后，与弟柴中立、柴中守讲学于家乡南溪书院。南溪书院因建在万年政新乡（今万年县垱下乡营里）南溪之上，故得名。从游者有汤千、汤巾、汤中、汤汉、饶鲁等数百人。后来，汤汉又建环溪书院于饶州安仁（今江西余江）之汤源，礼聘柴中行讲学其中。汤氏兄弟之学，并出于柴中行。"南溪书院是南鄱阳湖地区的理学传播基地。这个基地不仅是余干三柴的学术成长标志，更是朱子学传播过程中的重要一环"②。

入元以后，大德三年（1299），柴氏裔孙柴公辅、柴仲晦等捐田500亩，重建南溪书院，"以祀公（指柴中行），教乡族子弟俊秀者"。程钜夫在《南溪书院记》中，亦记述道："大德三年，鄱阳柴氏捐田五百亩。因其先献肃公南溪先生读书之所，建书院以祀公，教乡族子弟俊秀者。太守廉简上其事，行省以闻于朝。延祐元年命下，得置官属，廪子弟如制。"③礼聘苏桥人士张庆余（号中山先生）为南溪书院山长，从游者甚众，后遭兵燹。南溪书院的重建，对入元以后，朱子学说在万年县及周边地区的进一步传播，有着突出的贡献，是当地理学由宋到元输出的起点，特别是培养出了著名弟子饶鲁。

3. 李伯玉与斛峰书院

李伯玉（？—1274），本名诚，因犯理宗潜讳改为伯玉，字纯甫，号斛峰，南宋饶州余干县（其故里今属万年）人。据《宋史》本传载：李伯玉登端平二年（1235）进士第二，授观察推官、太学正兼庄文府教授，太学博士。以刚正不阿、不避权贵而名闻朝廷。后改校书郎、知南康军，迁著作佐郎兼沂靖王府教授，兼考功郎官，尚书右司员外郎，迁著作郎，罢叙，复知邵武军。改湖北提点刑狱、福建提举，淮西转运判官等职。

宋度宗即位后，李伯玉受到度宗赏识，任权礼部侍郎兼侍读、又升兼修国史实

---

① 黄宗羲原著，全祖望补修，陈金生、梁运华点校：《宋元学案》卷七九《丘刘诸儒学案》，中华书局1986年版，第2638页。

② 吴长庚主编：《朱熹与江西理学》，江西高校出版社2007年版，第126页。

③ 项珂修，刘馥桂等纂：《万年县志》卷九《艺文·南溪书院记》，清同治十年（1871）刻本。

录院同修撰。有一天，权倾天下的贾似道召集百官议事，忽厉声道："诸君非似道拔擢，安得至此！"百官唯唯诺诺地称是。只有李伯玉从容回答道："伯玉殿试第二名，平章不拔擢，伯玉地步亦可以至此。"贾似道大怒，将李伯玉视为眼中钉，一度将其驱逐出京城，以显文阁待制知隆兴府。复召入觐，擢权礼部尚书兼侍读，但贾似道益专权误国，李伯玉屡遭其忌恨打击，难有作为。李伯玉上书痛陈童子科弊端，认为童子科非所以成人才厚风俗，呼吁还儿童天真童年。在他的再三请求下，最终成功让朝廷取消了沿袭了数百年的童子科考试。李伯玉不趋炎附势，不避权贵，刚正不阿，成为当时政坛的一股清流。赵汝腾认为李伯玉立朝有风节，视其为"铜山铁壁"。

李伯玉致仕归里后，建斛峰书院自处，隐居讲学，院址在万斛山南麓（今青云镇万富村万斛峰）。他不仅自己讲学，还聘请其他知名学者到书院讲学。饶鲁弟子程若庸就曾讲学斛峰书院，并有《斛峰书院讲义》传世。程若庸在《斛峰书院讲义》中把学问分为四等："其一等曰圣贤之学，其二等曰仁义名节之学，其三等曰辞章之学，其四等曰科举之学。"①

4. 饶鲁与双峰书院

万年县有著名的"姚西十景"，而位于十景之首是"双峰藜火"，寓有双峰的学术精神薪火相传之意。

双峰书院的创建者饶鲁是朱子后学的重要人物。宋末元初，饶鲁和他的门生弟子在赣东北地区的书院讲学，产生了相当的影响。

饶鲁（1193—1264），字伯舆，号双峰，南宋饶州余干县万年乡箬源里（今万年县青云镇乐源村）人。其父饶炎，号竹坡，是朱熹理学的忠实信奉者。

饶鲁是南宋末年重要的理学大家，被誉为"江右理学巨子"，是《宋元学案》中《双峰学案》的领衔学者。

饶鲁自小从学于柴中行，据同治《万年县志》载：饶鲁"少从柴中行受书，一阅辄掩卷背诵如素习"。后来，饶炎听闻李燔讲学豫章东湖书院，便带着饶鲁前往求学。李燔见到饶鲁后，非常器重，赠字"伯舆"，并将外甥女谢氏许配给他。后来李

① 黄宗羲原著，全祖望补修，陈金生、梁运华点校：《宋元学案》卷八三《双峰学案》，中华书局1986年版，第2820页。

燔又推荐饶鲁师从朱熹高足、女婿勉斋先生黄榦。

黄榦（1152—1221），字直卿，号勉斋，福建长乐人。淳熙三年（1176），黄榦在刘清之的引荐下，到崇安五夫里向朱熹求学。淳熙九年（1182），朱熹以次女嫁黄榦。庆元六年，朱熹病重，将深衣和所著《礼书》底本托付黄榦，并手书“吾道之托在此，吾无憾矣”与他诀别。作为朱熹的弟子兼女婿，黄榦以得朱子之遗命自任，以阐扬朱学为己任，有朱门“颜、曾”之誉。

嘉定元年（1208），黄榦任江西临川县令，嘉定五年（1212），改任临江军新淦县（今吉安新干县）县令，就在此时，饶鲁在李燔的举荐下，从学于黄榦。

黄榦一见到饶鲁，出题考问他：“《论语》首论时习，习是如何用功？”饶鲁回答道：“当兼二义，绎之以思虑，熟之以践履。”意思是说要深思探究真理，再认真去实践它，要以致知力行为本。黄榦对饶鲁的回答很是满意，因此非常器重他，甚至谓“为己所不及”。在黄榦《勉斋集》中还存有二人往来的四通书信，表达了黄榦对饶鲁的器重与期盼。如《复饶伯舆》中有：“来谕以义以方外为随事省察。朋友笃实用功，实难其人。惟契兄勉之，吾道之望也。”“足下与明父当任此责，使（朱）先生之道将微而复振。”①对饶鲁寄予厚望。饶鲁与方暹（字明甫）、张元简（字敬父）、赵师恕（字季仁）并称为“黄门四杰”。《宋元学案》黄百家按：“勉斋榦得朱子之正统，其门人一传于金华何北山基，以递传于王鲁斋伯、金仁山履祥，许白云谦，又于江右传饶双峰鲁，其后遂有吴草庐澄，上接朱子之经学，可谓盛矣。”②可见，《宋元学案》已把饶鲁定位为上接黄榦，下启吴澄的理学大家。

在黄榦的教导下，饶鲁获得了朱学之真瑞。作为朱熹的再传弟子，饶鲁其学以“持守涵养为主，学问思辨为先，而笃行终之”。他的理学思想总体上是属于朱学范畴，在本体论、人性论上与朱熹的观点高度一致，认为宇宙的本原是道，把理作为气之主体，同时，气与理又相即不二；认为人性本是善的，但由于“本然之性寓于气质之性中”的缘故，从而有了善与不善的差别。

但饶鲁并不株守朱学门户，不拘泥朱学，就像朱子对待程学一样，是“共派而分

① 黄榦：《勉斋先生黄文肃公文集》，北京图书馆古籍珍本丛刊本，书目文献出版社 1988 年版，第 466 页。

② 黄宗羲原著，全祖望补修，陈金生、梁运华点校：《宋元学案》卷八三《双峰学案》，中华书局 1986 年版，第 2812 页。

流，异出而同归”。特别是在方法论上，并没有沿着朱熹格物穷理的路线，而更多地吸收了陆九渊的明心论，特别注重“心”的作用。认为“仁”即“心”，对“心”表现出了高度的重视。此外，饶鲁对“敬”“静”也有很多与朱门后学不同的见解。

他在学术上打破了门派之见，“饶鲁虽在本体论、人性论上继承了程朱理学，但饶鲁不拘泥朱学，特别是在理学的方法论上，并不是沿着朱熹格物穷理的路线，而更多地吸收了陆九渊的明心论。”①

因此，《元史》认为，“余干饶鲁之学，本出于朱熹，而其为说，多与熹牴牾。”②《宋元学案》亦认为“双峰盖亦不尽同于朱子者”③。侯外庐先生也指出，饶鲁的朱学中，“夹杂有陆学的东西”④。

饶鲁更是一位杰出的教育家。受李燔和黄榦的影响，一生“尽弃举业，一意圣道”，致力于圣贤之学。随着“伪学”之禁解除，理学日益受到重视，四面八方的士子纷纷前来，饶鲁培养了大批的门生子弟。《宋元学案》载：“时理学大明，师儒攸属，四方聘讲无虚日，作朋来馆以居学者。又作石洞书院，前有两峰，因号双峰。”⑤饶鲁在家乡箬源西坞建“朋来馆”，广聚学者，互相切磋。“朋来馆”源自孔子名句“有朋自远方来，不亦乐乎？”建“朋来馆”用以招待远道求学之人。

1224 年，饶鲁又筑石洞书院讲学。石洞书院，又名双峰书院，位于今万年县青云镇乐华村，因石洞书院前有双峰，饶鲁于是以双峰为号，学者称“双峰先生”。

双峰书院仿白鹿洞规制，祭祀先圣先师、先贤先儒，“夫子居中，配以颜、曾、思、孟”及“周、二程、张、朱五贤”，并以“黄榦继之”，并且合《白鹿洞书院揭示》与《董、程二先生学则》为一体而揭之，认为“一则举其学问之宏纲大目，而使人知所用力。则定为群居日用之常仪，使人有所持循，即大小学之遗法也”。饶鲁“看到了两种条规的各自特点，某种区别，也看到了两者互相补充的作用。但是并未从年龄心理

---

① 徐永文：《南宋赣东北朱子后学初探》，《上饶师范学院学报》2007 年第 4 期，第 62 页。

② 宋濂：《元史》卷一八九《儒学传・胡一桂传》，中华书局 1976 年版，第 4322 页。

③ 黄宗羲原著，全祖望补修，陈金生、梁运华点校：《宋元学案》卷八三《双峰学案》，中华书局 1986 年版，第 2812 页。

④ 侯外庐、邱汉生、张岂之主编：《宋明理学史》，人民出版社 1997 年版，第 731 页。

⑤ 黄宗羲原著，全祖望补修，陈金生、梁运华点校：《宋元学案》卷八三《双峰学案》，中华书局 1986 年版，第 2812 页。

的发展上注意两者互相衔接的关系”。①

饶鲁在双峰书院讲授程朱学说，认为学问以“持守涵养为主，学问思辨为先，而笃行终之”。强调“为学之方，其大略有四：一曰立志，二曰居敬，三曰穷理，四曰反身”②。主张读书要由下学而上达，不能只停留在字面上，溺心于章句训诂，必须领会其旨意。“圣人作经之意，是上面一层事，其言语则是下面一层事。所以谓之‘意在言表’。若读书而能求其意，则由辞以通理，而可上达。若但溺心于章句训诂之间，不能玩其意之所以然，则是徒事于语言文字而已，决不能通其理也。”③正如他在诗中所言“孔孟绪中寻坠绪，程朱光里继余光。剑峰压破双峰壁，心斧磨成百炼钢”。表达了将程朱理学进一步发扬光大的情怀。双峰书院是赣东北理学传播的一个重要阵地。

除创办双峰书院讲学外，饶鲁还先后主持了白鹿书院、九江濂溪书堂、南昌东湖书院、高安西涧书院、临川临汝书院的讲席。

饶鲁在掌教白鹿洞书院时，把程端蒙、董铢的《学则》与朱熹的《白鹿洞书院揭示》同揭于白鹿洞书院，并《跋》之曰：“《白鹿洞教条》乃文公朱先生所集圣贤之成训，而《学则》者，乡先生程、董二公之所为，文公尝有取焉者也。今合二者而并揭之。”④

理宗宝祐二年（1254）二月，饶鲁以布衣任饶州州学教授，诏“饶州布衣饶鲁，不事科举，一意经学，补迪功郎、饶州教授”⑤。

饶鲁致力于讲学，以承传朱学为己任，春风化雨，门生弟子遍及天下，形成了人数众多的双峰学派。双峰学派的一传弟子有都昌陈大猷，乐平吴中，新昌罗天酉，余干赵良淳，平江万镇、汤伯阳、鲁士能，休宁程若庸，平江许应庚、王佖，余干饶应中，祁门的汪华、汪相，浮梁吴迁等 14 位。还有陈澔、朱以实、吴存、史泳、金若洙、罗椅、冷应凯、李实，蔡汝揆、虞伟、赵汝腾、方齐、陈友源、罗天、范奕、吴锡畴、吴澄、程钜夫、揭奚斯、虞集等二传三传弟子。其弟子中不乏知名学者。

陈大猷，字文献，号东斋，都昌人，是南宋宰相江万里之舅。开庆元年（1259）进

① 李才栋：《江西古代书院研究》，江西教育出版社 1993 年版，第 136 页。

② 王朝璩辑：《饶双峰讲义》卷一五《附录》，四库未收书辑刊，北京出版社 2000 年版

③ 程端礼：《程氏家塾读书分年日程》卷三，黄山书社 1992 年版，第 155 页。

④ 程端礼：《程氏家塾读书分年日程》卷三，黄山书社 1992 年版，第 5 页。

⑤ 脱脱：《宋史》卷四四《理宗本纪》（四），中华书局 1977 年版，第 851 页。

士，历任从政郎、黄州判官。陈大猷对《书》《易》《礼》皆有研究，著有《尚书集传会通》。其子陈澔也是元代著名的经学大家。陈大猷在故里磨旗墩西建有东斋书院，聚徒讲学，发扬朱熹学说。

史泳，字自亨，余干人。咸淳六年（1270）乡贡，但进士未第，归隐讲学水东书院，学者称水东先生，曾以饶鲁之语训导弟子道："人为万物之灵，天地不足者亦能补，故人当以天地配，不当以万物伦。"

冷应凯，武宁人，是饶鲁在白鹿洞讲学时的弟子。元初授徒于龙崖学塾。饶应中弟子熊凯曾有"学道一灯来白鹿，斯文千古属龙崖"诗相赠冷应凯。

余干宗室宰相赵汝愚曾孙赵良淳也曾从学于饶鲁。赵良淳，字景程，"少学于其乡饶双峰，知立身大节。及仕，所至以干治称。"他知安吉州时，"元兵垂至……及兵围城，率众城守。元将范文虎遣使招降，先生焚书斩其使。卒为吴国定所卖，先降。先生自缢死，其妻雍氏同缢于郡治之集芳轩。"赵良淳夫妇以身殉国，继承了赵氏家族的忠孝风范和理学忠刚义烈的传统。

吴中，字中行，号准轩，乐平人。他师事饶鲁，得其真传。吴中把心分成天地之心、圣人之心、亚圣大贤之心和众人之心四等。他说："简在帝心，天地之心也；从心所欲不逾矩，圣人之心也；其心三月不违仁，亚圣大贤之心也；饱食终日，无所用心，众人之心也。"将饶鲁的心性论进一步发扬光大。

吴迂是饶鲁门人，皇庆二年（1313）为景德镇长芗书院山长，使书院再次兴盛！

吴迂，字仲迂，号可堂先生，浮梁县城西隅人。他刻苦钻研理学，曾求学于饶鲁，成为饶鲁的高弟之一。饶鲁喜欢他"立志坚确，用功精密"，便将平生所学尽情传授给他。吴迂得饶鲁真传，精心教育，元兵进犯饶州，他退隐于横塘山中，在战乱流离的艰苦环境，他仍坚持讲学不辍。皇庆二年，知州郭郁请他任长芗、双溪二书院山长，他教学有序，训迪有法，课程安排合理，名师出高徒，从而使人才一新，名士乡绅来学者，络绎不绝，长芗书院又一次步入教学的兴盛时期。

祁门的汪华（字荣夫）与族兄汪相（字魏夫）一同求学于饶鲁，两人相互问难，悉得饶鲁学术奥蕴，后讲学祁门，"祁门理学之盛，自二人发之"。其从孙汪克宽又传其学。

饶鲁特别是培养了优秀弟子程若庸。

程若庸，字逢原，号勿斋、徽庵，江东路徽州休宁人。他"从双峰及沈毅斋贵瑶得朱子之学”。程若庸多次任书院山长,从游者最盛,称徽庵先生。淳祐间,任湖州安定书院山长。冯去疾在抚州创临汝书院,又聘为临汝书院山长。咸淳四年(1268)登进士第,授武夷书院山长。程若庸强调讲学必“以圣人为师”,培养成圣成贤的有用之才,“若舍圣人而学,是将何所取则乎?”他在主持斛峰书院讲席时,把学问分为四等,即圣贤之学、仁义名节之学、辞章之学和科举之学,此外,还有“剽窃架漏而不入等者”。认为创办书院就是要培养圣贤之才,如果不讲圣贤之道,书院之设也就没有任何意义。

程若庸的弟子有新安范奕、吴锡畴,在江西则有程钜夫和吴澄,他们成为入元以后最重要的理学家。吴澄与许衡、刘因并称为元代三大学者,在元朝影响巨大,为理学传播作出了巨大贡献,饶鲁对吴澄的草庐学派有开启之功。

因此,饶鲁在由宋到元理学输出的过程中,起了关键的作用。

双峰书院在元代因兵燹废。明武宗正德七年(1512),万年置县。次年,参政吴廷举在县治之东的东坞永安街建饶双峰祠及双峰书院,后因时久废圮。正德十四年(1519),副使许廷光修复双峰书院,迁建于县治东(今青云镇东门外),修复后的双峰书院相当壮观。饶守陈策曾有诗赞曰:“古洞真幽僻,云迷越水东,西江鸣道学,百世仰双峰。”

康熙四十年(1701)、雍正八年(1730)又曾两次重修双峰书院。清代万年县城有“姚西十景”,而“双峰藜火”位列十景之首。

5. 程绍开创建道一书院

道一书院由程绍开创办于南宋末年。

《孟子·滕文公上》曾记载了孟子与滕文公的一段对话:“滕文公为世子,将之楚,过宋而见孟子。孟子道性善,言必称尧舜。世子自楚反,复见孟子。孟子曰:‘世子疑吾言乎?夫道一而已矣。’”“道一”的意思是道理就这一个而已。孔子也说:“吾道一以贯之。”而南宋末年程绍开创办的书院就是取孟子“夫道一而已矣”之名而为“道一书院”。

程绍开在道一书院,倡导和会朱陆学说,“以合朱、陆两家之说。”①率先竖起了

---

① 黄宗羲原著,全祖望补修,陈金生、梁运华点校:《宋元学案》卷八四《存斋晦静息庵学案》,中华书局1986年版,第2849页。

“和合朱陆”的大旗。特别是培养了优秀的弟子吴澄，更使道一书院名声远播。

程绍开（1223—1281），又名绍魁，字及甫，号月岩，南宋信州贵溪县百丈岭人（今属万年县）。百丈岭位于上饶市万年县裴梅镇荷桥。

程绍开是南宋末年一个非常有气节的人，自幼学习刻苦，饱读诗书，才华横溢，宋理宗嘉熙四年（1240），17岁的他贡于乡，成了太学生。淳祐十二年（1252），30岁时，以《尚书》《戴礼》参加科举，考取举人第一名。虽然仕途不顺，官品不高，但气节可嘉！宝祐四年（1256）曾伏阙上万言书，大义凛然，力主抗元，并疏陈抗元之策。南宋度宗咸淳九年（1273），时年已51岁的程绍开升舍中乙科，授从仕郎，任抚州教授、宁海军节度推官等职，德祐元年（1275）任兵部架阁。当元军大举进犯之际，他召集当地军民，奋起反抗元兵，捍卫家乡，失败后回到家乡归里隐居。承直郎在宋代为文官正六品，兵部架阁主要掌管兵部文籍档案，官品虽然不高，但往往选择有品行、威望高的人士担任，如抗元英雄谢叠山也曾任礼兵部架阁这一职。

程绍开是陆九渊的弟子，他的学术倾向类似“鄱阳三汤”，尤其深受汤巾、汤汉的影响。汤巾、汤千、汤中及汤汉，家在安仁，其故里为今天余江画桥汤家，与程绍开家相距不到5公里。他们是柴元裕、柴中行的学生，属于朱学的传人，但汤巾、汤汉在朱学中又兼容了陆学，走上了和会朱陆、由朱入陆的道路，而汤汉“是会同朱陆之最先者”，开创了宋元之际和会朱陆学术思潮的先河。

汤巾传学于徐霖。徐霖，字景说，史称其“当咸淳之际，开讲尤大有名”。徐霖在其师汤巾的影响下，转入陆学，但仍然坚持朱熹读书穷理、格物致知的笃实工夫，而并非完全陷入禅悟的修炼。徐霖传学术于广信（今江西上饶）人徐直方。程绍开与徐直方有着相同的志趣、主张，成为徐直方的学术同调，成为身体力行心学的中坚力量。

由于程绍开的学术威望和影响，他曾被聘掌教贵溪象山书院。

象山书院是南宋的知名书院，南宋淳熙十四年（1187），陆九渊的弟子彭世昌到贵溪上清，登临应天山之后，见应天山“陵高而谷邃，林茂而泉清”，是一个创办书院精舍的理想之地！正好邀请其师陆九渊上山讲学。陆九渊此时正闲居乡里，彭世昌邀请，欣然应许。陆九渊见应天山“宛然巨象”，于是便称应天山为象山，自号“象山翁”，将其住处取名“象山草堂”，学舍题额为“象山精舍”。象山精舍就是象山书院的前身。陆九渊在此讲学，虽然环境条件有限，但有大师的讲学，四方弟子闻风负笈而至，甚至不远千里，“裹粮”而来，“结庐”而居，聆听大师的讲学教诲。

绍定四年（1231）夏，陆九渊的再传弟子、时任江东提刑的袁甫，奏请朝廷将象山精舍由应天山迁到贵溪城南的三峰山下，改名“象山书院”，并请理宗皇帝亲赐“象山书院”匾额，使象山书院得到了最高统治者的认可，一时盛况空前。程绍开继钱时、汤汉、邱珊甫后，继任象山书院山长。

咸淳八年（1272），程绍开在自己的家乡百丈岭创办道一书院，取《孟子》“夫道一而已矣”之意。道一书院实行朱陆同祀，内设朱熹和陆九渊二人像，以供祭祀。程绍开反对持门户之见，在书院主讲、传播和会朱陆两家之说。程绍开原本是陆学弟子，主张打破门户，以汇综朱、陆两家之长。他认为，宗朱学的，一方面坚持笃实的工夫，另一方面也兼取陆学“简易”的本心论，以避免朱学的“支离”泛滥；尊崇陆学者，在坚持陆学反求自悟本心论的同时，也要兼取朱学格物致知、笃实的“大学”工夫，避免谈空说妙，使陆学流入禅门。程绍开认为朱陆两家本质上是一致的，即都是宣扬孔孟之道，都是为维护封建制度，要人们严“义利之辩”“存天理、灭人欲”，使自己的思想行为符合封建的三纲五常、仁义道德。

程绍开将道一书院作为宣传和会朱陆思想的阵地，吸引了众多的门徒，培养了一批弟子，为理学的传播与发展作出了突出的历史贡献。著名学者吴澄就曾入其门下。

吴澄（1249—1333），字幼清，抚州崇仁人，人称草庐先生。他是元代理学大家，称为元代“国之名儒”，与许衡齐名，有“北许南吴”之誉。

吴澄的主要师承，《宋元学案·草庐学案》交代得很清楚：“草庐出于双峰，固朱学也，其后亦兼主陆学。盖草庐又师程氏绍开，程氏尝筑道一书院，思和会两家。”吴澄曾学于程若庸，而程若庸学于饶鲁，饶鲁学于黄榦，黄榦是朱熹的弟子，因此，吴澄是朱熹的四传弟子。同时，吴澄家在抚州崇仁，抚州金溪是陆九渊的家乡，是心学的发源地，且吴澄曾到道一书院，师从程绍开，与程绍开相交甚密，自称为其弟子，程绍开和会朱陆的思想对吴澄影响很大。

吴澄是元代融汇朱陆学说，集和会朱陆思想之大成的学者。他认为朱熹理学与陆九渊的心学虽是两大不同的学派，但两大学派从未相互倾轧，而是彼此尊重，互相交流，互相吸收。朱、陆之间在学术上虽有所侧重：“朱子道问学工夫多，陆子静却以尊德性为主。”但没有本质的不同，“二师之为教，一也”。他说：“朱之子教人也，必先之读书讲学，陆子之教人也，必使之真知实践。读书讲学者因以为真知实践之地，真知实践亦必自读书讲学而入，二师之为教，一也。”他极力调和朱、陆两家学说，反对持门户之见，相互攻讦。

受程绍开和会朱陆思想的影响，吴澄成为元代理学界朱陆合流的代表人物，形成了以折衷朱陆为特色的草庐学说。

程绍开一生在政治上刚直不阿，大义凛然，时人方回在程绍开墓表中评价道：“今时人才衰少，世事败坏之故……抱实学者受诬，负重名者招忌，死党阿附者致大位。无一善可书。……度公（程绍开）方且哀痛于九泉之下，亦岂忍闻哉。”

道一书院因倡导和会朱陆而出彩，更因为有了吴澄这样优秀的弟子，使书院更加声名远播。

元武宗延祐年间，元代著名教育家胡炳文曾继任道一书院山长，传播程朱学说。

五、鄱阳县朱子门人后学创建的书院

鄱阳县是江西最早设立的两个县之一。据《史记》卷三一《吴太伯世家》所载：吴王阖闾十一年（前504），“使太子夫差伐楚，取番。楚恐而去郢徙都。”番即今天的鄱阳县，换言之，鄱阳早在公元前504年的春秋时期就已成为县邑。西汉高祖六年（前201），在江西设立豫章郡，下辖18个县，鄱阳县又是当时豫章十八县之一。东汉建安十五年（210），孙吴分豫章郡设鄱阳郡，辖鄱阳、馀汗（今余干）、历陵（今德安）、葛阳（今弋阳）、上饶等九县，郡治鄱阳。隋开皇九年（589），隋文帝灭陈统一南北后，废郡设州，改鄱阳郡为饶州，意为“富饶之州”，辖鄱阳、余干、弋阳三县，鄱阳县一直是饶州府治所在地。

饶州号称“饶为沃野”，是江南名郡、通都大邑，有所谓“江东之土，其州十而饶为最”之说。饶州地域广阔，物产丰饶，是著名的鱼米之乡，早在汉代，百姓就过着“饭稻羹鱼”的富庶生活。宋仁宗嘉祐年间，抚州进士吴孝宗在《余干县学记》里，就形象地描绘了饶州：“江南既为天下甲，而饶人喜事，又甲于江南。盖饶之为州，壤土肥而养生之物多，其民家富而户羡。蓄百金者不在富人之列。又当宽平无事之际，而天性好善，为父兄者，以其子弟不文为咎；为母妻者，以其子与夫不学为辱。

其美如此。”①饶州不仅物产富饶，且居民天性好善，尤重文教！作为饶州府治所在地鄱阳县历来兴学重教，文化昌盛，正如《饶州府志》所载：“比闾族党，无地不设学，无人不向学。”自唐宋迄清，大兴读书之风，建有众多书院。据1989年版《鄱阳县志》所载，鄱阳书院有13所，尤以芝阳书院、番江书院、浮洲书院、澹湖书院最为著名，堪称“鄱阳古代四大书院”。

正是因为崇文重教，鄱阳名贤辈出，堪称多士之邦。据史志记载，“历代科举中，鄱阳进士有唐代1人，北宋57人，南宋58人，元代8人，明代62人，清代47人，共233人。”②如唐代吉中孚为大历十才子之一，长于诗文，历官户部侍郎。宋代鄱阳出现过科举世家，如熊本一门三中第，熊本，庆历六年（1046）进士，官龙图阁待制，杭州知州；弟熊皋，嘉祐二年（1057）进士；子熊倜，元丰五年（1082）进士。有的是父子四进士：宋代洪皓，政和五年（1115）进士，其子洪适、洪遵，均绍兴十二年（1142）进士，还有子洪迈，绍兴十五年（1145）进士，演绎了“鄱阳四洪”名满天下的佳话。

鄱阳县的朱熹门人有汪德辅和金在伪。汪德辅，字长孺，饶州鄱阳人。他是朱熹门人，得朱熹亲切教诲，又与朱熹书信往来频繁，求教问学。《朱熹文集》卷五二有《答汪长孺》书五通，卷二九又有《答汪长孺》书一通。据陈来先生考证，前五书均写于绍熙元年（1190），后一书则写于绍熙五年（1194）十月入侍，进讲《大学》之时。《朱子语类》卷一一九《训门人七》有训德辅五条。如“德辅言‘自承教诲，两日来读书，觉得只是熟时自见道理’”。

绍熙五年（1194）五月，朱熹再入湖湘，赴知潭州任，汪德辅于其途至江西时，得见朱熹一面。《语类》卷一一八《门人六》汪自录云：“先生奉天子命，就国于潭，道过临江，长孺自吉水山间越境迎见。某四拜，先生受半答半。跪进札子……长孺起，先生留饭，置酒三行，燕语久之，饭罢辞去，退而记之。”③此事之后数月，朱熹写了《答汪长孺》书一通，载于《文集》卷二九。

---

① 洪迈著，穆公校点：《容斋随笔·四笔》卷五《饶州风俗》，上海古籍出版社2015年版，第276页。

② 李炳才：《话说鄱阳科举》，见政协上饶市委员会编：《饶信文化·上饶书院文化专辑》，2017年（内刊），第192页。

③ 黎靖德编，王星贤点校：《朱子语类》卷一一八《训门人六》，中华书局1986年版，第2860—2862页。

鄱阳县书院一览表

书院名称	时间	创建人	地点
番江书院	淳熙庆元间	金去伪	鄱阳县城北弦歌巷
番江书院	绍定六年(1233)	袁甫	
玉溪书院	洪武初(1368—1370)	何英	
白云书院	洪武初(1368—1370)	陶安	在东湖
湖东书院	嘉靖六年(1527)	徐一鸣	
忠宣书院	正德间(1506—1521)	洪氏后裔	在城西
浮洲书院	嘉靖间(1522—1566)	应鸣凤	在东湖浮洲寺
箐莪书院	万历间(1573—1620)	朱常清	在城西
芩山书院	万历末年(1616—1620)	舒其志	
里仁书院	万历末年(1616—1620)	潘一谔	城西胡公祠右边
汇源书院	康熙二十三年(1684)	黄家遴	永平门画桥东
希贤书院	康熙二十四年(1685)	查增继	在茶场巷
澹湖书院	康熙四十八年(1709)	饶州府建	灵芝门，饶州七县公有书院
曾子书院	乾隆三十七年(1772)	秦承恩	在乐丰镇儒堂山
芝阳书院	乾隆三十九年(1774)	秦承恩	茶场巷

朱熹的另一个门人金去伪创建了番江书院。

1. 金去伪创建番江书院

金去伪是朱熹门人，字敬直，人称草窗先生。据日本田中谦二的《朱门弟子师事年考》考定，“金氏师事朱熹四次，一在淳熙二年(1175)，二在淳熙六至七年(1179—1180)，三在淳熙十六年(1189)，四在庆元五年(1199)。”①《宋元学案补遗》卷六九载其“一举于乡，即弃而从朱子游”，放弃大好前程而追随朱熹，专心致

① 转引自：方彦寿著《朱熹书院与门人考》，华东师范大学出版社2000年版，第137页。

志学习理学。《朱子语录姓氏》录金氏为“乙未所闻”,即淳熙二年(1175)已从学于朱子。金去伪曾作自咏诗云:“自知富贵若浮云,何用虚名伴此身!四十挂冠林下去,始知清世有闲人。”

他虽学问深厚,却不著书,不做官,朝廷授他钟离县主簿一职,坚辞不就,只是聚徒讲学而已。有人劝其著书,他却说:“经,经也;史,纬也。诸儒之训释,晦庵之折衷,集其成矣。”①认为朱熹已经是集大成者,没有必要再多此一举。

金去伪在鄱阳县城北弦歌巷建番江书院,与各地学者在此讲学,成为番江书院的创始人之一,死后位祀乡贤祠。

金去伪去世后,余大雅曾作两首《挽草窗先生》诗,其一:“天欲丧斯文,微公谁与伦?颓梁支一木,涌濑峙三门。礼乐千年主,簪缨十世孙。芝山云惨惨,何处望归魂?”其二:“身任斯文七十春,执经侍立紫阳门;蓁芜不假锄耕力,千载谁知道学尊?”

宋理宗绍定六年(1233),袁甫重建番江书院。袁甫,字广微,号蒙斋,袁燮之子。袁甫少服父训,志向高远,主张“学者当师圣人,以自得为贵”。又从杨简问学,自觉“观草木之发生,听禽鸟之和鸣,与我心契,其乐无涯”。嘉定七年(1214)进士,绍定四年(1231),袁甫为江东提刑兼提举。他在任上重视文教,致力于古书院的修复创建,对江西书院的影响较大。他称“象山实隶贵溪,祠宇荒颓,过者凄怆”,故“用白鹿洞规制请于朝”,建象山书院于贵溪县城河东一里三峰山之徐岩。袁甫又修建番江书堂于饶州鄱阳县,书堂凡四斋:曰达源、止善、存诚、养正,讲堂则名自得。

番江书院入元之后,仍有山长,汤师言、徐瑞相继主其事。后废毁。近年,为尊重与弘扬鄱阳传统的书院文化,番江书院又得以修复。

2. 芝阳书院——清代饶州的最高学府

芝阳书院在茶场巷,今县城五一广场东侧。清乾隆三十九年(1774),由广饶九南道巡道秦承恩创建。事实上,与其说创建,不如说是合并原有的希贤、澹湖两书院为芝阳书院。因此,芝阳书院的历史可以上溯到康熙间的希贤、澹湖两书院。

康熙二十四年(1685),饶州府、南康府、九江府三府士绅欲在鄱阳城内茶场巷为分巡道查培继立生祠。查培继(1615—1692),字王望,号勉斋,浙江海宁人。顺

① 李才栋:《江西古代书院研究》,江西教育出版社1993年版,第149页。

治九年进士，后以按察副使出巡江西饶九南道，政绩不俗，因此三府士绅为其立生祠以表感恩！

清代在省与府之间设分巡道，简称道。其长官为道台，负责监督、巡察其所属府的政治和司法等情况。广饶九南道是在江西省所设四道之一。康熙九年(1670)置饶九南道，驻饶州府，领饶州府、南康府、九江府。雍正九年(1731)增领广信府，更名广饶九南道。

查培继谢绝了三府士绅的好意，将生祠改建为希贤书院，用来祭祀宋均、陶潜、狄仁杰、颜真卿、白居易、范仲淹、周敦颐、朱熹、王十朋、杨简、王守仁、葛寅亮、张有誉等饶州、南康、九江三府历代名宦。查培继又捐献银两，购置学田，招收生徒，并亲自作记，使希贤书院除了祭祀先贤外，还教训士子，培育人才。

康熙四十八年(1709)，在饶州府学之左建澹湖书院。乾隆七年，巡道李根云、知府富明、知县杨志道移至望湖巷(今二条巷)。澹湖书院为饶州府官办书院，饶州府所辖七县生童均可就读于此。

乾隆三十九年(1774)，秦承恩将两书院合并为芝阳书院。

秦承恩(？—1809)，字芝轩，江苏江宁(今南京)人。乾隆二十六年进士，选庶吉士，授编修，升侍讲，出京任江西广饶九南道，累官至直隶布政使，乾隆五十四年，擢陕西巡抚。嘉庆十一年，授工部尚书、陕西巡抚。他在任江西广饶九南道期间，于乾隆三十九年(1774)，将希贤书院、澹湖书院合并为芝阳书院，成为芝阳书院创始人。

芝阳书院“四时烟景似沧浪”，环境幽静，是士子读书、求学的绝佳场所。书院规模很大，大门镶嵌“芝阳书院”巨型横匾，主殿为挑檐式建筑，正堂一进三栋，左右各有两栋，共七栋。此外，还有书亭、水阁、御书楼等设施。大门两边高悬“湖水浇成君子竹，番土培出大夫松”的楹联。

芝阳书院山长由知府聘请，主持书院教学，有明确学规教约，管理规范，严定课程，每月农历初一、十五朔望之日是书院的课程学业大会，师友之间、学友之间相互质疑、辩难，交流讨论，答疑解惑。书院有严格的教约，提出明确的学习目标、学习要求，以及学子应该遵守的学规、戒条。书院有严格的考核管理制度，生徒不仅有师课，还有官课。每月由知府命题，生员应试，按成绩分超等、特等、一等，分别发放膏火费或赏钱。这样，芝阳书院向官学靠拢，纳入官府控制之列，成为饶州府的最高学府。乾隆四十三年，由于巡道府从鄱阳移驻九江，随着巡道府的迁移，芝阳书院也被废圮。

道光十年(1830),鄱阳乡绅何观海等禀请将旧道署改为书院,未果。道光二十七年(1847)秋,知府胡正仁、县令沈衍府决定重修芝阳书院,并带头捐款筹集建院资金,在他们的倡导下,饶州府七县士民纷纷响应,共筹得款项27000多缗。重建后的书院颇具规模:“前立月台、重门,门内甬道,有东西廊;升阶为讲堂,堂北翼以亭;内为正厅,祀朱熹及名宦乡贤之系于饶州者,左右有室以居山长;东西斋为房64以居诸生肄业者。”此外,知县胡正仁还完善了书院的招生、考试、财务管理等制度:“乃厘定条约,集七邑人士扃试之。拔其魁秀者宅之院,浃旬而课之,择衿之老成者二人经理而稽察之。于是士子来者襜襜其服,罨罨其仪,相与揖让弦诵于其中,一变苟简窳陋之习。”并将节余钱款5000缗划归书院,用于经商生息,以供生童膏火,保障书院经费的正常运行。经多方筹措,芝阳书院办学经费较为充足,书院有4间店面可供出租,置有学田843亩,每年可收租谷678石,在乐平、德兴还有两处田产,每年可收租谷484石,能够保证书院的正常运转。

遗憾的是,修建一新的芝阳书院,6年之后,即在咸丰三年(1853)七月,遭战火破坏,这所饶州府的最高学府变成废墟一片。

光绪二十八年(1902),清政府推行“新政”,废科举、兴学堂。同年,饶州知府徐兰在芝阳书院旧址上创立饶州府中学堂,这是鄱阳县最早的一所新式中学,1927年改称省立鄱阳中学。如今的鄱阳中学,一直是江西名校,培养了一批批知名学子,延续着芝阳书院的文风文脉。

鄱阳县的书院大都位于县城,在乡镇有较大影响的书院有曾子书院。1772年,由江宁进士秦承恩创建于鄱阳县乐丰镇儒堂山边。据载,北宋时期,今乐丰镇原称“南边山里”,地处信江与乐安河交汇地,在此建有学舍,据说当时鄱阳县状元彭汝砺回乡时,曾邀请曾巩来学舍讲学,曾巩将乐丰镇的古名“南边山”改名为“儒堂山”,彭汝砺在讲课结束时,挥毫为学舍题写了“曾子书院”的匾额。

六、横峰县朱子门人后学创建的书院

横峰县原为兴安县,明朝嘉靖三十九年(1560)设置。1914年,因县北有横峰山改为横峰县。横峰县有朱熹再传弟子刘养浩讲学的白石书院。白石书院与岑阳书院、叠山书院、荷峰书院、梅溪书院一道,成为横峰县五大书院,在上饶书院文化的历史画卷中,留下了浓抹重彩的一笔。

1. 白石书院

曾经作为中共闽浙赣省委和省苏维埃政府所在地的葛源,有"红色省会"之称。葛源也是横峰县第一大镇,素有"小小横峰县,大大葛源镇"之说。因遍长野葛,地处溪水源头而得名"葛源",被誉为"中国葛之乡"。2008 年,葛源镇以深厚的文化底蕴、丰富的红色资源、优美的自然景观成为"中国历史文化名镇",而白石书院就是葛源深厚文化底蕴的重要载体,彰显了葛源这个红色省会的古韵遗风。

白石书院是葛源最早的书院,是南宋名儒刘养浩讲学之地。其孙刘光,正式创办为白石书院,迄今已有700 年的历史。

葛源《白石刘氏家谱》,有《白石书院源流记》一文,对白石书院的兴废源流作了清晰的交代:

葛源刘姓的开山始祖是刘东白,曾任南宋大理评事,致仕后,因爱四面环山、山水秀丽的葛源,于是将家从临近的玉山县大横塘迁居于此。到葛源后,刘氏"子姓繁衍,宋元明间科甲相继,宅第鳞列",成为当地名门大族。

刘养浩是白石书院的一个关键人物,他是南宋大儒,字体元,号白石。少年时,曾到京城临安,学于太学。为增长学识,又跋山涉水,专程到福建,拜朱熹高足兼女婿的黄勉斋(黄榦)为师,深得朱熹理学精髓,"溯黄勉斋而上述朱晦庵",成为当时理学大家,人称"白石先生",是朱熹的再传弟子。刘养浩考中进士后,授官宁国府教授,但仅一年后,父亲去世,他辞官回乡,为父丁忧。服丧期满后,就在家乡葛源选择了一块僻静之地兴建住舍,潜心治学,并讲学于此。因其理学造诣精深,致使"远近从来",学子纷纷前来问学,盛极一时。

白石书院的创始人为刘光。刘光是刘养浩之孙,字自谦,号泉山。他在任元朝翰林院编修时,为了光耀祖宗,上奏朝廷,请求将祖父刘养浩隐居研学授业之所建为书院,并以祖父之号"白石"为书院之名,白石书院正式创立。书院主祀朱熹、黄榦,以白石公配享。刘光还捐献田地一千多亩,作为书院修缮和师生读书生活之费。白石书院主要教导刘氏宗族子弟读书,也有不少外地学子慕名前来。刘光的义举,受到了元朝政府的肯定和嘉奖,朝廷将其家族立为义门。据同治《广信府志》卷四《学校书院》收录张嘉庆《白石书院记》所载,白石书院建成后,"聘吴草庐先生讲席以教宗里子弟"。白石书院能聘请到元代理学大师、"国之名儒"吴澄来书院讲学授徒,说明白石书院在当时有一定的地位和影响。至此,白石书院开始了教化育人的历程。

刘光之子刘朝任又子承父业，“割田以为赡学之费”，进一步扩大了书院的规模和实力，并取得了广信郡守于太中的重视和支持，“命属县修理之”，对书院进行了修缮，并由官府选派进士聂义方为白石书院“山长”，主持书院讲学事务。聂义方留有《广信郡守于太中修白石书院记》一文，记录修缮书院之盛举，并刻碑立于书院门前。元代对书院采取了积极支持的态度，至元二十八年(1291)，朝廷就下令：凡“先贤过化之地，名贤经行之所，与好学之家出钱粟赡学者，并立为书院”。元代除了接管宋代的官办书院外，还对私家书院，由地方呈请朝廷立案，赐额置田，选派官员主持，使一批民办书院获得了官方身份。白石书院此时也得到了官府的支持和认可，成为一所官办书院。

入清之后，白石书院遭受兵火，书院建筑被毁，只有基址仍存。清乾隆十三年(1748)，刘氏后裔刘起凤率族人重建书院。当时横峰知县秦锡琈处理葛源镇葛仙宫僧徒争田产一案，认为僧徒相争的根源是葛仙宫寺院田产太多，导致纷争，决定除留三十四亩田产给葛仙宫外，将其余田产拨给白石书院，以资书院膏火。这样，书院学田每年可收田租212 石，其中60 石为书院祭祀之需，10 石为修理资费，其余150 石为延请教师的费用，使白石书院财力大增。同时也规定，凡有志愿学之士，无论远近，皆得就学于此。书院的学生对象，从以前的刘氏宗族，扩展为附近的有志之士。同年七月，重建后的书院正式落成，共有正室七楹，川堂五楹，门屋三楹，左右走廊相连，具有相当的规模。

乾隆二十八年(1763)，制定了《白石书院条规》七条，规定聘请名师，教育士子，使凡有志之士，不拘城乡，无论远近，皆许入院肄业，倘有品行不端、不崇实学者，听馆师摈逐之等等，使书院的管理更加规范。

光绪十二年(1886)秋，一场罕见的狂风暴雨在葛源引发了山体滑坡，导致白石书院建筑以及其学田被大量泥沙冲毁。横峰县令现场勘察后，认为损毁过重，无法修复，即宣布停办“白石书院”。1913 年，白石书院改为横峰县立白石初级小学，首任校长为刘顺初。赣东北苏维埃政府时期，在此地创办了列宁小学。新中国成立后，改为葛源小学至今。

从创办到损毁，700 年来，白石书院为横峰县培养了不少本地的乡亲学子，使葛源“科甲相连”，闻名一方。

现今，从葛源镇老街北门往东北方向两公里的刘村，仍有一处叫“书院门”的地方，可见一座牌楼式大门，从牌楼大门东行30米，便是白石书院故址。虽然已经淹没在一片稻田之中，但还可以隐约见到书院的轮廓，书院坐北朝南，东西北三面靠山，宛若一把太师椅。前方为学田，学田的一边是书形山，就如一部打开的巨大天书，引得学子无尽遐思。

虽然白石书院已见不到往昔的风采，也听不到学子琅琅的书声，但书院文脉仍在，葛源重视文教，崇尚读书的风气依旧。

白石书院增添了红色省会——葛源的古韵遗风。

2. 横峰叠山书院

南宋度宗咸淳间(1265—1274)，横峰创办了叠山书院。叠山书院院址在新政乡，今横峰葛源镇重山村，为谢叠山讲学之所。谢叠山门人弟子郑康仲、徐炎舞为谢叠山讲学所建。重山叠山书院环境优美，交通便利，位于信州通往德兴、饶州的古驿道旁。重山叠山书院建有永归门、明经堂等建筑，在元末毁于兵火。明景泰年间，广信府知府姚堂在府城重建，并将书院改名“文节祠”。

3. 横峰荷峰书院

荷峰书院在明洪武初(1368—1370)由张深创建，位于今横峰县姚家乡瑄山村荷峰山。张深是当时知名的理学家，人称“荷峰先生”。他在书舍“集里族子弟秀而文者，日进诵其间”，讲学授徒，传播理学。张深讲学，强调要“教之以小学收其放心，养其德性，以立大学之基本”。“习之既成，然后教之以大学。察其义理，明以修己治人之方。”

4. 岑阳书院

岑阳书院，又名岑山书院，万历年间(1573—1620)由横峰知县谢光阳创建。书院位于县城东郭(原横峰纺织器材厂招待所)附近。以“文昌阁”田产资充书院每年办学费用。清末废科举、兴学校后，岑山书院改为横峰县高等小学堂，第一任堂长为前清拔贡张授书。1913年改为横峰县立高等小学，黄道等革命先烈曾就读于此，并在这里创立了“岑阳学会”，出版了《岑阳月刊》，传播革命思想，进行革命活动。①

---

① 胡志华：《横峰历代书院》，见政协上饶市委员会编：《饶信文化·上饶书院文化专辑》，2017年(内刊)，第74页。

七、弋阳县朱子门人后学创建的书院

弋阳是一个历史悠久的古县，汉献帝建安十五年(210)，析余干县置葛阳县，因县治地处葛水之阳而得名。隋文帝开皇十二年(592)，县治迁于弋江之北，改名弋阳县。朱熹曾到弋阳碧落洞书院讲学。除了著名的叠山书院之外，还有南宋宰相陈康伯创建的保训书院等诸多书院；在元代建有蓝山书院、叠山书院、湖山书院；明代建有九川书院、潭石书院；清代建有葛溪书院、玉峰书院、东壁书院等。①

弋阳县书院一览表

书院名称	时间	创建人	地点
碧落洞天书院	宣和五年(1123)	王十朋	县城碧落山麓
石月书院	宋	余应球	县城石月山
保训书院	隆兴年间(1163—1164)	陈康伯	弋江镇环城路
兰山书院	元初(1275—1294)	张卿弼	县城水南
龙崖书院	元初	冷应凯	
湖山书院	元初(1275—1294)	詹氏	弋阳县清湖乡
叠山书院	皇庆二年(1313)	虞舜臣	弋阳县城
九川书院	宣德二年(1427)	李文信、李文彬兄弟	湾里乡西里村
潭石书院	正统间(1436—1449)	黄溥	朱坑镇潭石村
玉峰书院	康熙间(1662—1722)	顾丁慄	在县城高庙西侧
葛溪书院	乾隆十一年(1746)	陈元麟	葛溪乡皇华亭
东壁书院	道光二十九年(1849)	东乡各都联合创建	港口镇

① 朱火金:《弋阳历代书院》，见政协上饶市委员会编:《饶信文化·上饶书院文化专辑》，2017年(内刊)，第71页。

1. 碧落洞天书院

碧落洞天书院位于弋阳县城碧落山麓，据说由北宋王十朋创办，是弋阳最早的书院。

王十朋(1112—1171)，字龟龄，号梅溪，温州乐清(今浙江省乐清市)人。王十朋状元出身，是南宋著名政治家、诗人，爱国名臣。他立朝刚直，时人称颂为“真御史”。据说朱熹曾到碧落洞天书院讲学。

弋阳建于宋代书院还有石月书院，位于县城石月山，由余应球创办。南宋隆兴年间(1163—1164)，陈康伯创办了保训书院，院址在弋阳县弋江镇的环城路农机局院内，早已废毁。因资料所限，这两所书院鲜为人知晓。

2. 兰山书院

兰山书院由张卿弼创建，地址在弋阳县城水南。

元廷统一江南以后，相当部分南宋儒生不愿出仕，隐居授徒讲学，亦有建书院自处，或受聘于私家学馆。张卿弼，系南宋度宗咸淳四年(1268)进士，宋亡后隐居讲学，虽一度被强起任路学教授，但不久仍弃官归里，聚徒讲学，门人共建兰山书院处之。元至元十七年(1280)，因书院鼎盛而扩建，至顺三年张纯仁重修。

虞集曾为兰山书院作《兰山书院记》：“某闻之，宋之季，有志于为己之学者，病郡县学校以科举进士为业，而时王之制不可废也，别立精舍以讲学焉。敦道义而绝功利，以私淑诸人。盖取睢阳、白鹿书院之遗制而名之。国家初有江南，曾未数年而兰山首有书院，脱余生于锋镝之余，正人心以弦歌之事，盛哉！张君之用心乎！”①

虞集(1272—1348)，字伯生，祖籍四川，宋亡后，侨居抚州崇仁，是元代著名的教育家、文学家。他出身于儒学世家，“三岁即知读书”，后师事吴澄，成为吴澄的弟子，“出则以契家子从吴澄游，授受具有源委。”②

虞集为官后，重视教育，力主兴办学校，尊师重道，以德化天下。作为朱熹的五传弟子，他继承师说，在道统和学统上承袭朱熹的主张，极力尊崇朱子，在《董泽书院记》中，虞集说道：“周、邵、张、程之说，至朱元晦氏而条理发明，以推致其极，则

① 虞集：《道园学古录》卷八《兰山书院记》，《影印文渊阁四库全书》第1207册。

② 宋濂：《元史》卷一八一《虞集传》，中华书局1976年版，第4174页。

天之未丧斯文也。”①通过为学校、书院撰记作文，表述他的理学主张，也表达了对宋元间书院官学化的不满，期待保留宋代书院那种精研义理、互相问难、躬行道德的传统。

3. 明清时期弋阳的书院

明代宣德二年(1427)，弋阳有九川书院，位于湾里乡西里村，由李文信、李文彬兄弟创办。“明正统元年(1436)，大理寺卿李奎政归，重建育英堂、希贤轩、尚志轩。”明代户部尚书萧镃作《九川书院记》②。

弋阳潭石书院，兴建于正统年间(1436—1449)，由御史黄溥创办。潭石书院位于朱坑镇潭石村，书院曾有聚星轩、映雪轩、育德亭等建筑。

清代康熙间(1662—1722)，弋阳有玉峰书院，位于县城高庙西侧，由弋阳知县顾丁慄兴建。

清乾隆十一年(1746)，陈元麟在弋阳县葛溪乡皇华亭创办了葛溪书院，清道光二十九年(1849)，知县陈乔枞将葛溪书院迁到县城东门，并改名为叠山书院。

道光二十九年(1849)，弋阳东乡各都在港口镇联合创建了弋阳东壁书院，东壁书院现为港口小学校舍。

八、广信区朱子门人后学创建的书院

广信区即原上饶县，是一个历史悠久的文化之区。春秋属吴楚之地，秦属余干县，建安初年(196—204)，吴主孙权析余干县东境设置上饶县，属豫章郡。唐代梁载言在《十道志》中记载，因“山郁珍奇，上乘富饶”而得名上饶。《三国志・孙权传》亦记载:“建安十年(205)，权使贺齐讨上饶，分为建平县。”素有“富饶之州”“信美之郡”的美誉。2019 年，撤上饶县，改为广信区。

广信区的朱熹弟子有余大雅、余大猷和陈文蔚等人。

余大雅(1138—1189)，字正叔，南宋上饶县上泸人。淳熙六年(1179)，朱熹任知南康军，在信州铅山观音寺崇寿精舍候命，余大雅前来问学，首次与朱熹相识，成为朱熹弟子。《朱子语类》载:“大雅谒先生于铅山观音寺，纳贽拜谒。先生问所

---

① 虞集:《道园学古录》卷八《董泽书院记》,《影印文渊阁四库全书》第 1207 册，上海古籍出版社 1987 年版，第 127 页。

② 朱火金:《弋阳历代书院》，见《饶信文化・上饶书院文化专辑》,2017 年(内刊)，第 71 页。

学,大雅因质所见。"①朱熹教导他要克服"悬空"之弊,在"吾身日用常行之间"用力,体验圣贤之道。余大雅被朱子的一番教诲深深打动,自此之后,他一直向朱熹问学。余大雅病逝后,朱熹极其悲痛与惋惜,感叹道:"正叔遽至于此,令人痛伤。人生虚浮,朝不保夕,深可警惧。真当勇猛精进,庶几不虚作一世人也。"②

余大雅在上饶积极传播朱子学说,影响了上饶的一批士子。正是由于他的介绍,陈文蔚才决定投身朱熹门下。淳熙十一年(1184),余大雅携陈文蔚同赴武夷,向朱熹问学。陈文蔚的《余正叔墓碣》云:"闻晦翁先生讲道闽中,毅然登门。……弟大猷从其所帅,相继而往。文蔚亦因正叔,拜先生于紫阳书堂。"③并评价余大雅道:"呜呼!公性和粹,公量宏远,孳孳讲学,未见其止,方幸紫阳之业有嗣,而后学之望有归,孰谓遽止于此耶!"④对余大雅极力传承朱子学非常赞赏和敬佩。余大雅于淳熙十六年秋九月离开武夷精舍,冬十一月不幸逝世后,朱熹极其悲痛。《文集》卷五九《答陈才卿》书十六云:"正叔遽至于此,令人痛伤。人生虚浮,朝不保夕,深可警惧。真当勇猛精进,庶几不虚作一世人也。"

余大雅的弟弟余大猷,字方叔,亦从学于朱熹。《朱子语类》中记载了他向朱子求教的情况,如"方叔问'忠恕一理',却似说个'中和'一般"。⑤"方叔问《本义》何专以卜筮为主?"⑥"余正叔谓'无私欲是仁'。方叔曰:'与天地万物为一体是仁。'"⑦

他们在上饶本土建造书院,讲学授徒,传播朱子学术,比较知名的书院有陈文蔚的克斋书院、徐直谅的御书院等。

---

① 黎靖德编,王星贤点校:《朱子语类》卷一一三《训门人一》,中华书局1986年版,第2748页。

② 朱熹撰:《晦庵先生朱文公文集》卷五九《答陈才卿书(十六)》,见朱杰人、严佐之、刘永翔主编:《朱子全书》(修订本)第23册,上海古籍出版社、安徽教育出版社2010年版,第2851页。

③ 陈文蔚:《陈克斋集》卷四《余正叔墓碣》,中华书局1985年版,第72页。

④ 陈文蔚:《陈克斋集》卷四,《祭余正叔》,中华书局1985年版,第68页。

⑤ 黎靖德编,王星贤点校:《朱子语类》卷二七《论语(九)》,中华书局1986年版,第699页。

⑥ 黎靖德编,王星贤点校:《朱子语类》卷六七《易(三)》,中华书局1986年版,第1654页。

⑦ 黎靖德编,王星贤点校:《朱子语类》卷六《性理(三)》,中华书局1986年版,第117页。

广信区书院一览表

书院名称	时间	创建人	地点
克斋书院	嘉定间(1208—1218)	陈文蔚	上饶上泸
御书院	咸淳间(1265—1274)	徐直谅	
桂山书院	隆兴间(1557—1572)	尚德恒	
碧溪书院	乾隆初(1736)	李文耀	
灵山书院	乾隆二十四年(1759)	邹应元	
双桂书院	道光十二年(1832)	铭悳	

1. 陈文蔚与克斋书院

广信区有朱熹晚年得意门生陈文蔚建立的克斋书院。

南宋时期,由于朱熹学术的巨大影响,广信区本地的不少士子前往武夷,归依朱熹门下,陈文蔚就是其中的佼佼者。他深得朱熹理学之精髓,自甘淡泊、克己内省,与余大雅、余大猷、徐元杰等人一道,在广信区以传播朱子学说为己任,并身体力行,以“理”作为立身处世的价值尺度,在田园山丘中体验并践履着理学的精神,使之成为朱子理学传播的重要阵地,推动了当地士子接受朱子学说,信州因而成为著名的理学之乡。

陈文蔚(1153—1239),字才卿,号克斋,南宋上饶县(今为广信区)上泸人,学者称克斋先生,是南宋著名的教育家、散文家和诗人。上泸陈氏是由德安义门陈氏迁徙而来,陈文蔚是普通的农家之子,他在《戊寅老人生旦》中提道:“吾家本是田家子,其先世世居田里。儿因逐食浪飘蓬,欲归无以供甘旨。”①其父陈邦献,字叔举,号竹林居士,以耕读传家,在辛勤耕作的同时,饱读诗书,中年谢场屋,专心课子孙,品行高尚,赢得乡人的爱戴。“居后植竹数千个,自号竹林居士。婆娑丘园,无

① 陈文蔚:《克斋集》卷一五《戊寅老人生旦》,《影印文渊阁四库全书》第1171册,上海古籍出版社1987年版,第112页。

世间念”[①]。其母周氏，自幼也识文断字，素有贤声，为其子取名文蔚，亦寓有文墨生辉之意。

陈文蔚是朱熹的一传弟子，也是朱熹晚年非常得意的门生，人称：“朱子门人在豫章者，虽信多贤士，然未有过先生者也。”[②]亲炙朱子多年，他的很多见解与朱熹相契合。“从学朱子，洙泗渊流，多深造而自得之。著书立言，俱得朱子旨趣。”[③]

陈文蔚自幼从父学，淳熙十一年(1184)，受同乡士子余大雅(正叔)的影响，开始接触朱子学术，并与余大雅一道，前往福建崇安武夷精舍，正式拜师于朱熹门下。他在《克斋集》中详细记载了自己拜师朱熹的经历：“始予与公其生同乡，予自为儿已闻公誉，第未知其有为学之志，暨其壮岁，声气既同，不期自合，遂相与同游于朱夫子之门。甲辰之秋，同往同归。在道一月，切磋讲究，剖心露诚，纤悉无隐。”[④]朱熹见到文蔚，对他厚爱有加，非常欣赏，“朱子见其好读书，每叹以为难得。”[⑤]朱熹教导他们为学要敢于实做，勇于笃行：“大抵为学，须是自家发愤振作，鼓勇做去；直是要到一日须见一日之效，一月须见一月之效。诸公若要做，便从今日做去；不然，便截从今日断，不要务为说话，徒无益也。”[⑥]此后十多年间，陈文蔚通过书信向朱熹问学不断，“与朱子往复书甚多，皆以工夫精进相规切”。在《克斋集》中，还保存有《请问朱先生书》《通晦庵先生书》等问学求教的书信九通，在《通晦庵先生书问大学诚意章》就记载道：“曾以《大学诚意章》请问，蒙尊谕已失其书，谨再录拜呈，乞赐明以见教。文蔚向来未得章句，看于此章，尝以意通之，谓自欺者。”[⑦]朱熹对他循循善诱，悉心开导，师生感情至深。

陈文蔚对朱子思想进行了发挥，他的很多见解得到了朱熹的肯定和称赞，他论《中庸》“戒惧”和“慎独”之见解，以及对《大学》“诚意”说的阐述，甚得朱熹旨趣，深得朱熹赞赏。朱熹注释《仪礼》时，由于陈文蔚不在身旁，不由感慨道“失贤者助

---

① 陈文蔚：《克斋集》卷一二《先君竹林居士圹记》，《影印文渊阁四库全书》第1171册，上海古籍出版社1987年版，第97页。

② 陈文蔚：《陈克斋集》卷首，张伯行《陈克斋集原序》，中华书局1985年版，第1页。

③ 蒋继洙、李树藩等撰：同治十二年《广信府志》卷九《人物·理学》，《中国方志丛书》(华中地方·第106号)，成文出版有限公司1970年影印本，第796页。

④ 陈文蔚：《陈克斋集》卷四《祭余正叔》，中华书局1985年版，第67页。

⑤ 陈文蔚：《陈克斋集》卷首，张伯行《陈克斋集原序》，中华书局1985年版，第1页。

⑥ 黎靖德编，王星贤点校：《朱子语类》卷一一三《训门人一》，中华书局1986年版，第2750页。

⑦ 陈文蔚：《陈克斋集》卷一《通晦庵先生书问大学诚意章》，中华书局1985年版，第8页。

也"。只能与他书信往来,探讨仪礼问题。

淳熙十五年(1188),朱熹以江西提刑的身份入都奏事,停留玉山,讲学于此,陈文蔚前往玉山聆听教诲。《克斋集》记载了这次聆听教诲的情形:"先生辞免,俟旨,宿留玉山道中。忽散其生徒,毅然而至。文蔚时侍先生侧,先生喜其徙义之勇,挈之偕至玉山,留止余月,教诏甚详。"①在朱熹的悉心教诲下,陈文蔚全面接受了朱子学说。庆元元年(1195)四月十八日,他再次向朱熹求教:"文蔚窃自惟念荷先生已十余年,所恨资质凡陋,不能勇于进学以变化气质,有负提耳者甚多。""今若稍从容顺适,自此以后,或可冀其少进,更望先生终教之,文蔚誓当力行以不负大惠。"②

庆元三年(1197)冬和庆元四年春,陈文蔚受聘于朱熹家塾,教其孙儿读书,故得朱子指授最详。"丁巳之冬,戊午之春,招之使来,授业诸孙,因获终岁,侍教谆谆。冬暮告归,拜于席下,期以己未,复到精舍。"③此时正是党禁开始,朱熹遭受打击之际,他不畏强权的品行,受到了后人的赞誉。四库馆臣在《克斋集提要》中评价他是真正的儒者,与后来的依门傍户之人有本质的不同。

庆元六年(1200),朱熹去世后,陈文蔚悲痛万分,亲作《祭朱先生文》:"往省未果,讣告忽临,仰天长号,涕泗满襟。嗟我小子,业犹未卒,天夺老师,云胡甚疾。有信无征,有疑无质,既失依归,莫明统一。……呜呼先生!仪刑永别,念昔暂违,今焉永诀。历历在耳,言犹未绝。薄奠诉情,岂知予切!"④其丧师之痛,悲伤欲绝,难以言表。他在《朱先生叙述》中,对朱熹一生给予了高度的评价,对其教诲终身不忘:"先生气质刚毅,进道勇决,涵泳充养,纯熟深固。文蔚尝窃窥之,虽夙兴夜寐,终日应接,条理益精明,未尝有厌弃事物之意。虽曰禀赋之异,实亦繇学力之充也。以成就后进为己任,登门之士甚众,稍有意趣,百端诱掖,惟恐不至,各随所长,以成德达材,庶几善类浸多,斯道有托。"⑤

陈文蔚在继承朱熹理学思想的基础上,又进行了发挥。其学以求诚为本,以仁

① 陈文蔚:《陈克斋集》卷三《书徐子融遗事寄赵昌甫赵许志铭》,中华书局 1985 年版,第 42 页。
② 陈文蔚:《陈克斋集》卷二《四月十八日拜朱先生书》,中华书局 1985 年版,第 21 页。
③ 陈文蔚:《陈克斋集》卷四《祭朱先生》,中华书局 1985 年版,第 68 页。
④ 陈文蔚:《陈克斋集》卷四《祭朱先生》,中华书局 1985 年版,第 69 页。
⑤ 陈文蔚:《陈克斋集》卷三《朱先生叙述》,中华书局 1985 年版,第 41 页。

义为宗,以学问思辨为反躬力践之地。“其学以求诚为本,以躬行实践为事。”①他发扬了朱子“仁即心”的思想,认为“圣门求学,无非求仁”。② 同时,又对朱子“仁说”有所发挥,在求仁的同时,也注重求心。将求放心作为为学之道的根本,认为求仁归根到底就是求心,这样,“他就把朱子的仁说与象山的本心说结合起来了。”③

陈文蔚主张在博文的同时,又强调约礼。认为朱子的格物穷理,多就自身的心性情上说,他说:“格物工夫,朱子多就心性情说者,盖为察之于身,尤为亲切。吾身万物之理皆备,自一身推之,万物之理莫不皆然。非谓只察之于身,而不复推之于物也。”④他在《祭朱先生文》中,也强调朱子“致知力行,曰无二理。章分句析,其功切己。谁谓博文,而不约礼”⑤。要做到博与约的统一。

陈文蔚十分注重道德教育,认为教育的核心就是明人伦,知礼义。他说:“欲正人心,则莫若崇儒重道,教学明伦,使为士者,知所趋向而明礼义。”⑥强调修身为天下之大本,他说:“盖自天子至于庶人,壹是以修身为本,其本既立,推于国家天下。”⑦

陈文蔚尤其重视力行,认为修身之道关键在于力行。他对朱子所倡导的“博学之,审问之,谨思之,明辨之,笃行之”的“为学之序”,认为笃行、力行“是五者穷理力行之目”。他又说:“学、问、思、辨乃穷理之事。为其穷理,故能力行,修身之道功夫实在于此。盖不穷理则无以知其事之当然,不力行则无以遂其志之决然。虽欲修身,不可得矣。然力行,又以穷理为先。穷理之目有四,而力行则一言而足。盖修身,穷理之功为多,而力行则行其所知而已。”⑧

陈文蔚性格恬淡,安贫乐道,一生以著书讲学为念,并不热衷于科举,“文蔚自

---

① 黄宗羲原著,全祖望补修,陈金生、梁运华点校:《宋元学案》卷六九《沧洲诸儒学案上·迪功陈克斋先生文蔚》,中华书局1986年版,第2320页。

② 陈文蔚:《陈克斋集》卷三《求仁斋记》,中华书局1985年版,第41页。

③ 王伟民:《陈文蔚、徐元杰和会朱陆的倾向》,《江西社会科学》1994年第10期,第73—76页。

④ 陈文蔚:《陈克斋集》卷一《答傅子澄》,中华书局1985年版,第3页。

⑤ 陈文蔚:《陈克斋集》卷四《祭朱先生》,中华书局1985年版,第69页。

⑥ 陈文蔚:《克斋集》卷一〇《铅山西湖群贤堂记》,《影印文渊阁四库全书》第1171册,上海古籍出版社1987年版,第78页。

⑦ 陈文蔚:《陈克斋集》,中华书局1985年版,第51页。

⑧ 陈文蔚:《克斋集》卷七《克斋揭示》,《影印文渊阁四库全书》第1171册,上海古籍出版社1987年版,第50页。

惟蹇钝,科举岂敢有望,但以亲老在堂,不得不勉应之耳。”①为遂父母之意愿,参加过科举,也曾中进士。端平二年(1235),因其所著《尚书类编》有裨于治道,有助于教化,朝廷诏补为迪功郎。但他并没有步入仕途,而是以著述讲学为事,同郡后学张时雨评价文蔚:“隐居丘园,累聘不起,以斯文自任,乡邦尊仰之。”②陈文蔚著有《易本义大旨》《原画》《原辞》《四象数说》《先天图说》《河图洛书说》等。其《克斋集》十七卷为《四库全书》所收录。

陈文蔚潜心学术,聚徒讲学,认为讲学之功,意义巨大。他说:“其大者则取讲学之功、道统之继,辨异端似是之非,发前圣未明之蕴,扶人极,立世教,有功于万世者。”③因此,他归隐田园,一生致力于朱子理学的学习、研究和传播,是朱子去世后最重要的传人之一。他曾先后在饶州州学、信州州学、袁州州学、宜春南轩书院、丰城龙山书院、景德镇双溪书院、庐山白鹿洞书院等处主持讲席,留下了《克斋讲义》《信州州学讲义》《龙山书院讲义》《袁州州学讲义》《南轩书院讲义》等众多讲义,制定了《双溪书院揭示》《克斋揭示》等多所书院的规章教条。

南宋绍定元年(1228),陈文蔚到铅山鹅湖讲学,提出了“为学之道,自当尊敬先生,凡有疑问,皆须诚心听受”的教学主张,以阐述传扬朱学、护卫师门为己任。“所作《州学修礼器记》,亦推尊朱子仪式而损益焉。”④他深得铅山百姓敬仰,绍定三年(1230),铅山知县章谦亨立群贤堂,将陈文蔚从祀其中。其弟子徐元杰作《群贤堂赞》:“世重文蔚,隐于丘园。聚徒讲学,尚论群贤。俯仰鹅湖,追随泗源。只领俎豆,独属吾铅。”⑤

陈文蔚曾居家建克斋讲学,订立了《克斋揭示》这一著名的学规,《克斋揭示》共三条:一、入则孝,出则弟;二、居处恭,执事敬,与人忠;三、博学之,审问之,谨思之,明辨之,笃行之。《克斋揭示》简洁明了,但内涵丰富,集中体现了陈文蔚的教育思想。

第一条:“入则孝,出则弟”。他认为“人之立身,莫先于孝弟,盖孝弟为人之

---

① 陈文蔚:《陈克斋集》,中华书局 1985 年版,第 27 页。

② 陈文蔚:《陈克斋集》卷首《纪述》,中华书局 1985 年版,第 2 页。

③ 陈文蔚:《克斋集》卷一〇《铅山西湖群贤堂记》,《影印文渊阁四库全书》第 1171 册,上海古籍出版社 1987 年版,第 79 页。

④ 陆心源辑撰:《宋史翼》卷二五,中华书局 1991 年版,第 264 页。

⑤ 转引自王立斌,刘东昌:《鹅湖书院》,湖南大学出版社 2013 年版,第 26 页。

本。人所以戴天立地而异于物者，以其亲亲长长而有是良心故也。苟以失其良心，而不孝不弟，则无以为人矣”①。孝悌是人的良心之体现，也是人之所以为人的基本前提。在家能够孝悌，在朝廷就能忠于君主，顺从长官，就可以移孝作忠。他说：“事父孝，故忠可移于君；事兄弟，故顺可移于长；居家理，故治可移于官。”陈文蔚认为：“有父子然后有君臣。父子、君臣，人伦之首。故为人臣子者，事父必以孝，事君必以忠。然则不孝则不能忠。忠孝虽二事，事君之忠实自事父之孝移之耳。……事君不忠，皆源于事父不孝也，忠孝立身之大节，于此二者一有缺焉，则不足以立身。”②因此，孝悌为立身之大节。

第二条：“居处恭，执事敬，与人忠”。认为恭、敬、忠这三个字是修身、应事、待人接物的基本要领。他进而解释道：“人之处世，忠孝固其大节，然不能不应事，不能不接物。临事贵乎不忽，待人贵乎尽己。应事接物各得其道，则于事无失，于物无忤。要之，二者又自修身以始。盖人能修身则大而忠孝皆由此出，而应事、接物特其余耳。故居处恭是所当先，而圣人谓‘是三者，虽之夷狄，不可弃也。’学者岂可以斯须不念哉。”③

第三条：“博学之，审问之，谨思之，明辨之，笃行之”。这五者之中，他最重力行，为学、修身的最终立足点就体现在力行之中。

陈文蔚在宁宗嘉泰四年（1204）前后，入主白鹿洞书院讲席，进一步发明师训，“辨义利”之别，“论求仁”之方，“辞和而字切”，使学子听后，“辄有兴起”，并以此为阵地，将其师朱熹未竟的事业，发扬光大。对此，张伯行在《陈克斋集序》中评价道：“先生杜门养志，屡聘不起，间以诗文自娱。晚年为部使者聘入白鹿洞书院，发明师训，辞和而旨切，学者闻之，辄有所兴起。”④《万姓统谱》称其“著书立言，得其师旨趣，高风雅操，为乡邦所共仰”⑤。陈文蔚去世后，被祀于郡、县乡贤祠，葬于上

---

① 陈文蔚：《克斋集》卷七《克斋揭示》，《影印文渊阁四库全书》第1171册，上海古籍出版社1987年版，第50页。

② 陈文蔚：《克斋集》卷七《克斋揭示》，《影印文渊阁四库全书》第1171册，上海古籍出版社1987年版，第50页。

③ 陈文蔚：《克斋集》卷七《克斋揭示》，《影印文渊阁四库全书》第1171册，上海古籍出版社1987年版，第50页。

④ 陈文蔚：《陈克斋集》，中华书局1985年版，第1页。

⑤ 凌迪知：《万姓统谱》卷一八，上海古籍出版社1994年版，第334页。

饶县五十八都(今黄沙岭乡)。

作为朱熹的晚年得意门生,陈文蔚终生不仕,归隐田园,潜心学术,聚徒讲学,与徐子融、吴伯丰、李敬子等同道之人,勇于求道,致力传道,相互唱和,在广信一带传扬朱子学说,对朱子理学在信州传播起了重要作用。

上饶县状元徐元杰就是他著名的弟子。

2. 徐元杰与御书院

御书院,在广信区煌固镇黄塘村,宋咸淳年间(1265—1274),由徐元杰之子徐直谅奉旨祀父而建。明嘉靖三十八年(1559),上饶知县陈添祥重新修葺。现今残存的御书院,当地百姓俗称“状元府”,也是徐氏宗祠。宗祠的中堂是徐元杰的塑像,石柱上刻有“状元勋业昭千古,吏部文章胜两京”的对联,大门口两个 1 米多高的旗杆石,象征着主人往昔的不凡身份。

徐元杰(1196—1246),字仁伯,号梅野,广信区黄塘村人。他“幼颖悟,诵书日数千言”,陈文蔚讲学鹅湖时,前往拜师求学,成为陈文蔚的弟子,后又师从真德秀,得理学真谛。绍定五年(1232),他参加进士考试,理宗以帝王之学发问,他在对策中写道:“盖民者,国之命脉也;兵者,国之精神也;士大夫者,又国之医师砭剂也。为人上者,当使命脉坚强,精神运动,常致谨夫医师砭剂之用,以为元气调养之方,则立国之势,自隐然有安靖和平之功用矣。”①认为帝王之学,本原在于一心。向理宗提出“固民心”“肃军心”“正士大夫之心”三大正心治国之策。而三策之中又以“正君心”为本。认为欲求帝王之治,当求帝王之道;欲求帝王之道,当求帝王之心。他论述道:“今陛下所慕者,帝王之道;所鉴者,汉唐之言;所取者,祖宗贻谋之善。则其所谓正军民之心者,要莫先于正士大夫之心,而其所以正士大夫之心者,又不过先正陛下之心而已。”②这篇策论,深深地打动了理宗,被理宗钦定为状元,成为上饶县唯一的状元。

淳祐元年(1241),徐元杰差知南剑州(今福建南平),虽然政务冗繁,但他每月都要亲赴延平书院讲学答问,劝诱子弟。对乡民的诉讼,他多宣讲义理,启迪乡民,化解纠纷。徐元杰为官正直,以“直声闻于朝”。淳祐四年,宰相史嵩之丁父忧,有

---

① 邓洪波、龚抗云编著:《中国状元殿试卷大全》(上册),上海教育出版社 2006 年版,第 310 页。

② 邓洪波、龚抗云编著:《中国状元殿试卷大全》(上册),上海教育出版社 2006 年版,第 312 页。

诏复起，他上书反对，认为不合礼制，请求“陛下爱惜民彝，为大臣爱惜名节”，理宗迫于徐元杰的忠诚与胆识，最终取消了史嵩之起复之命。淳祐五年(1245)徐元杰为太常少卿，兼国子祭酒，权中书舍人。

徐元杰以社稷为重，欲“挽狂澜于既倒，扶大厦之将倾”，常置生死于度外，体现了古代士大夫的家国情怀，他与杜范、刘汉弼被誉为“淳祐三贤”。因得罪权相史嵩之，淳祐六年(1246)六月初一，以暴疾而亡，传说为史嵩之下毒。被赐谥“忠愍”。有《梅野集》十二卷传世。

徐元杰在学说上继承了其师陈文蔚“求心”“求仁”的思想。他说：“盖求道莫切于求心，求心莫切于求仁。仁为心之全德。故曰仁，人心也。合而言之，道也。”①求心也就是求道，认为“学有得于心，故悦，此是心与道一”。同时，他主张学习不仅要通过书本，更要在事物上体验，“大凡善学，非但读书也，动息于事物上体验。先凝固吾之道体，而后于应酬处靖夷此心。”②主张为学要“先立其大者”，先要明晓自己本然之善，能体认自己的善性，就可以心胸豁然，不为外物所扰。这些观点，类似于象山“发明本心”的工夫论，在尊德性与道问学的先后问题上，主张以尊德性为先，偏向于陆学主张。

他还别出心裁，在博文与约礼的关系上，不再把博文当成约礼的条件，而是把博文与约礼分开，将其视为各自平行独立的两件事。他说：“博文者，致知格物之学；约礼者，克己复礼之仁也。”③“这就解决了在博文约礼、道问学与尊德性关系上喋喋不休的争论。”④

徐元杰死后，其子徐直谅在理宗咸淳年间，奉理宗皇帝之旨在故居黄塘创建“御书院”以纪念其父。因是受到皇帝御批而建的书院，所以称御书院，当地百姓称“状元府”。嘉靖三十八年(1559)，上饶知县陈添祥重加修葺，王宗沐为之作记。后又几度修整，现只残存御书院遗址。

---

① 徐元杰：《梅野集》卷一《经筵讲义》，《影印文渊阁四库全书》第1181册，上海古籍出版社1987年版，第602页。

② 徐元杰：《梅野集》卷九《回何宰札》，《影印文渊阁四库全书》第1181册，上海古籍出版社1987年版，第742页。

③ 徐元杰：《梅野集》卷一《经筵讲义》，《影印文渊阁四库全书》第1181册，上海古籍出版社1987年版，第606页。

④ 王伟民：《陈文蔚、徐元杰和会朱陆的倾向》，《江西社会科学》1994年第10期，第73—76页。

3. 碧溪书院

乾隆十八年(1753),上饶知县李文耀在上饶县铁山乡兴办。因书院所在地有条河流名叫碧溪,故名“碧溪书院”。碧溪书院以明代建立的万寿宫为院址。

铁山万寿宫兴建于明永乐五年(1407),位于中街,坐东朝西,规模宏大。碧溪书院就借用万寿宫内闲置的厢房改作书院,并在万寿宫后增建孔子殿。改进后的碧溪书院占地面积 2 亩,有书房 12 间,小花园 1 个,讲学台 1 个,大门上有青石板刻制的“碧溪书院”四个行书大字,万寿宫和孔子殿内有横匾 20 多块,记事碑文 2 块,书院后建钟楼 1 座,内有千斤重铜铸大钟 1 口。小花园为四方造型,四周二尺宽水沟环绕,四角和正中圆形花坛种有花木,其余地面鹅卵石砌有飞禽走兽图案。

碧溪书院成为铁山方圆 47 平方公里子弟求学场所。上饶旧时流传着“上饶三个半书院”的说法,三个书院指的是信江书院、鹅湖书院、叠山书院;半个书院就是指碧溪书院。可见“碧溪书院”曾在上饶地区有一定名气。1932 年 9 月,方志敏、邵式平、黄道带领红军途经铁山时,曾在碧溪书院驻扎数日。新中国成立后,碧溪书院改名为铁山小学。

九、信州区的古书院

信州区为上饶市主城区,是中共上饶市委、市政府驻地。唐肃宗上元元年(760),为防范“安史之乱”的南侵,江淮转运使元载上奏朝廷:“(上饶)川原夐远,关防襟带,宜置州制。可赐名信州,以信美所称,为郡之名。”因此,设有信州。明洪武三年(1370),信州路改称广信府。2000 年撤销县级上饶市,改称信州区。

信州区有影响的古书院,有南宋辛弃疾创建的稼轩书院、明代理学大师娄谅讲学的芸阁、夏言创建的闻讲书院、清代的信江书院被称为上饶四大书院之一。

信州区书院一览表

书院名称	创建时间	创建人	地点
稼轩书院	淳熙八年(1181)	辛弃疾	上饶带湖
叠山书院	景泰四年(1453)	姚堂	

续表

书院名称	创建时间	创建人	地点
芸阁	景泰四年(1453)	娄谅	上饶信州区水南街
闻讲书院	嘉靖间(1522—1566)	夏言	
桂山书院	隆兴间(1557—1572)	尚德恒	
灵山书院	乾隆十八至二十年间(1753—1755)	李文耀	信州区全龙岗,今上饶茶厂内
信江书院	康熙三十六年(1697)	张国祯	
双桂书院	道光十二年(1832)	铭惠	

1. 辛弃疾与稼轩书院

南宋孝宗淳熙九年(1182),辛弃疾在上饶带湖将自己的书斋,命名"稼轩书院"。稼轩书院曾经历几度兴废和迁移,经历了多次更名:从稼轩书院到瓢泉书院再到广信书院,元代泰定五年(1328)又以稼轩书院终结在历史的长河中,前后存续近150年。

辛弃疾南渡之后,淳熙八年(1181)春,在江西安抚使任内,选定上饶营建带湖新居。洪迈曾为之作《稼轩记》。是年冬,辛弃疾被谏官王蔺弹劾落职,于是扶妻挈子来到带湖,决意"便此地、结吾庐,待学渊明,更手种、门前五柳",开始了他11年的闲居生涯,直到1192年被再度起用为福建提刑。

带湖原为上饶城北丘陵地带天然形成的一狭长无名湖泊,辛弃疾因其"前枕澄湖如宝带"而命之曰"带湖"。辛弃疾爱其山水,在此建造带湖新居,"筑室百楹,集山有楼,婆娑有堂,信步有亭,涤砚有渚",成为亭台楼阁俱备、非常阔绰的建筑群,而且是"以青径款竹扉,锦路行海棠"。他的好友陈亮以"甚宏丽"三字称赞辛弃疾的带湖新居。1181年秋冬之际,朱熹途经上饶,潜入去看时,不由发出"以为耳目所未曾睹"的感叹。

辛弃疾以"人生在勤,当以力田为先",将其新居命名为"稼轩",从此自号"稼轩居士"。稼轩书院是辛弃疾用来读书、写作的书斋,并非专门的教育机构。从1181年至1196年,辛弃疾隐居于此,经常与友人燕会唱和,作诗填词,写下数百首脍炙人口的不朽词作。如他的《水调歌头·盟鸥》:“带湖吾甚爱,千丈翠奁开。先生杖屦无事,一日走千回。凡我同盟鸥鹭,今日既盟之后,来往莫相猜。”

宏丽的带湖新居,可惜在南宋庆元二年(1196)春,被一场大火化为灰烬。稼轩书院也未能逃避厄运,在这场大火中化为瓦砾。稼轩遭火后,辛弃疾迁居铅山瓢泉,稼轩书院也是空寂一片。1222 年在遗址上建广信书院,25 年之后,又改为稼轩书院。

据元初信州教授戴表元《剡源集》中《稼轩书院兴造记》一文所载:“然稼轩之居,未久芜荒,辛氏亦不能有之。”辛弃疾去世后,信州太守浙江会稽人唐震得知书院故址被豪门侵占,于是在度宗咸淳十年(1274)重新修复,创筑精舍,扩增门台,招授生徒,聘请鄱阳人李阳雷主持书院教学,将书院命名为广信书院。“堂、寝、斋、门、台诸役成。而匾其额曰‘广信书院’。甲戌(1274)岁春也。书院成之二十五年,是为大德二年戊戌(1298),官改广信书院额曰稼轩。”

广信书院建成 25 年之后,是为大德二年(1298)春,元政府尊重辛弃疾的为人气概,欣赏辛词的豪迈,重新将“广信书院”改回“稼轩书院”,并对书院进行了修复,“房舍 200 楹,浮瓦铺缀,风雨不侵,迄成坚厦,讲庐斋庖,储仓膳房。”修复后的稼轩书院“布局由南而北依次为,祠:道学儒先祠,亦谓孔庙,用于祭祀;堂:宿舍,生员住宿的地方;庑:讲堂周围的房屋,主要作山长、教授、主讲居住之用;厨:膳房,用餐之处;台:高而平的建筑物,供眺望或游观的亭榭楼阁。书院西面建有山门,亦称都门,门匾上刻有书院之名;华表为石造大柱,柱身雕有蟠龙等纹饰,上为云板和蹲兽。”①通过这次修复,书院规模空前,成为信州的知名书院。

礼聘新安赵然明为书院山长,书院管理井然有序,深得学子们的爱戴和称赞。大德三年(1299),广信书院曾刊印十二卷本《稼轩长短句》,在该书卷后留有“大德己亥中吕月刊毕于广信书院。后学孙粹然,同职张公俊”两行文字。

当时,“信州辖上饶、玉山、弋阳、铅山、贵溪、永丰 6 县,稼轩书院晨诵暮习、潜心求知的莘莘学子,基本上都是从信州各地选拔出来的优秀学子。稼轩书院历任

---

① 李祖光:《稼轩书院遗址考略》,见政协上饶市委员会编:《饶信文化·上饶书院文化专辑》,2017 年(内刊),第 103 页。

山长、教授、主讲等,或是享誉四方的教育名家,或是名重一时的饱学之士。”①

元至元年(1321),程端礼任稼轩书院山长。程端礼(1271—1345),字敬叔,号畏斋,浙江鄞县人,元代著名理学家、教育家。历任建平、建德县教谕,稼轩书院、江东书院山长,铅山州学教谕等职。

程端礼从宋隐士、著名学者史蒙卿处传习朱熹理学,“以传朱氏明体达用之指,学者及门甚众”。《宋元学案》卷八七《静清学案·教授程畏斋先生端礼》亦载:“程端礼,字敬叔,鄞县人。学者称畏斋先生。初用举者为建平、建德两县教谕,历稼轩、江东两书院山长。累考授铅山州学教谕,以台州教授致仕。”②程端礼任稼轩书院山长应在延祐(1314—1320)、至治(1321—1323)之间。据《畏斋集》称:程端礼任稼轩书院山长时,曾以“前贤遗迹多为人所据,悉按其籍夺而归之”。程端礼尊崇朱学,服膺朱熹“为学之道,莫先于穷理,穷理之要必在于读书,读书之法莫贵于循序而致精,而致精之本则又在于居敬而持志”的观点,总结了一套博大精深的读书法。他的书院讲学,“使朱子复生,身登其门,耳闻其诲”。他认为学校最重要的是制订好教学计划,让学生有步骤、有计划地学习。按照朱熹的《朱子读书法》原则,详加剖析,规定日程次第,编写了《程氏家塾读书分年日程》。根据青少年的年龄特征和知识水平,由浅入深,从简到难,循序渐进地安排了教学内容,解决自学前至青少年时期不同年龄段的学生应该读什么书和怎么读书的问题,规定读书的次序,程氏认为:8 岁之前,先读《性理字训》,并以朱熹《童蒙须知》贴于墙上,每日于饭后记诵一段;8 岁入学之后,依次读《小学》《大学》《论语》《孟子》《中庸》《易》《书》《诗》《三礼》《春秋》经并三传;15 岁之后,读《四书集注》,并依次看《通鉴》《辞》。其目的就是培养“经之无不治,理之无不明,治道之无不通,制度之无不考,古今之无不知,文词之无不达。得诸身心者,无不可推而为天下国家之用”的人才。到了 15 岁,应当让他们明确自己的志向。“为学以道为志,为人以圣为志。”稼轩书院在程端礼的指导下,“对教学课程计划,从教育目标、学习年限、课程书目、读书次数等,都做了详尽的安排,集中体现了程端礼读书育人思想的准则,为元代书院教

① 李祖光:《稼轩书院遗址考略》,见政协上饶市委员会编:《饶信文化·上饶书院文化专辑》,2017 年(内刊),第 103 页。

② 黄宗羲原著,全祖望补修,陈金生、梁运华点校:《宋元学案》卷八七《静清学案》,中华书局 1986 年版,第 2913 页。

育做出了贡献。”①

程端礼开列了学生读书的详尽目录和指导学生如何读书的基本方法。“创造性制定了分年教学计划,系统而具体地阐述了读书学习的内容及其进程的要求和规定,规定了各阶段的课程设置及学生所要达到的标准和要求,从而使教学有了明晰、具体和详细的规范可循,这在中国教学思想史上是第一次。”②《程氏家塾读书分年日程》后由国子监颁示郡邑学校并被广泛传播,对元代及后世的书院教育产生了很大影响。

带湖稼轩失火后,辛弃疾举家迁居铅山期思渡瓜山脚下的瓢泉新居。“在瓢泉过着游山逛水、饮酒赋诗、闲云野鹤的村居生活。”写下了大量描写瓢泉四时风光、世情民俗、遣兴抒怀的诗词。

庆元三年(1197)春,辛弃疾在瓢泉也创办了书院,又称期思书堂。据《铅山县志》载:“庆元三年,春,复建书院,题‘瓢泉书院’,躬亲授业,著《瓢泉秋月课稿》。”江汝璧在《广信府志》卷一二记载:“稼轩书院在期思渡,乃宋秘阁修撰稼轩先生寓居,旧名瓢泉书院,后毁于火。”期思书堂应该是家塾,辛弃疾为了培养后辈子女而设立的书院,并亲自授课,专门写下了讲课稿——《瓢泉秋月课稿》,用来教授弟子。瓢泉书院环境优雅,周围有瓢泉、秋水观、停云堂、长廊、竹径、池塘、瓜山等景点。

与辛弃疾同时代的诗人韩淲在《午睡期思书堂》诗词中写到了期思书堂:“所谓伊人天一方,园林新好寄东窗。八表濛濛忽时雨,不知平陆已成江。”“这是一首辛弃疾去世后,韩淲到瓢泉期思书堂怀念稼轩之作。也证明辛弃疾在世时确实有期思书堂。另一证明,在稼轩的遗著中有《瓢泉秋课月稿》,应该是教材类的著作,但可惜佚失了。”③瓢泉书院后来毁于兵乱。

2. 娄谅的芸阁

娄谅(1422—1491),字克贞,号一斋,江西上饶人。娄家被称为“五侯上客,一

① 王金平、邬小辉主编:《江右书院行之轶文》,江西美术出版社 2015 年版,第 156 页。

② 王金平、邬小辉主编:《江右书院行之轶文》,江西美术出版社 2015 年版,第 184 页。

③ 汲军:《期思及黄沙书堂考略》,见政协上饶市委员会编:《饶信文化·上饶书院文化专辑》,2017 年(内刊),第 128 页。

代儒宗”①。娄谅师从吴与弼，与胡居仁等人创立“余干之学”这一学派，堪称明代理学宗师。青年王阳明曾问学于娄谅，得其“圣人可学而至”的启迪及程朱的格物之学，开示了王阳明的为学方向，是阳明心学的“启明”和“发端”，故而黄宗羲在《明儒学案》明言：“则姚江之学，先生（按：娄谅）为发端也。”②被誉为名儒高足，心学前驱。

娄谅“幼有异质，弱冠慨然有志于道”③。自小博览群书，笃志“圣学”，他“以道自期，乃所愿学，必曰仲尼”。④ 尝求师于四方，但认为“率举子学，非身心学”。后来听闻康斋先生吴与弼倡道小陂，讲学崇仁，于是，在正统十三年（1448），26 岁的娄谅，师从于 56 岁的吴与弼门下。

娄谅初到崇仁，吴与弼一见而喜曰：“学者须带性气。老夫聪明性紧，贤友也聪明性紧。”⑤娄谅本是豪迈之士，不屑细务，吴与弼有的放矢，教导他做好下学之功，躬行践履。一日，吴与弼与门人一道耕地，召娄谅前去，边挥锄边对娄谅说：“学者须亲细务。”娄谅当即领悟，“由是折节向学，在书馆，虽扫除之事必躬自为之，不责备家童”⑥。娄谅得吴与弼之真传，成为其最得意的入室弟子。“凡康斋不以语门人者，于先生无所不尽”⑦。自此以后，娄谅往来师门十有余年，经数年潜心修炼，渐渐进入“心身之学”佳境，“濂洛关闽，以羽以翼，先生如此，沉潜有年，寥寥绝学，卒以言传”⑧。

天顺八年（1464），娄谅中乙榜，授成都府学训导，时年 42 岁。他携抄本《朱子

---

① 廖焕水、何弋华：《打造理学圣城 重现文脉风采———关于开发上饶理学（书院）文化的思考》，《上饶师范学院学报》，2016 年第 5 期，第 9—13 页。

② 黄宗羲著，沈芝盈点校：《明儒学案》卷二《崇仁学案二 · 教谕娄一斋先生谅》，中华书局 2008 年版，第 44 页。

③ 夏尚朴：《东岩集》卷五《娄一斋先生行实》，《影印文渊阁四库全书》第 1271 册，上海古籍出版社 1987 年版，第 41 页。

④ 夏尚朴：《东岩集》卷六《祭娄一斋先生文》，《影印文渊阁四库全书》第 1271 册，上海古籍出版社 1987 年版，第 52 页。

⑤ 夏尚朴：《东岩集》卷五《娄一斋先生行实》，《影印文渊阁四库全书》第 1271 册，上海古籍出版社 1987 年版，第 41 页。

⑥ 夏尚朴：《东岩集》卷一《语录》，《影印文渊阁四库全书》第 1271 册，上海古籍出版社 1987 年版，第 9 页。

⑦ 黄宗羲：《明儒学案》卷二《崇仁学案二 · 教谕娄一斋先生谅》，中华书局 2008 年版，第 43 页。

⑧ 夏尚朴：《东岩集》卷六《祭娄一斋先生文》，《影印文渊阁四库全书》第 1271 册，上海古籍出版社 1987 年版，第 52 页。

语录》赴任成都，以便舟中翻阅，谓："吾道尽在此矣。"[①]但到任两月后，即谢病而归。归家之后，与弟莲塘先生娄谦整日以读书讲学为事。

娄谅居家讲学之处为芸阁。景泰七年(1456)冬，胡居仁陪恩师吴与弼前往福建，曾到访芸阁，在此与娄谅"极论累日"。16年之后第二次到访，胡居仁应娄谅之请为之作《芸阁记》，称："上饶娄君克贞，予同门友。所居东有重屋，为燕朋讲学之所。每遇有学之士，则延于其间，相与讨论。景泰癸酉冬，吾康斋先生尝登焉，因书'芸阁'二字以贻之。"[②]"芸阁"二字是其师吴与弼所题，芸阁应该建在1453年之前。

由于娄谅的学问享誉四方，"声闻已著，前后郡守皆知其贤"，且"德学日充，辉光宣著，天下闻风"[③]，前来求学的人络绎不绝。娄谅讲学"议论慷慨，善开发人，听者忘倦。贤士大夫有道信者，必造其庐请教，至有终日不忍去者"。[④]

弘治二年(1489)，王阳明送新婚的夫人诸氏从南昌归浙江余姚，舟至广信，专程拜谒了68岁的娄谅，并从之问学。《明史・王守仁传》对此记载极为简洁："年十七，谒上饶娄谅，与论朱子格物大指。还家，日端坐，讲读五经，不苟言笑。"[⑤]王阳明《年谱》亦载："是年先生始慕圣学。先生以诸夫人归，舟至广信，谒娄一斋谅，语宋儒格物之学，谓'圣人必可学而至'，遂深契之。"[⑥]这次问学，娄谅向王阳明传授了程、朱的格物致知之学，但最大的收获是得到了"圣人必可学而至"的启迪，开始有志于圣贤之学。"娄谅告诉王阳明，任何人都可以通过做学问成为圣人，这又燃起了阳明少年时代就有志于通过做学问成为圣人的热情"[⑦]，对青年王阳明的影响很大。正是由于娄谅的引导，王阳明才开始走上了追求圣贤之路。"如果没有和

---

① 夏尚朴：《东岩集》卷五《娄一斋先生行实》，《影印文渊阁四库全书》第1271册，上海古籍出版社1987年版，第41页。

② 胡居仁撰，冯会明点校：《胡居仁文集》，江西人民出版社2013年版，第187页。

③ 夏尚朴：《东岩集》卷六《祭娄一斋先生文》，《影印文渊阁四库全书》第1271册，上海古籍出版社1987年版，第52页。

④ 夏尚朴：《东岩集》卷五《娄一斋先生行实》，《影印文渊阁四库全书》第1271册，上海古籍出版社1987年版，第42页。

⑤ 张廷玉等撰：《明史》卷一九五《王守仁传》，中华书局1974年版，第5168页。

⑥ 吴光等编校：《王阳明全集》(新编本)，浙江古籍出版社2011年版，第1228页。

⑦ (日)冈田武彦著，钱明审校，杨田译：《王阳明大传：知行合一的心学智慧》，重庆出版社2015年版，第101页。

娄谅的这次会面，王阳明不会笃志于圣学，也不会开创明代儒学的新篇章。"[①]因此，黄宗羲在《明儒学案》中明言："则姚江之学，先生为发端也。"[②]认为王阳明的心学发端于娄谅，至少是受娄谅的启发。

娄谅不仅"启发了青年王阳明的为圣之学的路向"，且指明了"实现这一终极目标的具体路径，即是肯定了通过朱子格物穷理之学可以'学为圣人'"。[③] 王阳明于是沿着娄谅指引的方向，"遍求考亭遗书读之"。因此，李绂也说："阳明昔志道，娄公启先鞭。"[④]

娄谅去世后，广信府学教授余元默祭之以文曰："先生以刚毅之质，受业康斋之门，明正学，迪正道，为世鸿儒，非惟门生子姓恪遵其教，凡有官于此土者，亦皆有所惮而不敢为恶，是诚大有功于名教也。"[⑤]对娄谅一生作出中肯的评价。明代内阁首辅费宏在《一斋公像赞》中亦赞誉娄谅："师承康斋，道接朱程，阐发春秋，删订曲经，扶翼圣教，灿若日星。"[⑥]

深得娄谅器重的门生潘润，也得到娄谅主敬的真传，娄谅教导潘润主敬工夫要从日常的容貌言行开始，他说："致礼以治躬，外貌斯须不庄不敬，而慢易之心入之矣。致乐以治心，中心斯须不和不乐，而鄙诈之心入之矣。此礼乐之本，身心之学也。"[⑦]在娄谅的教诲下，潘润言动举止，率循矩度，而胸次坦然无纤芥可疑，望之者皆知其为君子。

娄谅有二子，长子娄性，次子娄忱，均为当时名儒。娄性，字原善，号野亭，成化十七年（1481）进士，历任南京吏部考功司郎中、南京太仆寺卿等职。后又主持白鹿洞书院、鹅湖书院。弘治十一年（1498）应提学苏癸之聘，主持白鹿洞书院事。四方

---

① （日）冈田武彦著，钱明审校，杨田译：《王阳明大传：知行合一的心学智慧》，重庆出版社 2015 年版，第 101 页。

② 黄宗羲著，沈芝盈点校：《明儒学案》卷二《崇仁学案二·教谕娄一斋先生谅》，中华书局 2008 年版，第 44 页。

③ 顾鸿安：《阳明学及其传播》，浙江大学出版社 2015 年版，第 168 页。

④ 李绂：《过宸濠故居吊娄妃》，《杏阪娄氏宗谱》卷二。

⑤ 夏尚朴：《东岩集》卷五《娄一斋先生行实》，《影印文渊阁四库全书》第 1271 册，上海古籍出版社 1987 年版，第 42 页。

⑥ 费宏：《一斋公像赞》，《杏阪娄氏宗谱》卷一。

⑦ 夏尚朴：《东岩集》卷五《教谕潘德夫墓志铭》，《影印文渊阁四库全书》第 1271 册，上海古籍出版社 1987 年版，第 46 页。

闻风而至白鹿者甚众,多达500余人,以至院舍不能容,而借住附近乡间民房。这是白鹿洞书院生徒人数的最高纪录。他承续家学,遵从父亲遗愿,仿《贞观政要》,编著《皇明政要》二十卷。

娄忱,字诚善,号冰溪,"卧读高楼十年,足不下楼",人称"楼上先生"。他饱读经史,从游者甚众。"绍父一斋先生薪传,宗朱子学,往来师门者多杰士。"①

3. 灵山书院

灵山书院,位于信州区的金龙岗,今上饶茶厂内,由知县李文耀创建。书院坐北朝南,与信江书院遥遥相望。据清同治九年《上饶县志》记载,该书院在"县学宫左偏,乾隆初知县李文耀建,为义学"。李文耀任上饶县知县的时间为乾隆十八年至二十年(1753—1755),因此,灵山书院兴办于1753—1755年,距今已有260余年历史。灵山书院建成后,受到了官方的重视,多次进行了修缮和扩建。乾隆二十四年(1759),知县邹应元为了办好灵山书院,将天台庵田71亩拨作学田,每年可收谷53担6斗,另外有地4亩5分,可征地租钱83381文,还在令富裕商家进行捐款,使书院的办学经费得到效保障。

道光九年(1829),知县石家绍又在书院原址上进行重建。重建的灵山书院为重檐歇山顶,"设有亭、台、轩、阁,完全是属于清代的园林建筑风格,颇为壮观。"随着清末新政,各地废科举、兴学堂,灵山书院在光绪二十八年(1902)改为上饶县高等小学堂。这也是上饶市最早的一所小学。"②

十、铅山县朱子门人后学兴建的书院

铅山是一个千年古县,建县于南唐保大十一年(953),县治在今永平镇。因永平镇西2公里处有山名为铅山,遂以山为县名,隶属信州管辖。元至元二十九年(1292)升铅山县为铅山州,隶浙江行中书省。铅山是个人杰地灵、物华天宝的文化之乡,有"隔河两宰相,百里三状元,一门九进士"的美誉,铅山文教的繁盛,朱熹有过化之功。朱熹每次从武夷往返信州,铅山是必经之地。

铅山的徐昭然就是朱熹的知名弟子。

---

① 徐楷:《冰溪娄先生祠记》,《杏阪娄氏宗谱》卷二。

② 汪增讨:《灵山书院考略》,见政协上饶市委员会编:《饶信文化·上饶书院文化专辑》,2017年(内刊),第143页。

徐昭然，字子融，号潜斋，上饶铅山人。徐昭然为人志气刚决，早年出游方外，喜好佛、老之学。后在当地讲学授徒，颇有声名。他言谈奇诡，不落俗套，特立独行，每次夜访陈文蔚，总要随身携带灯剑杖笠，灯名曰“访贤灯”，剑名为“斩奸剑”。

淳熙十五年（1188）三月，徐昭然首次问学于朱熹。当时，朱熹被任命为江西提刑，由福建启程入都城临安奏事，十八日，道经铅山永平，徐昭然前来向朱熹问学。两人初次见面，言语不合，徐昭然拂袖而去，闹了个不欢而散。但当徐照然冷静之后，仔细回味朱熹所讲的话，幡然感悟，于是遣散生徒，在铅山至玉山的古道上肃立，恭恭敬敬地以弟子之礼迎候朱熹，恭随朱熹到玉山，受教一个多月才离去。“未见先生，有静坐之课，既见先生，闻主一之论，益加粹密。”①朱熹对徐子融的教诲开导，是从转变其性格入手。朱熹对徐子融的人品和学说还是非常赏识的，认为他老成有守，志趣操守非他人所及。他说：“子融志趣操守非他人所及。但苦从初心不向里，故虽稠人广坐，闭目合眼，而实有衿能异众之心。非不读书讲义，而未尝潜心默究，剖析精微，但据一时所见粗浅意思，便立议论。”②要求他“果然向里思量，分别详细”。朱熹对徐昭然的学问品行很是欣赏，甚至想请他来教育其儿孙们。他在给蔡季通的信中说：“铅山徐子融，老成有守。尝作《小学》。欲延之家塾，为诸子师范。”③可见，徐昭然在朱熹心中的分量不轻。

嘉定元年（1208）前后，徐昭然在朱熹、吕祖谦和陆九渊、陆九龄四贤论辩的鹅湖寺旁，首设“四贤像”，同时“斩艾蓬蒿”，修葺茅屋，创立鹅湖精舍，聚徒讲学，传播朱子学说和儒家思想，这是鹅湖书院讲学的开始。清代学者张瑞槎有诗云：“从之游者徐子融，斩艾蓬蒿葺茅屋。”清光绪《铅山乡土志》亦载：“徐昭然，从朱子于鹅湖讲学。”20 年之后，陈文蔚也来到鹅湖，鹅湖讲学由此而兴盛。

朱熹门生弟子及其后学的讲学活动，推动了铅山文化教育的发展，使铅山成为上饶的文教重地。自宋至明清县境各地都建有书院，北宋时期，刘辉在陈坊最早建书院，其后赵士礽在永平建书院。著名的有鹅湖书院、瓢泉书院、石塘六斋书院、石

① 陈文蔚：《陈克斋集》卷三《书徐子融遗事寄赵昌甫赵许志铭》，中华书局 1985 年版，第 42 页。

② 朱熹：《晦庵先生朱文公文集》卷五八《答徐子融》，见朱杰人、严佐之、刘永翔主编：《朱子全书》（修订本）第 23 册，上海古籍出版社、安徽教育出版社 2010 年版，第 2766 页。

③ 黄宗羲原著，全祖望补修，陈金生、梁运华点校：《宋元学案》卷六九《沧洲诸儒学案上》，中华书局 1986 年版，第 2317 页。

塘隆教书院、章岩文公书院、东冈书院、景行书院、含珠书院、河口韩家书院，等等。

铅山县书院一览表

书院名称	创建时间	创建人	地点
瓢泉书院	庆元三年(1197)	辛弃疾	铅山瓢泉
鹅湖书院	淳祐十年(1250)	蔡抗	铅山鹅湖
含珠书院	正统十年(1445)	费应麒	铅山横林含珠山
东冈书院	成化间(1465—1487)	费瑄	铅山石垅
怀仁书院	万历年间(1573—1620)	袁九皋	
景行书院	万历年间(1573—1620)	费元禄	铅山永平

1. 费氏与含珠书院

铅山含珠书院，又称含珠山讲所，正德年间由费宏创办。含珠书院坐落在铅山县河口镇横林村南一处林木幽静的山坡上，院域面积广阔，既有天然胜景，又有人工建造的楼阁、亭榭等建筑，一年四季花香不断、香溢书院。

含珠书院的创建发展与铅山费氏家族紧密相联，是一所家族式书院。从费应麒在此开设私塾之始，费氏子孙就在此接受教育，受其滋养，成才后也对书院进行扩建和改造。据《铅山县志》和《鹅湖费氏族谱》记载，横林费氏耕读传家，辛勤创业，农商并举、以商致富。至四世祖费应麟经商福建，发家致富后重视教育，“惟置书籍数笥而归以教子孙”，为了振兴门楣，谱写家范，费氏十分重视子孙后代的培养，“以诗礼衣冠振厥宗”。1445 年前后，费应麒在含珠山创办含珠私塾，作为启蒙性质的学校，教授家族子弟读书。

正是由于对教育的重视，费应麒的 5 个儿子，全部荣登科榜，在铅山流传着费氏“五子登科”的佳话，且文风代传，使得费氏家族科甲连芳，涌现了一批科举精英，有状元 1 人，探花 1 人，进士 6 人，举人 18 人；更有叔侄四人同榜、兄弟四人同科的佳绩，多次出现叔侄、兄弟同榜题名的佳话，真可谓“叔状元侄探花连登甲第，兄宰相弟尚书并作名臣”。

横林费氏家族因科举功名之盛、仕宦人员之众，被称为明代“冠盖里”。含珠书院就成为隔河两宰相的孕育之地。

明成化二十三年(1487)，费应麒之孙，年仅20岁的费宏参加进士考试，高中状元。

费宏(1468—1535)，字子充，号健斋，晚年自号“湖东野老”。他3次入阁辅政，2次成为首辅，是明代中期杰出的政治家。

费宏是一代神童，是“连中三元”的明代“学霸”。他自幼聪慧好学，13岁时参加信州府童子试，名列第一，是为“文元”；16岁又中江西乡试第一名，是为“解元”，20岁再中殿试第一，是为“状元”，也是明代最年轻的状元。费宏步入官场后，仕途跌宕起伏、惊心动魄，他历仕明宪宗、孝宗、武宗、世宗四朝，任官长达48年，3次入阁辅政，二度担任首辅，两次还被迫致仕。《明史》评价他“持重识大体，明习国家故事”。且为政“易以宽和，朝士皆慕乐之”，给予了高度评价。

明武宗正德五年(1510)，费宏因反对宁王朱宸濠图谋不轨，恢复原有护卫，而被宁王及其爪牙钱宁等构陷，费宏奉旨致仕，回归故里。回到家乡后，他出资扩建含珠书院，增设房屋16间，开馆授业，培育本族生童及四乡八邻的子弟。书院还聘请娄谅这样的理学大师授课，一时使含珠书院名声大振。嘉靖八年(1529)，费宏对含珠书院再次扩建，亲自题匾“含珠书院”，并题诗一首：“身在蓬莱绝顶还，旧游乘兴更跻攀。追寻岁月遽如许，深觉尘劳不似闲。”

费氏含珠书院家学渊源深厚，父子、叔侄、兄弟互为师友，相互激励，传承着优良的学风，培育了一批批人才。

明万历年间，费氏第八代精英费尧年在当时县城永平镇内创办了一所景行书院，惠及乡里。他去世后，其长子费元禄遵照父亲遗命，重建景行书院，有厅堂3间，楼屋5间，厢房10间，中门3间，外门3间，又捐资百金，自出田租200石，以供办学之需。

“费氏办学，从含珠私塾到含珠书院再到东冈书院、景行书院，均遵循奉先、崇礼、守法、尚义、内外兼修等家训遗规，充分体现了费氏家族的传承和风尚，其教学传统，代代相沿，其家学渊源，为世人称道。”①成化末年以后，鹅湖费氏已经成为由

① 王金平、邬小辉主编：《江右书院行之轶文》，江西美术出版社2015年版，第159页。

科举而崛起的“西江甲族”。他们与其他“文化世家”一样，传承着家学相传和亲亲相授的学风，文风传代。铅山费氏祖居地横林村，在明代被誉为“冠盖里”，涌现出以费宏为代表的一大批科举精英，为铅山厚重的历史文化增添了浓抹重彩的一笔。

2. 东冈书院

铅山东冈书院建于成化间（1465—1487），由费瑄创办。费瑄，字仲玉，号复庵，是费宏的伯父，成化十一年（1475）进士，首开横林费氏进士科。弘治年间担任兵部员外郎，此后参与平定白苗反叛，官至贵州参议。费瑄为工部主事时，在徐州兴修水利，赈济灾民，深得民心，民众联名恳请朝廷准予立生祠以祀。由于地方史志与谱牒有关东冈书院的记载都很简略，加之尚未作更多的勘察与旁证，故对于东冈书院了解十分有限。

十一、广丰区的古书院

广丰县（现为广丰区）始建于唐，原称永丰，上元元年（760），上饶设立信州，析上饶县东南部及衢州须江县（今江山市）之西南置永丰县，因永丰镇北有永丰山而得名，县治在永丰镇，是为广丰建县之始，隶信州。唐元和七年（812），撤永丰县，并入上饶县。北宋熙宁七年（1074），重新恢复永丰县。清雍正十年（1732），江西巡抚谢昊奏请朝廷，改广信府永丰县为广丰县，有别于吉安府永丰县，沿用至今。2015 年撤销广丰县，设立上饶市广丰区。

广丰最早的书院是唐代王贞白的山斋书舍，南宋有校书郎周天骥创建的河源书院、黄惟直捐资创办的龙山书院、施师点创办的圣与南斋等，明代则有夏尚朴创建的东岩书院，清代则有丰溪书院、致道书院等古书院。

广丰区书院一览表

书院名称	创办时间	创办人	地点
有道山斋	唐天祐年间（904—907）	王贞白	永丰镇西山居委会
圣与南斋	宋绍兴年间（约 1145）	施师点	吴村镇施村
吟阳书院	开禧间（1205—1207）	吕志逊	泉波吟阳村

续表

书院名称	创办时间	创办人	地点
龙山书院	嘉定十四年(1221)	黄惟直	横山乡东山村
瑜山书院	淳祐间(1241—1252)	俞琰	杉溪瑜山
河源书院	景定间(1260—1264)	周天骥	吴村河源
原道书院	元至元间(1335—1340)	何天衢	霞峰大洋村
莲湖书院	弘治十五年(1502)	吕夔	泉波镇鸿坛村
霞溪书院	嘉靖间(1522—1566)	孙昭	沙田十六都
东岩书院	嘉靖十年(1531)	夏尚朴	横山镇龙潭村
丰溪书院	乾隆四年(1739)	詹广誉	在县城文庙西侧
致道书院	乾隆后期(约1785)		永丰街道考场路

1. 山斋书舍

山斋书舍是广丰目前所知最早的书院，由王贞白创建。王贞白(875—958)字有道，号灵溪，唐昭宗乾宁二年(895)中进士，七年后才授校书郎，郑谷因而有“殿前新进士，阙下校书郎”之诗句相戏。王贞白是唐末五代著名诗人，与郑谷齐名。他在白鹿洞读书时，写下了《白鹿洞二首》，其一为：“读书不觉已春深，一寸光阴一寸金；不是道人来引笑，周情孔思正追寻。”留下了“一寸光阴一寸金”的千古名句。

宋代徐文卿评价王贞白的诗“平淡粹美，与司空图、郑谷相上下”。明代大学士李奎称赞其诗“联芳李杜，并驾韩柳”。王贞白去世后，朝廷敕赠为光禄大夫“上柱国公”封号，建立“道公祠”。

唐末政治动乱不安，王贞白抱负难施，35岁就归隐家乡，唐天祐年间(904—907)在永丰镇西山创“山斋书舍”授徒讲学，为家乡子弟传道授业，著书自娱，不复仕进。王贞白经常与当时的名士罗隐、方干、贯休等同游唱和，号为“江西四大诗人”。著有《灵溪集》七卷，可惜遗佚，《全唐诗》存一卷73首。

山斋书舍后来改为丰溪书院，今存广丰中学校园内。

2. 周天骥与河源书院

河源书院是南宋理宗景定年间(1260—1264)由校书郎周天骥所建。书院在广丰周安乡岩里(今吴村河源村),故名“河源书院”。

周天骥(生卒年不详),字子德,号颖斋,南宋信州永丰(今上饶广丰)人。淳祐四年(1244)进士,累迁秘书省校书郎。真德秀《西山文集》卷二六有《送周天骥序》及卷三五跋《周子德颖斋记》。在《送周天骥序》中,真德秀写道:“上饶周君天骥,笃志于学,予尝因其名斋有以告之矣。”真德秀曾为他的书斋题名为颖斋,并为颖斋作记。周天骥向其求教读书为学之方,真德秀于是有一段关于读书相当精辟的话语。“予之于学也,涉猎而未醇,粗浅而弗精,将何以告子?虽然,亦尝闻其略矣。以圣贤大道为必当由,异端邪径为不可蹈,此明趋向之要也。非义之富贵,远之如垢污,不幸而贱贫,甘之如饴蜜,志道而遗利,重内而轻外,此实取舍之要也。”①因此,留下了“甘之如饴”这一典故。同时指出,要理解和实现趋向之要和取舍之要,就必须读书,“欲进此二者,非学不能,学必读书。然书不可以泛读,先《大学》,次《论》《孟》,而终之以《中庸》。经既明,然后可观史,此其序也。沉潜乎训义,反覆乎句读,以身体之,以心验之,循序而渐进,熟读而精思,此其法也。”②

周天骥退隐后,与当地学者在书院研究理学,交流学问,河源书院成为广丰程朱理学传播的一个重要阵地。后时久毁废,“清道光二十年(1840)广丰知县罗洪赓率士绅重建,直至清末,书院停办,院舍犹存。民国时期河源小学设此。”③

3. 施师点与圣与南斋

圣与南斋位于今广丰区吴村镇施村,是南宋参知政事兼同知枢密院事施师点在家乡建造的一所书院。旧志有“南斋,施师宪公读书处”的记载。施师点创建圣与南斋是宋绍兴年间,大约在1145年前后。

施师点(1124—1192),字圣与,吴村镇施村人,南宋著名的政治家和文学家。他在绍兴十七年(1147)中进士后,步入仕途,历任权礼部侍郎、佥书枢密院事等职,淳熙十四年(1187),拜参知政事、知枢密院事,与当时的左相周必大共同辅政,徐图恢复,北伐雪耻。绍熙二年(1191),施师点任知隆兴府知府、江西安抚使。绍熙三年(1192)病逝后,宋光宗追赠他金紫光禄大夫。

---

① 真德秀:《西山先生真文忠公文集》卷二七《送周天骥序》,商务印书馆1935年版,第473页。

② 真德秀:《西山先生真文忠公文集》卷二七《送周天骥序》,商务印书馆1935年版,第473页。

③ 罗小安,俞观义:《广丰历代书院》,见政协上饶市委员会编:《饶信文化·上饶书院文化专辑》,2017年(内刊),第67页。

施师点为官清廉正直,关心百姓疾苦。他以翰林学士、知制诰兼侍读出使金时,应对有守,执礼不辱,令金使有“一见正人,令人眼明”之叹。宋孝宗评价他“卿靖重有守,识虑深远,公辅器也”。

4. 夏尚朴的东岩书院

东岩书院由夏尚朴创建。夏尚朴是明代理学家娄谅的嫡传弟子。

夏尚朴(1466—1538),字敬夫,号东岩,广丰横山镇廿三都人。著有《中庸语录》《东岩文集》8卷、《东岩诗集》8卷等。

夏尚朴早年师从娄谅,浸润门下多年,承续了娄谅的学脉,学习其主敬之学,得娄谅主敬要旨,认为穷理必须有敬之心,留下了“卓然竖起此心,便有天旋地转气象”“才提起便是天理,才放下便是人欲”的著名论断①。

明武宗正德六年(1511),夏尚朴中进士,任官南京礼部主事、惠州知府等职,后遭弹劾归家。嘉靖初年,重新起用为山东提刑副使,后升南京太仆少卿。与魏校、湛若水等人日相讲习。

夏尚朴处于阳明心学盛行的时代,阳明心学大行于世,甚至压倒了程朱理学,受此影响,夏尚朴也喜欢谈心说性,主张理在心中,理为心维。他说:“心犹户枢,户枢稍出臼外,便推移不动。此心若出躯壳之外,不在神明之舍,则凡应事接物,无所主矣。”②因此,他重视养心工夫,唤醒本心,用心来管束天理,以存心养心作为存理去欲的功夫门径。他提出了“真心”“天心”之说。真心就是“发于义理者”,是符合义理的心,就是天人同有的生物之心。他说:“天地以生物为心。人能以济人利物为心,则与天地之心相契,宜其受福于天也。”③人心要与天心合一,唤醒人最初的天性善端,让心保持“纤毫不染”的纯粹状态,就可以为善去恶。同时他又坚持其师娄谅的主敬之学,认为主静只是一种形式,关键在敬,敬则心静、心安。他说:“不问此心静与不静,只问此心敬与不敬,敬则心自静矣。譬如桶箍,才放下,便八散了。”④敬就像“桶箍”,

---

① 夏尚朴:《东岩集》卷一《语录》,《影印文渊阁四库全书》第1271册,上海古籍出版社1987年版,第2页。

② 夏尚朴:《东岩集》卷一《语录》,《影印文渊阁四库全书》第1271册,上海古籍出版社1987年版,第10页。

③ 夏尚朴:《东岩集》卷一《语录》,《影印文渊阁四库全书》第1271册,上海古籍出版社1987年版,第4页。

④ 夏尚朴:《东岩集》卷一《语录》,《影印文渊阁四库全书》第1271册,上海古籍出版社1987年版,第3页。

不能有丝毫的放松，否则心就会四散。要以敬管束静，先敬而后静。

夏尚朴还强调在日用之间体验天理，践行天理。因为“天下无性外之物，而性无不在日月之间”。日用即道，天理就在日常生活之中，要在日用常行中，体验天理，要“日用间都安在义理上”①。

嘉靖十年（1531），夏尚朴建东岩书院讲学授徒。东岩书院“在仙掌山之东（今关里水库大坝对面），故名‘东岩’”②。夏尚朴在书院传授主敬之学，受到四方学者的尊崇。书院还有学田数十亩，每年可收稻谷百余石，用作书院的办学经费。

5. 丰溪书院

丰溪书院在乾隆四年（1739）由知县詹广誉创建。书院最初设在洞元宫，后移到文庙西侧的考场（今区人民政府院内），因广丰境内有永丰山，有水名为丰溪河，故书院取名丰溪。乾隆四十六年（1781），知县胡光祖认为丰溪书院“地近市嚣”，环境过于喧嚣嘈杂，不利于师生读书论道，潜心问学，于是将书院移建到西山道院之左，即今广丰中学老校园内。建有讲堂、学舍、牌楼、钟亭等建筑，还有学田420亩，作为书院办学经费。

丰溪书院是广丰规模最大、声望最高的官办书院。“广丰著名学者刘鎏、顾元吉、徐谦、蒋光祖、徐伟、吕进等先后在这里任过山长或讲过学。”③清末废书院设学堂，丰溪书院改为广丰县立高等小学堂。

此外，广丰的古书院还有龙山书院，龙山书院位于龙下团源（今横山镇东山村），“是完全不沾官味的社会性乡民书院。书院在永丰团源，因其地‘五山辐辏，蜿蜒如龙’，故名‘龙山’”④。嘉定十四年（1221），由当时士绅黄惟直捐资创办。

黄惟直，字德申，学博行修，是当地有名的乡先生，他捐献一半家产，创建了龙山书院，中间为讲堂，两旁分列斋舍，共六间，仿照州县官学管理，书院建成之后，

---

① 夏尚朴：《东岩集》卷一《语录》，《影印文渊阁四库全书》第1271册，上海古籍出版社1987年版，第9页。

② 罗小安，俞观义：《广丰历代书院》，见政协上饶市委员会编：《饶信文化·上饶书院文化专辑》，2017年（内刊），第68页。

③ 罗小安，俞观义：《广丰历代书院》，见政协上饶市委员会编：《饶信文化·上饶书院文化专辑》，2017年（内刊），第69页。

④ 艾涛：《上饶书院春秋》，见政协上饶市委员会编：《饶信文化·上饶书院文化专辑》，2017年（内刊），第13页。

“名卿达人争致以诲其子弟”。

十二、玉山县的古书院

“冰为溪水玉为山”的赣东门户玉山县，山川秀美，郁达夫曾在《冰川纪秀》一文中称誉为“东方的威尼斯”。玉山县不仅因“天下无双福地，江南第一仙峰”的三清山名闻天下，更以“博士县”“才子之乡”的美誉闻名遐迩。玉山有深厚的文化底蕴，历来就有重视文教的传统，自古耕读传家，崇文尚教，尊师兴学文化深深浸染了这方水土，从而使科考及第，人才辈出。据统计，玉山先后涌现了1位状元和138位进士。

书院为玉山的文脉绵延，增色不少，而端明书院是与怀玉书院并驾齐名的玉山两大讲学圣地，曾为玉山最高学府。清乾隆二十三年（1758）汤聘的《端明书院记》就有“玉山县治东，旧有端明书院，为宋端明殿学士汪文定公应辰建；与县北金刚峰麓朱子讲学之怀玉书院，巍然并峙”的记载。

1. 汪应辰与端明书院

端明书院位于玉山县城南侧的武安山东麓，是南宋端明殿大学士玉山状元汪应辰当年讲学、生活的场所。后来人们为纪念汪应辰，便将其称为“端明书院”。

汪应辰（1118—1176），原名汪洋，字圣锡，是玉山的第一个状元。他幼年聪慧，有神童之称。被时任玉山县尉的杨时弟子喻樗赏识，授之以理学，妻之以女儿，后又被宰相赵鼎罗致门下。宋高宗绍兴五年（1135），年仅18岁的他，参加进士考试，其策论简洁却针砭时弊，主张“为治之要，以至诚为本，在人主反求而已”①。中书舍人胡寅评价他的策论道：“尔年未及冠，而能推明帝王躬行之本，无曲学阿世之态，遂冠时髦，名震中外。”②宋高宗钦点他为状元，并赐名为“应辰”，授官秘书省正字。因力主抗金，反对议和，被秦桧排挤打击，贬为通判建州，汪应辰于是请祠以归，潜心于性命之学，以修身讲学为事。直到秦桧死后，才受到宋孝宗的重用，任福州知州、四川制置使兼成都知府、吏部尚书等职。后因刚方正直，敢言不避，得罪权竖，以端明殿学士出知平江府（今江苏苏州），淳熙三年（1176）去世。73年之后，封玉山开国男，谥号“文定”。所著《文定集》二十四卷，被《四库全书》收录。

---

① 脱脱：《宋史》卷三八七《汪应辰传》，中华书局1977年版，第11876页。

② 胡寅撰，容肇祖点校：《崇正辩 斐然集》卷一四《汪应辰改官》，中华书局1993年版，第296页。

汪应辰是南宋著名的学者，从小师事于喻樗、张九成、吕本中、胡安国等，又与吕祖谦、张栻为友。在学术上，主张兼容并蓄，博综百家，不能有门墙之隔，要广泛吸收不同学派的学术思想，"日以亲师取友、多识前言往行为事"。不论是对同辈还是晚辈，都抱着不耻下问的虚心态度，张栻曾赞汪应辰"苟片善之足取，必挽后而推前"①。学者称"玉山先生"，创立了玉山学派。《广信府志》评价他："广信之在南宋，以文章显者，曰汪文定公；以志操著者，曰谢文节公。"将他与谢叠山相提并论，成为南宋广信府两位最具影响的先贤之一。

汪应辰"好贤乐善，出于天性，尤笃友爱"②。他回到玉山故里，购置田地，创设书堂，潜心于性命之学，以修身讲学为事，广收弟子，培育后人，他亲自主讲、宣传他的理学思想和道德学说，学者纷纷慕名而来。后来人们便将他起居讲学之所，称作端明书院。其旧址在县城城隍庙东（今农机公司）。

端明书院成立后便命运坎坷，因战乱几度被毁。

据同治《广信府志》记载，"端明书院旧在县治东，汪文定公故居也。"元顺帝至正十年（1350），监县寿安给经费，置学田，重建端明书院。这可能是有史料所载的，关于端明书院最早重建的记载，也就是说，端明书院由原来汪应辰的私人讲学之地，变成由官府出资重建房舍，措置学田，给予经费保障的书院。

明景泰年间，广信知府姚堂在玉山县城城隍庙东建汪应辰祠，正德年间，御史唐龙命玉山知县潘文明在汪应辰祠的基础上，重建端明书院。可惜万历七年（1579），在张居正的请求下，明神宗下诏禁毁天下书院，端明书院也未能幸免，被废成为官司传舍之地，成为接待官员的旅舍。

直到清康熙年间，黎士宏任职玉山时，才重新恢复了端明书院。黎士宏（1618—1697），字魏曾，福建长汀人，顺治十一年（1654）举人，康熙六年（1666）黎士宏任信州推官，同时兼理玉山县政。当时遇玉山遭受兵灾，县城残破，人民流离失所，百废待兴。黎士宏到任后实行惠政，垦荒免税，安抚百姓，做了不少利国利民之事，玉山百姓对他感恩戴德，在城隍庙东边原端明书院的故址，为他建立生祠，以报答其恩德。生祠"前堂后殿，重门周垣"，规模不小。黎士宏一方面感谢玉山百

---

① 张栻：《南轩集》卷四三《祭汪端明》，《影印文渊阁四库全书》第 1167 册，上海古籍出版社 1987 年版，第 769 页。

② 脱脱：《宋史》卷三八七《汪应辰传》，中华书局 1977 年版，第 11882 页。

姓的好意，但坚决拒绝给他建立生祠，最后改生祠为“怀玉书院”，书院主祀朱文公。这应该是一个误会，怀玉书院本在县城西北的怀玉山金刚峰上，但“城中之有怀玉书院，自黎公始”。康熙九年秋，书院在主祀朱熹的同时，又以汪应辰、陆九渊、吕东莱、汪逵、刘允迪，詹叔善配祀。当然，书院也安奉着黎士宏的牌位，以示玉山百姓不忘他的恩德。

为了避免玉山有两个怀玉书院造成的不便，乾隆二十三年（1758），江西布政使汤聘将县城的怀玉书院更正为“端明书院”。

乾隆五十七年（1792），知县丁如玉决定重修端明书院，书院新址选在冰溪之南，武安山东麓，普宁寺左侧原古岁寒庵的废址。重修后书院门对冰溪，前有讲堂，左右各有 3 间，两庑后各有书舍 5 间，西北有书舍 4 间，规模比以前要宏大得多。

但重修后的书院，在咸丰年间再次损毁于兵乱。

清朝的第二次重建，是在同治二年（1863）。玉山县人梁以拔向政府倡议，愿意捐出自家在暖水三山下的岳峰书院，所筹钱款用以修复端明书院。修复后的书院面积达 15 亩左右，规模宏大，设施齐全，学风鼎盛，吸引了当时许多著名学者前来讲学。抗战中，书院中堂被毁。

经历 100 多年的风雨侵蚀，书院的部分建筑依旧保存至今，现存的旧址有书院的先贤祠，里面供奉着朱熹、汪应辰以及当时到端明书院讲学的名士学者。穿过鹅卵石铺成的小道，就是当时授课的讲堂。讲堂不远处的一口八角古井，水质仍旧甘甜，村民还在饮用。据说是修建书院时种下一棵大樟树，依旧枝繁叶茂，但书院已听不到以往老师的训导，没有昔日学子的琅琅书声，显得苍凉而荒寂！成为缅怀玉山状元汪应辰的纪念之所。

遗憾的是，绝大多数的上饶古书院，历经天灾战火，岁月沧桑，年久失修，大都已经毁废。只有鹅湖书院、叠山书院、信江书院等保存完好，端明书院、紫阳书院、东山书院尚有部分建筑存留，其余大都湮没在历史的尘埃之中。

第四章　上饶四大书院

上饶众多的书院中，鹅湖书院、怀玉书院、叠山书院、信江书院影响最大，是上饶的四大书院，在中国书院史上有过响亮的名声，产生过重要影响，值得重点研究。

一、千古一辩之所——鹅湖书院

鹅湖书院坐落在铅山县鹅湖镇鹅湖村，距河口镇东南 30 千米的鹅湖山北麓。晚唐诗人王驾的《社日》诗："鹅湖山下稻粱肥，豚栅鸡栖半掩扉。桑柘影斜春社散，家家扶得醉人归"，描写了鹅湖一带富庶恬适的田园风情。

鹅湖书院声名远播，是因为这里发生过中国学术史上两次影响极为深远的"鹅湖之会"。南宋淳熙二年(1175)，朱熹、吕祖谦、陆九渊、陆九龄等人在鹅湖寺举行了开中国书院"会讲"之先的四贤"鹅湖之会"。南宋淳熙十五年(1188)，倡导"事功之学"的状元陈亮与辛弃疾"鹅湖同憩，瓢泉共酌，长歌相答，极论世事，逗留弥旬"，演绎了著名的辛陈"鹅湖之晤"的文学佳话。鹅湖书院因此成为东南重要的学术文教圣地，与白鹿洞书院、白鹭洲书院和豫章书院并称为江西四大书院。明代大理寺卿、大学士李奎在《重建鹅湖书院记》中，有"大江以西，古称文献之邦，书院之建，不知有几，惟鹅湖之名与白鹿并称于天下"①的记载，更将鹅湖书院定格于与白鹿洞并驾齐名的地位。

1. 鹅湖之会

鹅湖书院的创建，与鹅湖之会密切相关。

朱熹、陆九渊在南宋双峰并峙，堪称理学一代宗师。陆九渊与兄陆九韶、陆九

---

① 李奎：《重建鹅湖书院记》，见郑之侨：《鹅湖讲学会编》（卷十一），《四库全书存目丛书》（第 247 册），齐鲁书社 1996 年版，第 626 页。

龄并称“金溪三陆”。“三陆子之学，梭山启之，复斋昌之，象山成之。”①以陆九渊为代表的象山心学，被朱熹命之为“江西之学”。由于两家学术渊源的差异，导致了朱、陆学术的分歧。全祖望在《淳熙四先生祠堂碑文》中，分析朱、陆各自的学术渊源道：“朱子之学，出于龟山。其教人以穷理为始事，积集义理，久当自然有得。……陆子之学，出于上蔡。其教人以发明本心为始事，此心有主，然后可以应天地万物之变。”②无论是朱熹还是陆九渊，都把理作为最高的哲学范畴，作为宇宙的本体。但对如何认识天理、穷究天理，如何提高个人的道德修养，如何成圣成贤等方法路径产生了分歧。但朱、陆二先生都有相同之处，“二先生同植纲常，同扶名教，同宗孔、孟，即使意见终于不合，亦不过仁者见仁，智者见智”③。

陆九渊考中进士后，乾道九年(1173)，在金溪故里辟“槐堂”书屋，招收四方学子，授徒讲学，高举心学大旗，倡导发明本心，形成了最早一批“槐堂”弟子，其学术影响迅速扩大，名震一方，很快由江西传播到浙江，成为扫过士林的一股强劲飓风，形成了与闽学、浙学、湖湘学鼎足而立的象山心学。象山心学是对程朱理学的反动，也是儒家内部异端公开向正统的挑战。面对象山心学的迅猛发展，朱熹、张栻、吕祖谦都感到不同程度的忧虑。“他和吕祖谦都面临着一个如何对待这些江西、两浙新出现的学派的尖锐问题。对朱熹来说，为建立自己学派同其他学派竞争，明晰阐述二程的理学体系已经成为必要。……吕祖谦在这种想法之外，更有一重折衷众家，会归众说归于一的打算。”④

朱熹与陆九渊、陆九龄鹅湖之会正是发生在这样的学术背景之下。鹅湖之会的交锋论战，揭开了理学内部不同学派间论辩的序幕。“他们的分歧与争论深刻地影响了此后理学的发展。”⑤

尽管朱熹和陆九渊在学术上和而不同，却互有仰慕之心，而吕祖谦则是朱、陆

---

① 黄宗羲原著、全祖望补修，陈金生、梁运华点校：《宋元学案》卷五七《梭山复斋学案》，中华书局1986年版，第1862页。

② 黄宗羲原著、全祖望补修，陈金生、梁运华点校：《宋元学案》卷五八《象山学案》，中华书局1986年版，第1888页。

③ 黄宗羲原著、全祖望补修，陈金生、梁运华点校：《宋元学案》卷五八《象山学案》，中华书局1986年版，第1887页。

④ 束景南：《朱子大传》，商务印书馆2003年版，第350页。

⑤ 陈来：《宋明理学》，生活·读书·新知三联书店2011年版，第206页。

交往的重要中介人。吕祖谦既与朱熹友善，又是陆九渊的乡试考官，与陆九渊甚是相契。吕祖谦“盖虑陆与朱议论犹有异同，欲会归于一，而定其所适从，其意甚善”①。鉴于朱、陆均欲相识，于是在寒泉之会后，趁归途之便，谋为聚会，以调和朱、陆之分歧，而会归于一。因此，在吕祖谦的谋划、联络下，淳熙二年(1175)五月，朱熹、吕祖谦、陆九渊、陆九龄等相聚于铅山鹅湖寺，从而有了历史上著名的朱、陆“鹅湖之会”。

鹅湖之会“围绕认识理的方法而进行论争，朱熹主张先泛观博览而后归之简约，二陆则主张先发明人之本心，而后博览群书”②。论辩的中心是“易简工夫”与“支离事业”之辩，双方争辩非常激烈，陆九渊生性负气自傲，目空一切，而朱熹也逞强好辩，碰到同样心高气傲的陆九渊正是棋逢对手。

朱熹主张理一分殊，认为一物有一理，物理无穷，那么穷理也无穷，只有经过“铢累而寸积”，日积月累，才能豁然贯通，认识全体。因此，朱熹讲格物致知，读书穷理，主张熟读儒学经典，尽考所涉之史实，以理解儒学原典之“义理”。认为人的道德水准会随着知识的增长而提高，强调学习的重要性。在朱熹看来，“道问学”较之“尊德性”要来得更为急切。“紫阳之学，则以道问学为主，谓‘格物穷理，乃吾人入圣之阶梯。夫苟信心自是，而惟从事于覃思，是师心之用也’。”③

而陆九渊认为，穷理就是认识心中之理，讲究整体把握，不必物物而求，事事而穷。他说：“石称丈量，径而寡失，铢铢而称，至石必谬，寸寸而度，至丈必差。”④陆九渊主张“易简之道”，认识到心中固有的“德性”是第一位的，读书是其次的，“求涵养磨砺之方”才是主要的，“道问学”是“尊德性”的附庸，“尊德性”才是“道问学”的目的。

鹅湖之会是中国哲学史上学术研讨会的典范，此次辩论也首开书院会讲之先河。虽然鹅湖之会在当时未能使朱、陆学术观点合归于一，但也引发了朱、陆对各自学术的自我反省。鹅湖之会是一次学人之间的自由集会，引发了不同学派之间

---

① 陆九渊著，钟哲点校：《陆九渊集》卷三六《年谱》，中华书局1980年版，第490页。

② 解光宇：《鹅湖之会：心学与理学分野》，《孔子研究》1999年第2期，第84—90页。

③ 黄宗羲原著、全祖望补修，陈金生、梁运华点校：《宋元学案》卷五八《象山学案》，中华书局1986年版，第1885页。

④ 陆九渊著，钟哲点校：《陆九渊集》卷一〇《与詹子南》，中华书局1980年版，第140页。

平等的交流与争鸣，打破了思想界的沉闷状态，增进了相互了解，催生出学术的繁荣，留下了光辉的文化遗产。

2. 鹅湖书院的历次兴废

鹅湖之会后不久，信州知州杨汝砺在鹅湖寺建“四贤祠”，置备整套祭器，供奉着吕祖谦、朱熹、陆九渊、陆九龄四贤的牌位，以纪念四贤。将朱陆同堂而祀，就抱着调和、折衷二者学术的宗旨。宋理宗绍定年间（1228—1233），陆氏后学袁甫，曾作《四贤堂赞》，他赞象山：“即心是道，勿助勿忘，爱亲敬长，易简平常。煌煌昭揭，神用无方。再拜象山，万古芬芳。”同时也赞朱熹：“道若大路，曲折万端。辨析毫厘，用力惟艰。上续伊洛，昭哉可观。考亭遗规，世世不刊。”同时认为，对鹅湖之会上朱、陆学术的差异，不应“妄加揣摩”，认为那是符合“君子和而不同”之道的。“世谓鹅湖之集，诸老先生论议未能悉同，以是妄加揣摩，其失远矣。夫子尝云‘君子和而不同’，不同乃所以为和，不蕲于合，乃所以为一致也。天生英贤，扶植斯道，忠君、爱亲、敬长，一性灵明，与天地并亘万古不可磨灭者，或入之也渐，或入之也勇。勇非无渐，而渐非不勇也，顾其所由之门然耳。鹅湖之集谁得而议其异哉！”①

嘉定元年（1208）前后，朱熹铅山门人徐昭然，在四贤祠旁“斩艾蓬蒿葺茅屋”，创建了条件简陋的书院，一面祭祀朱熹、吕祖谦、陆九渊、陆九龄“四贤”，一面聚徒讲学，传播“四贤”学术，这是鹅湖讲学的开始。清嘉庆年间，时任鹅湖书院山长的吴嵩梁在增修《鹅湖书田志》中，收录了铅山诗人张瑞槎的一首题为《唯贤惟能转钧轴》的七言诗：“有宋大贤朱吕陆，淳熙二年至山麓。会同讲辩兰若旁，彼自缁衣我儒服。从之游者徐子融，斩艾蓬蒿葺茅屋。映日荷湖水潆洄，参天桧柏枝卷曲。虽然聚集好林泉，岂为遨游悦心目。宗风大唱归一源，教泽长流迪来学。”描述的就是这段佳话。

理宗绍定年间（1228—1233），朱熹晚年的得意门生、上饶县学子陈文蔚，为了传播朱熹理学思想，效法其师，“聚徒讲学鹅湖，以斯文自任”，在此尚论群贤，讲学授徒。绍定三年（1230），铅山知县章谦享在永平镇南西湖旁立群贤堂时，特请陈文蔚为群贤堂作记，请文蔚的弟子徐元杰为群贤堂作赞。徐元杰赞徐昭然词：“子融

---

① 袁甫：《蒙斋集》卷一六《四贤堂赞》，《影印文渊阁四库全书》第 1175 册，上海古籍出版社 1987 年版，第 528 页。

徐氏，操守胜有，晦翁所重，德必有邻，小学家序，世讲不论。仰止师范，直到如今。"对陈文蔚则有"世重文蔚，隐于丘园，聚徒讲学，尚论群贤。俯仰鹅湖，追随泗源。祇领俎豆，独属吾铅"的赞词，而将其祀于群贤堂。

南宋理宗淳祐十年(1250)，蔡元定之孙蔡抗任江东提刑，巡视信州，专程到铅山鹅湖拜祭朱熹和吕祖谦、二陆当年四贤论辩之地，并请朝廷为书院赐额。宋理宗赐名为"文宗书院"，取"斯文宗主，存神过化"之意。四贤祠于是改为文宗书院，并在书院设"四贤堂"，立"四贤"像于其中，还赐给了一批太学所藏图书。令人惋惜的是，文宗书院在南宋末年毁于战火。

元初，文宗书院自鹅湖寺侧山麓迁至铅山州治所在地(今铅山县永平镇)西北隅，并设山长、直学主持书院教学。元皇庆二年(1313)，铅山州知州窦汝舟下车伊始，拜谒书院，见旧讲堂废毁，锐意新之，在山长黄谦、直学吴师道的共同努力下，历时两月，建成会元堂。乐平詹载采曾为之作记，称："书院旧创于鹅湖山，四先生讲道所也。"后迁州治"西北隅"。太守窦公下车之初，"登斯堂也，顾瞻彷徨，大惧弗称，锐意新之。时乐平黄谦为此山长，偕直学吴先生师道，承侯之志，鸠工庀材，不两月而堂遂成。危楼，两庑轮奂翚飞，高明爽垲，视昔有加。"同时，又把被豪猾所占的学田清理归还，作为书院办学费用。遗憾的是，书院在元末毁于兵火。

明代宗景泰四年(1453)春，广信府知府姚堂巡视属地，经过鹅湖书院，见书院仅存朽柱一楹，感慨万千，萌发了修复的想法。适逢巡抚韩雍巡视广信府，韩雍非常赞赏姚堂兴复书院之举，称其为盛举。

韩雍(1422—1478)，字永熙，南直隶长洲(今江苏苏州)人。正统七年(1442)进士，授御史。史称其"负气果敢，以才略称"，历直隶、河道、江西诸道。景泰二年(1451)为右佥都御史巡抚江西，任内提倡修复各处书院，建祠庙，倡气节，卓有成效。

在韩雍的支持、姚堂的倡导下，鹅湖书院在鹅湖山下官道旁的宋代旧址上得以重建，前建祠堂，后建寝室，两旁配以廊庑。堂前构楼宇，凿泮池。不久，书院焕然一新。大门题匾"鹅湖书院"四个大字，正式将书院定名为"鹅湖书院"。大理寺卿，大学士弋阳人李奎作《重建鹅湖书院记》，称："大江以西，古称文献之邦，书院之建，不知有几，惟鹅湖之名与白鹿洞并称于天下。""景泰四年春，郡守四明姚公堂按行属邑，道经鹅湖，寻访旧址，惟见朽柱一楹，屹立丛棘中，顾瞻慨叹，亟欲兴复。适都宪姑苏韩公巡抚至，郡守以为请。公曰：‘此盛举也，崇敬尚贤，有司之首务，容可缓乎？’遂授以成算，涓吉兴工，创以祠堂，后为寝室，两旁翼以廊庑，中肖四先生像，前构楼，又前凿泮池。不逾月，靡不翼然以新。仍以‘鹅湖书院’揭其匾，示不忘旧也。”①

鹅湖书院在弘治年间（1488—1505），曾被迁到鹅湖峰顶山上。明正德六年（1511），时任江西提学副使的李梦阳，见山上地势险峻，人迹罕至，书院房舍均遭到破坏，便在山下寻见原址，令铅山县令秦礼修复书院。秦礼筹措资金、劳力，在旧址上重建正堂五楹，外门三楹，并于泮池前立石坊一座，石牌坊前额匾书“斯文宗主”，后额匾书“继往开来”，重建后的书院，仍以“文宗书院”匾名。汪伟在《重建文宗书院碑记》中称：“正德辛未冬十有一月，提学副使关西李梦阳按县，枢衣登谒，欹险危峻，人迹殆绝，屋且坏，乃下寻故址，则已鞠为荆榛久矣。慨然兴怀，顾县尹秦曰：‘先哲遗迹在是奈何去之，而以奇险为哉！吾欲复旧观，如何？’秦侯曰：‘此礼夙心也。’乃畚去毁砾，剪除宿秽，为屋若干楹，仍匾曰‘文宗书院’。落成舍奠，如亲睹四君子周旋一堂而聆其声欬。”②

同时，对李梦阳的善举大加赞赏：“李公以节行文章表见于时，其督学江右，专以存心穷理为教化首务，而不拘于文字尺度间。于先哲过化之地，表章尤力，所以开导风示后进意甚盛。上之所好，下必有甚者焉，斯道其将复明乎！”③

万历初，张居正废毁天下书院，鹅湖书院也未能幸免。经当地士绅再三请求，四贤祠得以保留。张居正死后不久，书院随即恢复。县令陈公映、翰林院编修刘日宁、知县唐应诏、太史刘云峤等人先后修缮书院。

天启初年，阉党窃权。天启五年（1625）八月，下诏毁天下书院，鹅湖书院又一次遭受被毁的命运，仅四贤祠得以保存。

崇祯末年，抗清志士翰林院编修杨延麟，率本地进士胡梦泰、鹅湖乡绅查懋夔、查应章等捐资重修鹅湖书院，还设法恢复了书院原有的租田山林属权。胡梦泰曾有记，称：“天启年间，阉怒东林诸君子，力窃诏毁天下书院，鹅湖书院亦在毁中。吾

---

① 李奎：《重建鹅湖书院记》，见郑之侨：《鹅湖讲学会编》（卷十一），《四库全书存目丛书》（第247册），齐鲁书社1996年版，第626页。

② 王立斌编著：《鹅湖书院》，中国戏剧出版社2004年版，第62页。

③ 王立斌编著：《鹅湖书院》，中国戏剧出版社2004年版，第63页。

铅诸多士愤然群起而争之。曰:‘有四先生而夫子之道大明,毁书院撤宫墙之藩也,是将驱天下士人蚕室有死不可。’时邑父母屈于多士之议,祠得不毁,四先生之像巍然。”随着明朝的覆亡,书院也随之荒废。

清代对鹅湖书院先后进行了12次修缮。

顺治四年(1647),蔡士英随贝勒博洛进定福建,经从鹅湖,目睹书院荒废情景,不胜感叹,萌发了修复书院之念。顺治九年(1652),蔡士英任江西巡抚,率先捐资,倡议重修鹅湖书院,得到了府、县和乡绅的积极响应。在他的倡导下,鹅湖书院得以重建。分守湖东道安焕记称:“昔贤吕东莱当宋学宠时,首与朱晦翁、陆复斋、象山四先生会讲于兹,参同订异,往复辩难,不一卷而足。后儒席其风流,景仰道止,爰为四贤堂以祀之。然递废递兴,时不一代,代不一人,总之,古圣薪传,先儒道脉,必有贤人君子维持系属其间,如日月丽天,江河亘地。经剥复,历晦明,越终古而常存也。混一兵兴,苔残人谢,故院鞠在荆榛间。部台蔡公以今上定鼎之四年假道入闽,过其山,风泉逸响,如聆昔贤謦欬之声,慨然以修复兴举为念。会九年,公节钺豫章,讨叛服逆,兴宪考度,雅歌被服之余。亟命吏庀治鸠工,为四先生重修坛宇焉。凡书院租田清复捐创之计不遗余力。于以赡岁祀,资后学,悉如旧宪而复增之。其为继往开来兴贤育德至不浅矣。”①

鹅湖书院自顺治间蔡士英修复,但“三藩之乱”时,铅山适当其冲,兵燹之余,旧屋废坏。康熙二十二年(1683),铅山知县潘士瑞重加修葺,院容为之一新。康熙二十八年(1689),巡抚宋荦檄铅山训导郭逢军重修。

康熙五十四年(1715),铅山知县桐乡进士施德涵,率领铅山士绅又一次对书院进行了大规模的修复扩建,新筑山门,四周围墙,左义路,右礼门,前照墙,后尾门。书院第一进院,头门五间,左右厢房各三间,石牌坊一座,泮池一口,东西碑亭各一间,敬惜字炉、状元桥各一座;第二进院,仪门五间,香樟、桂柏,绿树成荫,相互映衬,秀丽雅静:第三进院,讲堂五间,朱熹手书“忠”“孝”“廉”“节”四个大字,持重敦厚,端庄稳健,以示学子为人正直,求学为国报效之义;第四进院,四贤祠五间。两侧修建厢房数十间,作为士子读书之所。是年冬,吏部尚书文渊阁大学士李光地在其《重建鹅湖书院碑记》中称:“鹅湖书院者,考亭朱子、象山陆子讲道处也。”鹅

① 转引自李才栋:《江西古代书院研究》,江西教育出版社1993年版,第368页。

湖之会之后,“后人就其地立为书院,以祠四贤”。对于朱陆异同,李光地认为,“二子之相崇重者至矣。朱门诲学者以持守,每推服象山为不可及,白鹿延讲,朱子为之避席称善。陆之于朱,则有‘泰山乔岳’之叹。故朱子有言,南渡以来,理会切实工夫者,吾与子静两人而已。原其讲辨往复之旨,一则虑玩心高明之失实,一则恐着意精微之离真。二者于末学,诚皆有弊焉。虽朱子之谓宜舍短集长,庶无坠于一偏也。”对于朱陆四贤同祀,不必大惊小怪,“朱子叙道统渊源,并以周、程、张、邵释奠精舍,未尝以其小不同者为病,然则朱、陆之共俎豆于一堂也,而又何猜乎!”对施君德涵修复书院的善举,大加称赞,“桐乡施君德涵以名进士来尹是邦,政修人和,百废俱举,倦怀名迹,力为更新。更诸上宪皆留意文事,故请上辄报,加以慰奖”①。认为“书院之建,实与国家学校相为表里”,江右为理学圣地,复兴书院,昌明之功可谓大矣。

康熙皇帝还亲自为书院题写了“穷理居敬”的匾额和“章岩月朗中天镜;石井波分太极泉”的楹联,命新任江西巡抚白潢专程护送到书院。康熙楹联中所提石井,即为石井庵,位于铅山县永平镇鹅湖山南麓,始建于唐光启年间(885—888),被唐僖宗赐名“石井院”,是铅山十景之一。北宋天圣元年(1023),宋仁宗又赐额为“资福院”,又名石井庵。石井庵山门上有一联:“鹅峰拱秀千峰秀;石井溢泉万井泉。”意为以鹅湖山为依托的秀峰群山,环绕庵堂,以石井泉为中心的众多山泉流淌,渗水琴音。白潢在其《颁赐鹅湖书院御书记》中称:“康熙五十六年秋七月,潢奉命镇抚西江,陛辞日,特赐御书鹅湖书院匾额一面,楹联一对。额曰:‘穷理居敬’。联书:‘章岩月朗中天镜,石井波分太极泉’。”康熙亲赐鹅湖书院“穷理居敬”匾额,表达了康熙在书院建设上,要尊奉程朱理学读书穷理的宗旨,做主敬涵养功夫,以达到天理所要求的境界。

白潢次年四月,带着皇帝亲赐的匾额楹联,“赍至书院悬挂讫。衣冠士庶扶杖来观,凤翥鸾翔,光腾霄汉”。

乾隆五年(1740),郑之侨任铅山知县,他对鹅湖书院的讲学高度重视,亲自制定了鹅湖书院的学规体系,并对书院的田地山林等资产重新进行了清理,收回了被豪民、浪僧侵占的书院田产。经郑之侨清理并倡增后,鹅湖书院有田 569 亩余,共

① 王立斌编著:《鹅湖书院》,中国戏剧出版社 2004 年版,第 56 页。

有田租441石余，并置店租，合山税地租共99两余，作为书院的办学经费。郑之侨作《鹅湖书田志》记其事，附于《鹅湖讲学会编》之后。

道光二十七年(1847)，铅山知县李海西又奉旨拨库银38万两重修鹅湖书院，修复了书院的院墙、门、楼和石牌坊，并为书院题门匾。重修后的鹅湖书院规模宏大，设施完备，不亚于白鹿洞书院和白鹭洲书院。至今牌坊、泮池等建筑依然保留完好；泮池两侧的厢房内，还存有13块明清古碑，是研究鹅湖书院的珍贵史料。

光绪末年，废科举，兴学堂，鹅湖书院亦改为鹅湖师范学堂。

新中国成立后，党和政府对鹅湖书院进行了多次的修复。2006年，鹅湖书院被列为第六批国家重点文物保护单位。

3. 鹅湖书院的建筑特色

《铅山县志》记载了鹅湖书院的地理环境："远于市，东有书楼，鹅峰对峙，烟霞苍翠，高山仰止，流风宛然。"说的是书院远离喧嚣，钟灵毓秀，有教书育人的良好环境。

现今的鹅湖书院建筑群坐南朝北，分布在山南的渐升台地上，占地8000多平方米，为五进五出的院落，拱形大门内是第一进院，头门高悬"江右乃人才渊薮，鹅湖钟川岳英灵"楹联，大有岳麓书院"惟楚有材，于斯为盛"的豪气。

正堂为青石牌坊，正反面各书"斯文宗主"和"继往开来"四个大字，是鹅湖书院的标志性建筑，也是鹅湖书院最精美的建筑。牌坊始建于明正德六年(1511)十一月，由提学副使李梦阳上书朝廷获准建立牌坊，后又经过多次维修。现今所见保存完好的这座石牌坊，为明代崇祯末年(1644)御史编修杨廷麟奉朝廷旨意重新选址所建，清道光二十七年维修，至今保存完好。牌坊用青石建造，屹立在书院南北的中轴线上，高7.49米，长6.4米，宽2.3米，为四柱三间五楼的门楼式石牌坊。牌坊四柱底座由三层长青石砌成，须弥座柱基，柱基上支撑着四根方柱，四根方柱南北向上用八个青石抱鼓石紧紧支撑。牌坊雕刻十分精美，采用了透雕、圆雕、浅浮雕、高浮雕等多种手法，题材丰富，装饰有花鸟、鲤鱼、寿字、蝙蝠、朱笔、香襄、宝鼎、檜瓶、龙门、雁塔、琴、棋、书、画等图案，每个雕刻图案都有非常丰富的文化意蕴，如有大小鲤鱼18尾，寓意鲤鱼跳龙门。鹅湖书院牌坊是清代书院石刻建筑的艺术精品，也是中国文化建筑艺术精品。"这座历经500多年的书院牌坊，是中国古代书院难得的建筑艺术精品,能保存下来更难得。”①

二进院落里有仪门五间,三进院落是五间讲堂,讲堂悬有清代石城人温朝荣题写的“学海有源静对湖山通脉络;贤关不远隐从鹅岭想阶梯”楹联。左右两壁墙上镶嵌朱熹手书“忠、孝、廉、节”四字碑刻。每碑高2.13米,宽1.41米,字高1.69米,宽1.22米,大字行书,题款为正楷。“忠”字右上刻有“晦庵朱子书”。

第四进院落是四贤祠,供奉孔子和朱、吕、二陆,每逢孔子及四贤诞辰或重大节日,生员都在此拜祭。

第五进院落是三间御书楼,御书楼上高悬康熙皇帝赐题的“穷理居敬”匾额和“章岩月朗中天镜,石井波分太极泉”对联,楼上存放着历代皇帝的赠书、款、匾及藏书。

4. 鹅湖书院的学规体系

书院学规是书院教育的总方针,“一是确立办学、讲会之宗旨,宣示书院教育的方针……二是规定进德立品、修身养性的程序和方法……三是指示读书、治学的门径和方法。”②

鹅湖书院始终以扶翼斯文为己任,教学不辍。一些知名学者,在书院讲学,制定学规学则,为书院增色不少。特别是乾隆年间铅山知县郑之侨为鹅湖书院制定的三个学规,形成了系统的学规体系,影响深远。③

郑之侨(1707—1784),字茂云,广东潮阳人。他是一位饱受儒家思想熏陶的学者型官员,重视文教,“尤喜接引士英”,所任之地,“文教大振,风气日上,陶铸人材不少。”对当地教育的发展做出了重要贡献,世人评价他:“公虽以吏能显,而勤于撰述。”④

乾隆五年(1740),郑之侨任铅山县令,他对鹅湖书院极为重视,认为“鹅湖书院先儒讲学之所也。登其堂者慕其风而思其德,庶感发奋起而实学出焉。”⑤他带

① 郑大中:《鹅湖书院牌坊考略》,见政协上饶市委员会编:《饶信文化·上饶书院文化专辑》,2017年(内刊),第121页。

② 邓洪波:《中国书院学规》,湖南大学出版社2000年版,第3页。

③ 冯会明、汪逸、伍臣赋:《郑之侨鹅湖书院学规体系述评》,《上饶师范学院学报》2015年第5期。

④ 倪根金、卢家彬:《〈农桑易知录〉撰者郑之侨故里考察记》,《农业考古》2004年第8期,第241—247页。

⑤ 郑之侨:《鹅湖讲学会编》卷十一《鹅湖学规说》,《四库全书存目丛书》(第247册),济南:齐鲁书社1996年版,第605页。

头捐献俸银，重新修葺书院，添置学田，聚集生徒。特别是在三年间，先后为鹅湖书院制定了三个学规：《鹅湖学规说》《辛酉戒诸生八则》《壬戌示诸生十要》构成了鹅湖书院完整的学规体系，对书院的教学和学生的德行与学业作了详细的规范和明确的要求，对书院的育人产生了积极的影响。

其中《鹅湖学规说》是书院学规体系的总纲。

乾隆五年（1740），郑之侨到任铅山后，在鹅湖书院讲学期间，应师生请求，撰写了《鹅湖学规说》，作为鹅湖书院教育的总方针："一曰志于道；一曰据于德；一曰依于仁；一曰游于艺。"①并对每一条的内涵与意义进行了详细的解读。

所谓"志于道"，就是要求学生志存高远，有远大的志向和抱负，把"立志"作为第一要务。他说："端其志向，学人第一紧要关键。"立志是德业成败的先决条件。因为，"盖人禽之分，贤不肖之别，儒释之异途，道德功利之各出，全在念头之初发。出于此即入于彼，差之毫厘失之不啻千里也。"②只有确立了远大的志向，才会有前进的目标和不懈的动力。

读书人"志于道"，就是要有"伊尹致君于尧舜，诸葛孔明扶汉鼎于既倾"的远大理想，要有成圣成贤的宏伟志向，不被科举功名所累，读书不仅仅是为了奔竞仕途，获取功名利禄，而是要"致君泽民"。这才是"宇宙间第一好事……宇宙间第一人品"③。同时，要克服圣贤之道高不可攀的畏难心态，圣贤之道就存在于日用常行，体现在孝悌之中。"圣贤之道，原非高远而难为，孟子曰人皆可为尧舜。尧舜之道，孝悌而已矣。人不可学尧舜，独不可学孝悌乎？"④且志向一旦确立，就是要做到志笃，不能半途而废。

所谓"据于德"，就是要遵守伦理纲常道德。"据者，执守之意；德，则行道而有得于心者也。"强调"纲常之地，德性所关，人生最乐之事，莫要于此。"具体表现在忠爱君主，孝敬父母，友爱兄弟，和睦亲友，和顺夫妻。他说："吾有君，吾能极其忠

① 陈连生：《鹅湖书院志》，黄山出版社 1994 年版，第 231—238 页。

② 郑之侨：《鹅湖讲学会编》卷十一《鹅湖学规说》，《四库全书存目丛书》（第 247 册），齐鲁书社 1996 年版，第 605 页。

③ 郑之侨：《鹅湖讲学会编》卷十一《鹅湖学规说》，《四库全书存目丛书》（第 247 册），齐鲁书社 1996 年版，第 605 页。

④ 郑之侨：《鹅湖讲学会编》卷十一《鹅湖学规说》，《四库全书存目丛书》（第 247 册），齐鲁书社 1996 年版，第 606 页。

爱，不必论其在朝在野，为臣为民……吾有父母，吾能极其孝敬，不必论其或富或贫，或贵或贱……吾有兄弟，念同气之亲，敦手足之谊，由此而和宗睦族，饥寒相周，疾苦相恤……夫妇和则家道亨。”①要把道德的完善当作终身的追求，把伦理纲常作为一生行事的准则，尤其要诚与敬，做到真实无妄。“诚敬是修己治人，应事接物的准则”。

“依于仁”，就是要把“仁”作为言行依循的标准。“依者不违之谓，仁则私欲尽去而心德之全也。”②认为仁是万善之源，道德之本，表现在对人对物要有爱心，要以己之心度人之心，推己及人，“满腔皆恻隐之心，即可于依于仁验之也。”要达到仁，就要强恕，“尤以强恕为切要。”

“游于艺”，就是要优游于礼、乐、射、御、书、数六艺之中，涵养性情。他说：“游者玩物适情之谓，艺则礼乐之文，射御书数之法。”这是古人“养性陶情”的工夫。但近今学者，既不能养其性情，乃欲专工诗赋，欲以此而成名家，“此犹不务培养其根而欲枝叶之盛也，其可得乎？”③他批评个别学子，错误理解游于艺的含义，游于艺并不是一味游山玩水，放旷不羁，这只是放荡性情，只有“根柢乎孝悌忠信以端其本，讲究儒先性理诸书以验其实，参考乎诸史百家以疏其材，涉猎乎射御书数以博其趣”④，才能优游六艺怡情养性。

在这四者中，郑之侨认为要以立志为先，“学莫先乎立志，志道则心存于正而不他，据德则道得于心而不失，依仁则德性常用而物欲不行，游艺则小物不遗而动息有养。”他在《学规说》中最后强调：“志于道句，端志向以正其趋也；据于德句，主诚敬以存其心也；依于仁句，密操存以养其性也；游于艺句，博穷物理以尽应物之用也。”⑤只有这样才能摆脱俗学之陋，入于圣人之域。

---

① 郑之侨：《鹅湖讲学会编》卷十一《鹅湖学规说》，《四库全书存目丛书》（第 247 册），齐鲁书社 1996 年版，第 607 页。

② 郑之侨：《鹅湖讲学会编》卷十一《鹅湖学规说》，《四库全书存目丛书》（第 247 册），齐鲁书社 1996 年版，第 608 页。

③ 郑之侨：《鹅湖讲学会编》卷十一《鹅湖学规说》，《四库全书存目丛书》（第 247 册），齐鲁书社 1996 年版，第 608 页。

④ 郑之侨：《鹅湖讲学会编》卷十一《鹅湖学规说》，《四库全书存目丛书》（第 247 册），齐鲁书社 1996 年版，第 609 页。

⑤ 郑之侨：《鹅湖讲学会编》卷十一《鹅湖学规说》，《四库全书存目丛书》（第 247 册），齐鲁书社 1996 年版，第 610 页。

郑之侨的《鹅湖学规说》，借对《论语·述而》的解读，明确了鹅湖书院办学的宗旨，从道、德、仁、艺四方面对生徒作出了明确的要求，延续了书院重视道德教育的传统，要求学生“先主品行，次及文章”，强调“读书必以立品为要，而立品之道，莫大于修身，欲修其身又必涵养德性，栽培仁心”。并将其内化为信念，外化为行为准则，“形成以‘仁义’为本，以‘礼’为规范，以‘中庸’为准绳，以‘忠孝’为指南，来调整人伦关系，整合社会系统。”①期望以此重现鹅湖书院往昔的辉煌。

乾隆六年(1741)，郑之侨提出了《辛酉戒诸生八则》：戒因循、戒嗜利、戒妒忌、戒钻营、戒期妄、戒赌博、戒好讼、戒肆谈。这是针对读书人容易存在的八大弊病，对其行为进行规劝约束，以克服改正这些陋习。

郑之侨认为“为学之蠹，莫大乎因循”。因循即沿袭守旧、疏懒闲散之意。其根源在于怠惰。他说：“因循生乎苟安，苟安生乎怠惰也。”特别是“近今之士，口诵圣贤之书，并不知圣贤之力紧做工夫处”②。往往表现在“责人甚勇，责己甚怯”。读书人要克服因循之病，去除怠惰之心，勤奋上进。

郑之侨认为明辨义利是治学修身一大要义。“利”是一把双刃剑，可以让人甜蜜无比，也可使人痛苦万分。他说：“利之一字，其引人也最甘，其害人也最酷。至明之人，遇之而昏；至刚之人，遇之而馁。”③一旦利欲熏心，即便是明晓事理之人，也会变得糊涂；即便是刚毅之人，也会变得软弱，因此，要戒嗜利。虽然“人生在世，仰事俯育，利亦不能免”，但要做到义先利后，见利思义，而不能见利忘义。只有这样，才能“以利济苍生，以义正万民”。

妒忌是一种因别人比自己好而生忌恨的心态。他说：“刻薄者，妒忌之谓也。妒忌者，忮求之所由生也。”④对待别人的长处，应该是“借人之有余正以补我之不足”。但“今世之人，闻人之善则妒之，见人之才则忌之。却不显为妒忌而外借忠

---

① 周洁：《伦理道德教育：中国书院教育之支撑》，《湖南政法管理干部学院学报》2002年第12期，第230—235页。

② 郑之侨：《鹅湖讲学会编》卷十一《辛酉戒诸生八则》，《四库全书存目丛书》(第247册)，齐鲁书社1996年版，第610页。

③ 郑之侨：《鹅湖讲学会编》卷十一《辛酉戒诸生八则》，《四库全书存目丛书》(第247册)，齐鲁书社1996年版，第610页。

④ 郑之侨：《鹅湖讲学会编》卷十一《辛酉戒诸生八则》，《四库全书存目丛书》(第247册)，齐鲁书社1996年版，第611页。

厚之名，内挟攻讦之实”。[1] 结果是害人又害己，因此，妒忌是一种小人之道，学者要戒妒忌。

戒钻营。钻营就是为谋求个人利益，找门路，托人情，无所不用其极。郑之侨认为，“穷通得失，有命在焉”，没有必要刻意去钻营。但“世俗之人，专尚钻营，谓科名之得失，官资之崇卑，禄产之厚薄，必先依附权门”。这样，必使自己“一心为势利所役”，而且“一旦败露，身与名俱丧”。因此，学者对待名利得失，要淡然处之，顺其自然。

郑之侨告诫读书人，要戒欺戒妄，因为欺妄乃为学之大敌。无论读书或是为人都要忠信，力戒欺妄。他强调“忠信二字，学者入门之始，亦即学者造道之终。”因为“圣贤道理真真实实……不容欺，亦不容妄”。但是近今学者，却有意或无意欺人，捕风捉影，导致“心术日浮，德性日坏”[2]。因此，要戒欺妄。

郑之侨认为“赌博贱行，乃市井无赖之所为”，与读书人的身份格格不入。读书人不应该把自己的举止等同于市侩无赖，要戒除赌博陋习，否则，“偶一失足，废时失事，廉耻丧而人品失”。

郑之侨认为“讼者，不得已为之事也”。而“学者读书明理，必须平心养气，方能责己恕人”[3]。读书人要大度，能包容，不逞口舌之勇，动辄诉讼官场，损精耗神。要戒除好讼之习，每当遇事之时，更应内醒自讼。“能内自讼，则无暇讼矣”。

喜谈别人短长，无事生非，是“圣门所憎”的行为。且“口舌之祸，惨于刀锯也”。郑之侨告诫读书人，不能好说他人之是非，评他人之短长，变成一个长舌之妇，这样容易造言生事。“不特己之行事有亏，而且设心先有不可问者矣。”[4]

郑之侨提出上述八戒，切中了当时读书人存在的弊病，用这种禁、戒的形式，以矫正其陋习，对书院的学者起到了很好的警示作用。

---

① 郑之侨：《鹅湖讲学会编》卷十一《辛酉戒诸生八则》，《四库全书存目丛书》（第 247 册），齐鲁书社 1996 年版，第 612 页。

② 郑之侨：《鹅湖讲学会编》卷十一《辛酉戒诸生八则》，《四库全书存目丛书》（第 247 册），齐鲁书社 1996 年版，第 612 页。

③ 郑之侨：《鹅湖讲学会编》卷十一《辛酉戒诸生八则》，《四库全书存目丛书》（第 247 册），齐鲁书社 1996 年版，第 612 页。

④ 郑之侨：《鹅湖讲学会编》卷十一《辛酉戒诸生八则》，《四库全书存目丛书》（第 247 册），齐鲁书社 1996 年版，第 613 页。

乾隆七年(1742),郑之侨又为鹅湖书院制定了第三个学规——《壬戌示诸生十要》,即学以知本为要、学以体认为要、学以力行为要、学以省察为要、学以存诚为要、学以益友为要、学以程课为要、学以读史为要、学以仪度为要、学以体裁为要。《壬戌示诸生十要》则是从正面引导学生,开示为学的方法、要旨。

郑之侨强调"学以知本为要"。为学为人之"本",就是"孝悌"二字。因为"读书之道,全在明善复初"①。通过读书,可去除迷惑,发现人性之善,回归人性之真,而人性"总以孝悌为本"。即使是"尧舜勋华事业,乃是孝悌做出来"。所以孝悌是为学之本,读书的目的是懂得孝悌之理,做一个孝悌之人。

他认为读书不仅仅是口耳之学,不仅要掌握书本理论知识,更要反身体认,将书本上的道理与自己的言行进行对照。通过读书来"克治其气质之偏,物欲之蔽"②,进而体认天理,要经常反省对照,才不会自欺欺人。所此,学以体认为要。

郑之侨认为,"学贵利行",学习的目的在于指导自己的行动。"夫即身而具之理,非力行不为功。……学问思辨所以为笃行之地也,修身处事接物皆笃行事也。……惟在于躬行而已矣。"③一个人要最终成才,要获得真知,就必须身体力行。以"力行"来"明理",做到学行一致,做到"读书穷理"与"躬行践履"的统一。强调"人生读书全在体认,不在浮词,全在当境力行"。因此,学以力行为要。

郑之侨强调学以省察为要。学生要经常省察自克,严于律己,自觉进行自我反省,做到"见贤思齐焉,见不贤而内自省也"。同时,还要通过自我反省,发现自己的过失,并加以改正,实现自我提高,实现个人道德的完美。

郑之侨认为"圣贤之学,以存诚为第一事",主张"学以存诚为要"。存诚即是心怀坦诚,真实无妄。但"世间学者往往看诚字不亲切,一似外而强捉来的"④。而要做到诚,就要做到"敬",要心存敬畏,"诚则无不敬矣"。

---

① 郑之侨:《鹅湖讲学会编》卷十一《壬戌示诸生十要》,《四库全书存目丛书》(第247册),齐鲁书社1996年版,第613页。

② 郑之侨:《鹅湖讲学会编》卷十一《壬戌示诸生十要》,《四库全书存目丛书》(第247册),齐鲁书社1996年版,第614页。

③ 郑之侨:《鹅湖讲学会编》卷十一《壬戌示诸生十要》,《四库全书存目丛书》(第247册),齐鲁书社1996年版,第614页。

④ 郑之侨:《鹅湖讲学会编》卷十一《壬戌示诸生十要》,《四库全书存目丛书》(第247册),齐鲁书社1996年版,第615页。

正如《学记》所谓："独学而无友，则孤陋而寡闻。"读书除有良师之外，还要有益友相互成全。所谓益友，就是孔子所谓"友直、友谅、友多闻，益矣"。但近今学者，朋友不少，益友鲜见，多是酒肉朋友，"多以浮夸相尚，绝不以诚相与。凡遇二三友朋，饮酒征逐，亲之而如兄弟，及至问其同甘共苦，却视之若冰炭之不相入"。这样，"不特不收朋友之益，且有各受其害于无穷者"①。因此，"学以益友为要"。

郑之侨认为"学有一定之候，功有一定之节，时有一定之序，日有一定之程"。读书是书院学子的主要功课，"学以程课为要"。学习要有安排，有计划，要学会读书。"早间读何书，午后读何书，灯下读何书，逐步检点，逐步精进。如或本日有事，不得按刻完功，则宜于夜间补之。"读书应当循序渐进，日积月累，持之以恒。

郑之侨认为"经世之术，济变之方，实莫备于史"。学史读史具有重要的意义，"读史者，验古今治乱兴亡得失之故，以长一己之材识，以扩一己之心胸"②。学者不仅要通经，还应知史，要广泛阅读经、史、子集等各类书籍。

"学以仪度为要"。仪度即是仪容风度，读书人不仅要有内秀的涵养，也要有端庄的容表、得体的言行举止。他认为"衣冠者，所以摄其心志也。衣冠不肃，心志之惰慢可知矣。……一身之威仪，动关德性"③。要求诸生行步必安详厚重，侍立要端庄静定，看人时要静正安闲，不能摇头弄尾，日常的行为举止，要合乎礼的规范。

所谓"学以体裁为要"，体裁是指诗文的结构及文风词藻。郑之侨认为"文章代圣贤立言，不独理解宜根柢注疏，即取材亦宜原本经术"。他批评当时的文风，没有新巧的构思和布局，不能出自胸臆。"今之为文，总不肯出自机杼，其浅者陈取上羹，触目生厌，其颇知自好者，又专读冷稿，袭其近似之旨，掉弄笔头，故为险怪以欺人。"④

---

① 郑之侨：《鹅湖讲学会编》卷十一《壬戌示诸生十要》，《四库全书存目丛书》（第247册），齐鲁书社1996年版，第615页。

② 郑之侨：《鹅湖讲学会编》卷十一《壬戌示诸生十要》，《四库全书存目丛书》（第247册），齐鲁书社1996年版，第616页。

③ 郑之侨：《鹅湖讲学会编》卷十一《壬戌示诸生十要》，《四库全书存目丛书》（第247册），齐鲁书社1996年版，第617页。

④ 郑之侨：《鹅湖讲学会编》卷十一《壬戌示诸生十要》，《四库全书存目丛书》（第247册），齐鲁书社1996年版，第617页。

郑之侨鼓励鹅湖书院的学子，见贤思齐，见不贤而内自省，循理遏欲，实现书院办学的目的。

郑之侨的鹅湖学规体系具有鲜明的特色，虽然在一定程度上承袭了《白鹿洞书院揭示》内核，《白鹿洞书院揭示》的五教之目、为学之序、修身之要、处事之要等，在郑之侨的学规中都有体现，如鹅湖学规中明确以明人伦为教育重心，以生徒道德修养，伦理教育为宗旨，把德育放在首位，提出“以立品为要，而立品之道，莫大于修身”，这在某种程度上，可视之为《白鹿洞书院揭示》的翻版。但鹅湖学规更加系统而全面，更不乏创新与特色。

首先，郑之侨连续三年给鹅湖书院制定了三个学规，构成了完整系统的学规体系。既有总纲，明确书院的教育宗旨、教育目标；又有从正面对生徒的引导，指导修身为人之道，开示为学十大要旨；更有反面的戒饬，以“八戒”克服学子常犯之弊病。正反结合，鲜明地指示学生，该做什么，不能做什么。郑之侨的《鹅湖学规说》，是为鹅湖书院制定的一个总纲，通过对《论语·述而》“志于道、据于德、依于仁、游于艺”的详细解读，来阐明鹅湖书院办学的宗旨，明确书院的办学目标，培育志存高远、品德高尚的英才，要把德育放在首位。在这个总纲的基础上，又制定了《辛酉戒诸生八则》，切合学子之时弊，对他们的行为提出了更加细致的要求和规劝，对其不良习惯加以矫正约束。“八戒”采用的都是“戒”“禁”这种较为严厉的方式，要戒除因循之习、嗜利之机、妒忌之心、钻营之举、赌博之行、诉讼之好等等，对生徒能起到更好的警示作用。乾隆七年的《壬戌示诸生十要》，以“学以……为要”的方式训导生徒，指出了读书、治学的门径和方法要旨，还对待人接物、言行举止提出具体要求，这种较为委婉的、开导式的语言，以正面引导为主，相比以“八戒”的戒饬方式更容易让生徒接受。

其次，郑之侨的鹅湖学规体系，重视经世致用，主张实用之学。认为书院不仅要修养身性，培养良好的品德，更要经世，养性与经世并用。他说：“六经皆经世之书也，而实治性之书。”他在《八戒》中批评了一些生徒，痴迷辞章，游山玩水，不知钱谷刑名的不良倾向。要求书院教学既修义理德行，又要习经世致用之学，“穷究于名教象数”，最终达到“以圣贤道理处天下国家事，而沛然裕如矣”的理想境界。强调读书不仅是口耳之学，更要反身体认，身体力行，致知与践行应该并重。

最后，重视经史之学，注重读史，提出“学以读史为要”。虽然国家以科举取士，但书院不应唯科举是瞻，学者不仅要通经，还应知史。因为史中有历代帝王将相的“经济之猷”，认为“经世之术，济变之方，实莫备于史”，史学就是经世之学。读史不仅可以增长见识，更能寻找善败得失的经验与教训。他说：“读史者，验古今治乱兴亡得失之故，以长一己之材识，以扩一己之心胸。”在学规中强调学以读史为要，无疑具有远见卓识。

总之，郑之侨的三个学规，构成了完整的学规体系，让鹅湖书院作为朱陆论辩之所，更好地承担培育人才、发明圣道、接续道统的重要使命①。强调书院要将德育放在首位，重视人品、人格和气节的教育，“这些，莫不体现出郑之侨为国家教育与培养英才，希望造就众多的“内圣”，得以用“圣贤道理处天下国家事”的心愿”。② 对郑之侨鹅湖学规的精核妙旨，应当吸取和发扬。

5. 鹅湖书院的地位

鹅湖书院作为江西四大书院之一，在江西教育史上具有重要的地位，对上饶的文化教育更产生了深远的影响。“对南宋和后世的书院，有一定的影响。它继承并发扬了自古以来书院兼容并蓄，学者各抒己见，互相切磋的讲学风气，虽有不同意见和争论，但能互相尊重不同的见解和观点，这是难能可贵的。”③

首先，开创了书院“会讲”之先河，树立了不同学派之间平等学术论争的良好风范。朱熹和陆九渊、陆九龄都是学识渊博的理学宗师，名动天下，尽管学术渊源和为学之要各有侧重，鹅湖之会上，朱熹与二陆通过论辩来表达各自的学术思想，期望取长补短，打破门户之见而融汇各家之长，开创了书院“会讲”之先河。同时，这种既坚持自己的学派主张，又不抱门户之见而党同伐异，相互尊重的学术争论风范，为后世学人树立了良好的榜样。会讲制度也逐渐成为具有书院特色的教学方式，形成了百家争鸣的生动局面。

其次，推动了理学的传播与发展。书院与理学有如一对孪生兄弟，二者相辅相成，相得益彰，理学家们以书院为阵地，讲学授徒，宣传自己的学术思想，扩大学派的影响力；同时，理学大师的讲学活动，又提升了书院的知名度。朱、陆鹅湖之会后，朱熹的铅山弟子徐昭然，在鹅湖寺旁“斩艾蓬蒿葺茅屋”，聚徒讲学，传播朱熹

---

① 冯会明、汪逸：《郑之侨鹅湖学规体系述评》，《上饶师范学院学报》2015 年第 5 期，第 6—10 页。

② 吴长庚：《郑之侨与〈鹅湖讲学会编〉》，《上饶师专学报》1996 年第 5 期，第 79—82 页。

③ 李才栋：《江西古代书院研究》，江西教育出版社 1993 年版，第 187 页。

理学思想。绍定年间(1228—1233),朱熹的上饶弟子陈文蔚及其门人徐元杰,“聚徒讲学鹅湖,以斯文自任”。朱熹及其门生弟子的讲学活动扩大了鹅湖书院的影响,有利于理学的传播和发展。

再次,提供了爱国主义教育优秀范例。淳熙十五年(1188)冬,才气相若,抱负相同,都是力主抗金复国的志士辛弃疾与陈亮的第二次“鹅湖之会”是讨论“经世致用,救济时艰”的一次爱国聚会,他们“长歌相答,极论世事”,纵谈十日,共商复国大计,慷慨忧时,留下千古佳话,为唤醒臣民立志收复失地,抗击外族入侵起到了重要作用。第二次鹅湖之会充满着爱国主义情怀,为爱国主义教育提供了一个优秀的生动范例。

最后,鹅湖书院的教学方法与教育思想,特别是鹅湖书院的学规体系,明确书院的教育宗旨、教育目标,继承了朱熹白鹿洞书院学规的要旨,强调书院要将德育放在首位,重视人品、人格和气节的教育,从而使鹅湖书院承担发明圣道、接续道统,培育人才的重要使命,培养了大批人才。仅乾隆一朝就培养了 7 个进士、3 个贡士、2 个副贡、1 个拔贡、5 个举人。

明嘉靖二十七年(1548),国子监五经博士吴世良在为书院题写的碑文中,提出:“天下四大书院:嵩阳、岳麓、白鹿洞、鹅湖。”将鹅湖书院与嵩阳书院、岳麓书院、白鹿洞书院并称“天下四大书院”。

昔日的鹅湖书院,因朱陆四贤鹅湖之会而名满天下,“朱、陆当年分讲席,圣贤之师传芳名”。今天的鹅湖书院以其古色古香的历史风貌,以“仁山智水,圣域贤关”的文化底蕴,成为上饶书院文化的典型代表和著名的文化旅游景区,吸引着四方学子和中外游客。

二、信州理学瑰宝——怀玉书院

怀玉书院,亦称草堂书院、斗山书院,因位于玉山县城西北 76 千米之外的怀玉山上而得名。怀玉山脉是江西与浙江两省交界地,是鄱阳湖水系和钱塘江水系的分水岭,平均海拔均在 1000 米以上。怀玉书院坐落在怀玉山大洋坂北端、金刚峰之阳,面对玉琊峰。此处地势宽平,水土肥沃,周围八座奇峰耸立,最高为云盖峰,海拔 1538 米。怀玉书院赋予怀玉山这座名山特有的文化内涵。

怀玉书院经历一千多年的洗礼,凝聚着东南理学、心学和婺学三大学派的学术精华，汪应辰、朱熹、吕祖谦、陆九渊等理学大师都曾讲学于此。“淳熙间，朱文公、陆文安、汪文定诸贤讲学兹山，有司及门人扩而大之，置田以供四方来学者，自是门徒日众。”特别是朱熹还有《玉山讲义》传世，大师过化存神，培育了玉山的一代文风，怀玉书院堪称玉山乃至信州的理学瑰宝，曾经名重江南，成为上饶四大书院之一。

1. 怀玉书院创建与朱熹的讲学

唐大历年间(766—779)，僧人志初云游怀玉山，在金刚峰南麓建定文寺，后更名法海禅院、怀玉寺。北宋开宝七年(974)，传说时任玉山县令的杨文逸在孙子杨亿出生的那天，做了一个梦，梦见一道人前来拜谒，自称怀玉山人，后即梦醒。此时恰好孙儿杨亿出生，为应梦验，于是选了怀玉山法海寺中一间房子，作为杨亿读书处，后称杨亿精舍，也就是怀玉书院的前身。

杨亿(974—1020)，字大年，祖籍福建蒲城，出生于信州玉山县，是北宋著名的文学家，西昆体的主要代表。杨亿是有名的“神童”，7 岁能文，10 岁就能作诗，11 岁时在京城留下了“愿秉清忠节，终身立圣朝”的诗句，得到了宋太宗的赏识。中进士后，任翰林学士兼史馆修撰等职。他“博览强记”“才长于史”，参编过《太宗实录》，与王钦若等人主持编纂的《册府元龟》，是北宋四大类书之一。他的诗集名为《西昆酬唱集》，后人称他为西昆体的集大成者。

南宋时，著名理学家汪应辰、朱熹、吕祖谦、陆九渊等先后到这里讲学。南宋绍兴五年(1135)，汪应辰中状元后，曾上怀玉山讲学。朱熹在怀玉山讲学时，为书院题名“草堂”二字，所以世称草堂书院。王宗沐在《怀玉书院记》中有载：“金刚峰下为怀玉寺，稍南，为怀玉书院(草堂书院)，宋朱子讲学其中。”南宋绍熙五年(1194)十一月，朱熹从都城临安回归福建，途经玉山，应玉山县宰司马迈之邀请到书院讲学，留下了著名的《玉山讲义》，对自己的理学体系进行了一次最精致明晰的总结，被称为“晚年亲切之训”。他提出要做到尊德性和道问学的统一，后人在怀玉书院的柱子上，题写了“溪涧合流，在山时作琤琮，流尝泽物；朱陆讲道，后人妄分脉络，道本同源”的对联，也体现了二者统一的思想。正是由于一批大师先后在此讲学，因此有“玉山之会，鹅湖之争，倾动一时”之说，怀玉书院也与白鹿洞、鹅湖并立于东江，名扬天下，成为江西著名书院之一。

南宋德祐元年(1275)，玉山乡贤王奕，弃官入怀玉山隐居。第二年，宋景炎元年(1276),谢叠山在余江与元军血战。兵败之后,应王奕邀请,也曾前往怀玉山暂避,与王奕一起重建书院,更名梅岩精舍,因王奕号斗山,世称斗山书院。王奕、谢叠山在书院以讲朱陆和会为主,在继承程朱理学家道德气节的同时,对陆九渊的性命道德之说亦加尊崇,崇信陆学反求吾心的学说。谢叠山身体力行,倡导朱、陆之性命道德学说。他说:"学孔、孟者,必自读《四书》始。意之诚,家、国、天下与吾心为一;诚之至,天地人物与吾性为一。"①留下了"人可回天地之心,天地不能夺人之心。大丈夫行事,论是非不论利害,论逆顺不论成败,论万世不论一生。志之所在,气亦随之,气之所在,天地鬼神亦随之"②的著名言论。

王奕讲学亦坚持读书笃实的功夫,他有"《王斗山文集》《玉窗如庵记》《东鲁义约》《和徐中丞容斋泰山一百四韵》等近百卷文章传世。王奕以怀玉书院为家,加上自己及文章的名气,使怀玉书院知名度进一步扩大"③。

2. 怀玉书院的历次重修

怀玉书院建成后,命运多舛,多次遭受损毁又复重建的命运。

怀玉书院在元初被废毁,僧人以其故址为寺,书院为僧寺所占。元至顺年间,玉山县令郑伯飞重修了怀玉书院,并将正殿更名为"芳润堂"。在以后数次的重建中,为纪念郑伯飞重建怀玉书院的功绩,正殿一直沿用"芳润堂"之名。

入明以后,天顺、成化年间,玉山知县方中与广信知府姚堂重修怀玉书院。

明正德六年(1511),提学副使李梦阳再次重修书院,复建书院于芳润堂之右,并置学田 200 亩,以供书院教学所需和生员膳食。

李梦阳(1472—1529),字天赐,又字献吉,号空同子,陕西庆阳(今属甘肃)人。李梦阳是明代中叶著名文学家,倡言"文必秦汉,诗必盛唐",时人誉为杜甫之后第一人,与王廷相等号称"前七子"。弘治六年(1493)乡举第一,次年中进士,授户部主事,迁郎中,因忤权贵,被钩下狱,得释。十八年应诏上书,又得罪刘瑾,下锦衣狱,将被杀,幸得康海救免。刘瑾伏诛后,得复故官。

---

① 谢枋得:《叠山集》卷三《东山书院记》,《影印文渊阁四库全书》第 1184 册,上海古籍出版社 1987 年版,第 879 页。

② 谢枋得:《叠山集》卷二《与李养吾书》,《影印文渊阁四库全书》第 1184 册,上海古籍出版社 1987 年版,第 864 页。

③ 王金平、邬小辉主编:《江右书院行之轶文》,江西美术出版社 2015 年版,第 157 页。

正德六年(1511),李梦阳升任江西提学副使,并“奉特旨举闻重事”。在江西任上,李梦阳重视文教,凡所到之处,即采访“谣俗”“义士”“笃行”,悉奏告表章,以振作士气,命诸生毋谒上官,见官亦长揖毋跪。自己亦身体力行,御史江万实巡按江西时,诸官皆跪接,独梦阳不跪。李梦阳以为江奉敕督察官员,自己奉敕提督学政,皆奉敕行事,何需屈跪。他在江西废淫祠,兴学校书院,与郡、县官员共同倡导修复了白鹿洞、叠山、象山、鹅湖、东山、怀玉诸书院,并多有题记,对江西的书院建设颇有贡献。

但8年之后,书院又毁于宸濠之乱。

嘉靖三十三年(1554),江西提学副使王宗沐巡视玉山,将已经被占据作为寺庙的法海禅院,重新恢复为书院。在巡抚何迁、布政使张元冲、参政陆稳、知府林光祖等人的大力支持下,对怀玉书院进行了一次大规模的修缮扩建。王宗沐将修复后的书院改名为怀玉书院,从此,正式有了怀玉书院这一名称。

重修后的怀玉书院,建筑设计仿效白鹿洞书院,前有泮池,碧泉自涌,经泮池自照墙入书院大门,大门上刻有“怀玉书院”四字门匾。重修后的怀玉书院规模宏大,主体是三重两层左右开间的石木结构建筑,中间正殿为崇圣殿,殿中高悬“芳润堂”三个大字的题匾。大殿上有明柱,柱子上题刻着“修身诚意正心致知格物,先齐其家,孝事君,悌事长;博学审问慎思明辨笃行,果能此道,愚必明,柔必强”的对联,表达了怀玉书院的教学宗旨和培养目标。中殿为“朱子殿”,为纪念朱熹而建。正殿左边为崇贤祠,右边为报德祠,殿后还有明德堂、易简堂、敬一楼等建筑。左右为居仁斋、由义斋,建尊经阁,购置书籍,殿前有桂花树、柏树、“一勺泉”水井等,还有忠、信两号舍,以居士子。王宗沐还为书院措置了33顷学田,每年可收入田租3300余石,以奉祀养士,作为书院的办学经费。王宗沐在《怀玉山书院记》中云:“金刚峰下为怀玉寺,稍南,为草堂书院,宋朱子讲学其中。……今怀玉乃化缁素而绅履,易贝帙而诗书。”①

怀玉书院聘请王畿、钱德洪、吕怀等知名学者来主持书院讲席,设立讲会,传播各派学术,尤其是陆王学说。新建后的怀玉书院,“悉如白鹿洞规制”,将《白鹿洞书院揭示》作为怀玉书院的学规。

---

① 汪凤刚主编:《玉山县志·附录编·艺文辑存卷》,江西人民出版社1985年版,第42页。

万历七年(1579),张居正废天下书院,怀玉书院也在被禁废之列。天启四年(1624),怀玉书院再次被废,田归于僧。

入清之后,怀玉书院进行过几次重修。

清康熙六年(1667),玉山知县唐世征对怀玉书院进行了修葺,在书院增祀汪应辰、吕祖谦、朱熹、陆九渊等曾讲学怀玉书院的四贤。康熙二十二年(1683),知县余毓浩再次对书院进行了修缮扩建。

康熙五十二年(1713),知县沈景韩又重加修葺。沈景韩和李光地皆有记。李光地在《重修怀玉书院记》中,认为兴学校育人才是为政之要,“为政者以新学校育人才为先。然学校之新也,必先聚集人士而启告以圣贤为学之意。”“幸而其地为圣贤所生长、所游经,则遗教流风往往而在。于是有贤者莅政于兹,咨诹旧迹,兴起坠绪,感动奋发,必倍于他邦”。“子朱子生长建州,趋朝归山,则信州其孔道也。是故玉山之会,鹅湖之争,倾动一时,见于止斋陈氏之书,而其故址皆在于信。……独《玉山讲义》剔抉详明,虽因问而答而已,尽乎义理之根源、功夫之切要。”怀玉书院曾有玉山之会,传世《玉山讲义》,影响巨大,更理应修复。否则,“怀玉书院旧有之而不修,前哲风流,来者无所矜式。”同时对沈景韩修复怀玉书院的善举大加赞赏:“沈侯景韩以名家子来宰兹邑,上顾高山,仰止生慕;下视城阙,嗣音兴嗟。周爰名区,于稽文献,廨宇聿备,祀事孔严,盖将表前修于渺茫,振斯文之微歇!此岂世俗从政劳劳于薄领填委者所能知哉!”①

乾隆七年(1742),朱世荣、毕璋等,捐资赎回原田,重建怀玉书院。在乾隆十七年(1752)进士赵佑的《献堂集·复建怀玉书院记》中有关于此事的记述:“今皇帝御极,文教宣畅,学校咸理;有邑诸生朱世荣、毕璋等慨然兴作,始排众难,鸠同好,即山求故址所在,告诸官捐资复之。”将这一“紫阳朱子与陆文安、吕文成、汪文定诸公讲道其中”的书院再次修复。

同治三年(1864),玉山代知县章徵,光绪十六年(1890),知县徐允升又分别对怀玉书院进行了两次大规模修葺,使面积达一万余平方米。光绪末年,在玉山县城设立县立高等小学堂,怀玉书院因山高路远,交通不便,日益荒废。

---

① 李光地:《榕村集》卷一四《重修怀玉书院记》,《影印文渊阁四库全书》第1324册,上海古籍出版社1987年版,第727页。

宣统三年(1911),在怀玉书院旧址上,设立怀玉中学堂,王敬先任堂长。1913年,改为乙种实业学校,由任琵源担任校长一职。1914 年,又改为玉山县立第二小学,周维翰任校长。1916 年,再次更名为怀玉高等小学。土地革命战争时期,怀玉山一带成为闽浙赣苏区的根据地。1934 年,国民党军队为“围剿”阻截方志敏率领的中国工农红军北上抗日先遣队,驻扎在怀玉书院,其后书院尽被焚毁。

新中国成立以后,在怀玉书院的旧址上,兴建了怀玉山垦殖场。

怀玉书院历经千年风雨,几经兴废,曾为培养玉山学子作出了不懈的努力,也见证了玉山人民崇教兴学的历程。如今,玉山县委、县政府对怀玉书院进行重建,修建一新的怀玉书院建在翠峰环绕、修竹万竿、阳开气抱的金刚峰东麓,院前泮池,碧泉自涌,经泮池自照墙入门,门上刻有“怀玉书院”大型石碑门匾,修建一新的怀玉书院主体是三重双层左右开间展伸的大型明清石木结构古建筑,使这所曾经承载玉山文脉的古老书院重放光彩。

三、仁人志士的纪念堂——叠山书院

位于弋阳县城信江北岸东门岭的叠山书院是为纪念抗元英雄谢叠山而建,叠山书院在江西的书院中独树一帜,是为纪念谢叠山而建的仁人志士的纪念堂。

叠山书院的前身是“谢文节公祠”。为纪念谢叠山的爱国情操和高尚品格,在他殉难 24 年之后,即元仁宗皇庆二年(1313),其门生虞舜臣和当地乡亲为了感恩贤师和缅怀义士,不顾官府阻挠,在弋阳县城东门外建了叠山祠,这是叠山书院的前身。延祐四年(1317),经江浙行省奏请朝廷,叠山祠改为叠山书院。道光二十九年(1849)知县陈乔枞将葛溪书院迁到东门万寿宫,更名为叠山书院,主祀谢叠山。咸丰五年(1855)太平天国运动时,书院遭拆毁。同治九年(1870),知县俞致中修葺,光绪二十八年(1902),叠山书院改为弋阳高等小学堂,1913 年,改为弋阳县立高等小学。

历经数百年风雨,书院建筑仍然保存完好,留存有礼圣门、文昌殿、明伦堂、桂花园、山长室、藏经阁、望江楼等建筑,是江西现存规模最大、建筑构架保存最完整的古书院之一,成为上饶的文教圣地。

1. 叠山气节

谢叠山(1226—1289),本名谢枋得,字君直,上饶弋阳县人。因崇拜苏东坡

“溪上青山三百叠,快马轻衫来一抹”的诗句,自号“叠山”,所以人们称他为“叠山先生”。

谢叠山祖籍浙江绍兴,是谢灵运的三十世孙,因高祖父谢通灵任弋阳县令,从而定居弋阳。其父谢应秀,曾任广西浔州通判。谢叠山从小聪明勤奋,喜欢读书,记忆力惊人,“每观书五行俱下,一览终生不忘”,有“神童”之誉。他自小就受到爱国忠义的教育,为人正直的父亲经常教他读辛弃疾的文章奏稿,钟爱他的母亲更教他知书达理,正直为人。良好的家庭教育养成了他为人豪爽,胸怀大志,嫉恶如仇的性格。

谢叠山走的是大多数读书人常走的读书、科举、做官的道路。1256 年,31 岁的他赴临安参加进士考试,与 20 岁的文天祥同科。考官王应麟非常欣赏他在对策中表现出来的忠肝义胆和出众的才华,把他的卷子取在第一,再呈送给皇帝宋理宗钦阅,并最终确定名次。当宋理宗看完后,觉得这个考生文采果然出众,对朝廷也是一片忠心,但由于他在对策中,直言不讳地指责权贵的腐败,过于锋芒毕露,于是把他取为二甲第一名,而把原本排在第五的文天祥取为状元。

考中进士以后,谢叠山被任命为抚州司户参军,即掌管抚州的户籍、赋税等事,但由于当时奸臣当道,政治黑暗,谢叠山奉行读书人“天下有道则现,天下无道则隐”“治则进,乱则退”“达则兼济天下,穷则独善其身”的处世理念,不愿与奸臣为伍,同流合污,毅然抛弃功名,没有赴任,回到了家乡隐居读书。

1259 年,蒙哥汗、忽必烈等率蒙古军队分三路,大举攻宋。次年,忽必烈的骑兵进攻江南西路的临江和瑞州,即今天的高安一带,大量难民逃到江东,而信州弋阳成为首选之地。为了保家卫国,闲居在家的谢叠山动员组织了两千多人的民间武装,准备抗击蒙古军队,保卫家园。为了筹集军费,他毅然把家里的田产变卖。他的妻子李氏也深明大义,把陪嫁的金银首饰全部变卖,用作军费。这种毁家抗元的义举,被江东西宣抚使赵葵欣赏,拨给了他一批军粮和十万贯纸币,让他招募民兵,捍卫饶州、信州,并报请朝廷批准,任命他为礼兵部架阁,使谢叠山赢得了很高的声望。

1264 年,39 岁的谢叠山,被任命为江东路乡试考官。他对当时宋理宗的宠妃贾妃之弟贾似道的弄权误国、荒淫无耻极为不满。于是,利用做主考官的机会,在试题中,谢枋得连出十道问题,指责贾似道“窃政柄,害忠良,误国毒民”,必将导致

“天心怒，地气变，民心离，人才坏，国有亡”的局面，这就是著名的“江东十问”，显示出谢叠山不屈权贵的高尚品德。结果被贾似道削去了礼兵部架阁的职务，贬到江西路兴国军安置（今天的湖北阳新县），但贬所知州、知县，对谢叠山的人品和才学非常尊敬，都对他执弟子之礼。

巧合的是，谢叠山十分崇敬的北宋文学家苏东坡也曾因“乌台诗案”被贬于此地。谢叠山非常喜欢苏东坡“溪上青山三百叠，快马轻衫来一抹”的诗句，也十分敬佩苏东坡在逆境中仍然保持乐观向上的态度，因此，他效法苏东坡，也在自己的书堂题写了“叠山”二字，并自号“叠山”，后人尊称他为“叠山先生”。

1275 年，元军大举南下，3 月，攻破了饶州，随后，直逼信州。信州是元军进入南宋都城临安的战略要冲，形势非常危急！朝廷迫于压力，重新启用谢叠山，9 月，任命他为江东提刑，执掌兵权，招集人马，捍卫信州。同年十一月，又任命他为礼部侍郎，江东提刑兼江西招谕使、信州知府。谢叠山曾召集一批江南义士聚会铅山金相寺，颂扬辛弃疾的“英雄之才，忠义之心，刚大之气”，高度评价辛弃疾的爱国精神，认为其“精忠大义，不在张忠献，岳武穆下”。因为谢叠山的声望，各地义士纷纷前来投奔，很快就聚集了一支近万人的队伍。1276 年正月初一，谢叠山率领义军与元军两万多人在安仁县城北团湖坪（今余江县锦江镇）附近与元军决战，虽然义军作战勇猛，但因兵力相差悬殊，又无援军，而且谢叠山的步兵根本不是蒙古骑兵的对手，经过一番血战，元军攻下安仁，随后攻占了信州。

1276 年 3 月，元军占领南宋都城临安，谢太后下达了降元诏书，命令南宋臣民归顺元朝，放弃抵抗。谢叠山虽然接到了诏书，但坚决拒绝降元。他说：“君臣以义合者也。合则就，不合则去。”可见，谢叠山对皇帝并非只是无原则的愚忠。

1276 年 6 月，张世杰等在福州拥立端宗即位，谢叠山被任命为江西制置使，在弋阳组织抗元义兵。谢叠山再次出山，召集了数千人的抗元队伍，9 月，他率部攻打铅山县城永平，同样因寡不敌众，再次以失败告终。

为了抗元，谢叠山的家庭付出了沉重的代价。他的妻子、女儿及五个弟、侄，也先后殉国，可谓是满门忠烈。安仁血战后，他的妻子李氏与三个子女被俘，关进了建康府的监狱，监狱长见李氏长得端庄，硬要逼她为妾，李氏宁为玉碎，不为瓦全，同她的女儿及两个丫环，先后上吊殉节。他的弟弟、三个侄子都死在狱中。

进攻铅山失败后，元军四处追捕谢叠山，不得已，他改姓易服，扮作一个道士，逃亡到福建武夷山中，以算卦为生。这种流亡生活，一直持续了八年，直到 1286 年，谢叠山母亲去世后，才回到了家乡弋阳，为母亲料理后事。

元朝统一全国之后，元世祖忽必烈非常敬佩谢叠山的才华和品行，千里迢迢派大臣来到信州，想礼聘他到朝廷做官。但是，谢叠山不图荣华富贵，坚持民族气节，宁做南宋的遗民，也不做元朝的高官，先后五次拒绝了元政府的征聘。写下著名的《却聘书》："人莫不有一死，或重于泰山，或轻于鸿毛，若逼我降元，我必慷慨赴死，决不失志。"

1288 年冬天，福建行省参政魏天佑为邀功，将谢叠山强行押到大都。临行前，谢叠山写了《魏参政执拘投北，行有期，死有日，诗别二子及良友》的告别诗：

雪压松柏愈青青，扶直纲常在此行。
天下岂无龚胜洁，人间何独伯夷清。
义高便觉生堪舍，礼重方知死甚轻。
南八男儿终不屈，皇天上帝眼分明。①

常言道："诗言志，歌咏怀。"他以雪中松柏自比，表达自己为坚持民族大义，敢于傲霜斗雪的铁骨松风，并用龚胜、伯夷等义士的事迹激励自己，表明他生为南宋之臣，死为南宋之鬼，此去将以死报国，决不作不忠不义之人的决心。

1289 年 4 月，谢叠山到达大都，哭拜完谢太后之墓后，在悯忠寺（今北京法源寺）绝食五天，以死殉国，终年 64 岁。"叠山一生，文才武略，精忠报国。以难得之才，怀救世之心，精研典章制度，判析春秋微言。笔落华章，诗文意气风发。家国危难，义不容辞。与文天祥同赐谥。天祥赐忠烈，枋得赐文节。"

谢叠山是南宋末年著名的爱国诗人，学识渊博，著作等身，给后人留下了极其珍贵的文化遗产。谢叠山为文推尊欧、苏，认为"欧苏起遐方僻壤，以古道自任，发为词华，经天纬地，天下学士皆知所宗"。他对宋末文风颇表不满，指出"七十年来，文体卑陋极矣"，以振兴斯文自任，与文天祥、刘辰翁一道，成为"遗民诗派"的

---

① 谢枋得：《叠山集》卷一《魏参政执拘投北，行有期，死有日，诗别二子及良友》，《影印文渊阁四库全书》第 1184 册，上海古籍出版社 1987 年版，第 850 页。

主要代表。他们的作品具有壮烈激昂、悲凉沉痛的风格,充满了爱国主义思想感情,在宋诗中占有相当重要地位。他的文章格调高奇,气势磅礴,切中时弊,令人读之泣下。如《谒辛稼轩先生祠记》《上丞相留忠斋书》《上程雪楼御史书》《与参政魏容斋书》等都是文中上品。他的《叠山集》收录于《四库全书》。谢叠山还著有古文选评集《文章轨范》,以指导士子参加科考。《文章轨范》以文章类别选录了汉晋唐宋时期诸葛亮、陶潜、韩愈等15位作家的69篇文章,并逐一进行评点,该书集宋人评点学之大成,是一部重要的评注选本,在中国古代文学批评史上占有一席之地。

谢叠山在国家危亡之际,毁家纾难,临危受命,率军抗元。在国破家亡之后,忠臣不事二主,宁做大宋遗民,绝不做蒙元高官,保持高尚气节,最后绝食殉国。

明景泰年间,朝廷正式为谢叠山谥号"文节"。

南宋是程朱理学盛行的时代,士大夫的社会地位和担当意识及社会责任感空前加强,张载提倡的"为天地立心、为生民立命、为去圣继绝学,为万世开太平"的人生追求,让读书人有"铁肩担道义,妙手著文章"的强烈使命担当。谢枋得一生追求成圣成贤,以程朱理学的圣贤理论要求自己,更用自身的言行来承当"程朱之事"。他说:"儒者常谈所谓为天地立心,为生民立极,为去圣继绝学,为万世开太平,正在我辈人承当,不可使天下后世谓程朱之事皆大言无当也。"①他在《和曹东谷韵》中,谢枋得高唱:"万古纲常担上肩,脊梁铁硬对皇天。人生芳秽有千载,世上荣枯无百年。此日识公知有道,何时与我咏游仙。不为苏武即龚胜,万一因行拜杜鹃。"②表达了铁肩担道义的担当。在宋亡之后,他五次拒绝了元朝的征聘,坚持了民族气节。他曾与李养吾言道:"人可回天地之心,天地不能夺人之心。大丈夫行事,论是非不论利害,论逆顺不论成败,论万世不论一生。志之所在,气亦随之,气之所在,天地鬼神亦随之。"③谢枋得身体力行了理学家的性命道德论,为后世所崇敬。

谢叠山以扶持三纲五常,挽救宋朝国家危亡为己任,为抗击元军,他毁家纾难,

---

① 谢枋得:《叠山集》卷二《与李养吾书》,《影印文渊阁四库全书》第1184册,上海古籍出版社1987年版,第864页。

② 谢枋得:《叠山集》卷一《和曹东谷韵》,《影印文渊阁四库全书》第1184册,上海古籍出版社1987年版,第850页。

③ 谢枋得:《叠山集》卷二《与李养吾书》,《影印文渊阁四库全书》第1184册,上海古籍出版社1987年版,第864页。

组织义军，奋起抵抗；临危受命，率军抗元；血战安仁，再战铅山。但独木难支大厦倾，国破家亡之后，他忠臣不事二主，保持高尚气节，最后绝食殉国。以实际行动，实现了孟子所倡导的“富贵不能淫，威武不能屈，贫贱不能移”大丈夫精神和“舍生取义，杀身成仁”的高尚人格。

明代大学士李奎在《褒崇忠节奏疏》中，称其“忠肝义胆与金石同坚，高名峻节与文天祥相表里”。谢枋得号叠山，文天祥号文山，其忠贞不屈的精神，与文天祥一道，被称为中国爱国主义的两座高峰。

王守仁曾亲临弋阳叠山墓拜谒，并题诗云：“国破家亡志不移，文山心事两相知；当时不落豺狼手，成败至今未可期”，表达了对谢叠山这位仁人志士的崇敬之情。

1952 年，时任江西省省长的邵式平将谢叠山精神提炼为“誓死抗元的爱国精神，关心百姓的爱民精神，敬老爱幼的孝慈精神，不慕名利的廉洁精神和坚强不屈的奋斗精神”。

2. 叠山书院的建筑

叠山书院坐北朝南，依山傍水，占地面积 7000 多平方米。书院主体建筑分布在三条主轴线上，并由“介形”长廊连成一体，是典型的明、清建筑群。叠山书院也是江西省现存保护最完整、规模最大的古书院之一。

书院大门又称“礼圣门”，就是接受圣贤洗礼之意。民族英雄林则徐曾来书院拜谒，为书院亲笔题写了“叠山书院”牌匾。现今大门上方“叠山书院”四个金字，则是由邵式平题写的。大门两边有“为官爱祖国，叠山浩气化作奔腾信水；建军闹革命，志敏精神凝成屹立圭峰”的对联，则将谢叠山与方志敏两位仁人志士紧密联系在一起。

文昌殿是整个书院内保存最完整的单体建筑。1851 年，县城文庙迁到这里而兴建，用来祭祀孔子及其弟子，现为弋阳腔陈列室，主要展示有关弋阳腔形成和流传的图片。

藏经阁，建于清乾隆年间，是书院收藏图书的地方，也就是当时书院的图书馆。

明伦堂是叠山书院的正殿，是言明政教、人伦的地方，也是书院学子们读书、讲学、祭祀、庆典活动的主要场所。明伦堂是书院面积最大的主体建筑，始建于 1313 年，清乾隆五十四年(1789)重建。现为谢叠山生平陈列室，正中矗立着一尊雄伟的谢叠山造像，正气凛然，两旁刻有“清明正大之心不可以利回，英华果锐之气不可以威夺”的对联，这是叠山先生的座右铭，也是他一生爱国精神的生动写照。

明伦堂左侧有一座元代风格的山长室，粉墙红柱，朴素雅静，是书院中保存最久的建筑物。

桂花园因院内植有古桂而得名，始建于清道光年间，是由三幢平房组成“凹”字形院落，供学生住宿。

望江楼是叠山书院唯一的二层建筑。明天启二年(1622)，由弋阳知县孙森筹款所建。望江楼古朴雄伟，站在楼上，可将“弋江十二景”尽收眼底，是叠山书院最佳观景处。方志敏、邵式平等革命先烈曾就学于此，受“五四”爱国热潮的影响，方志敏等在望江楼建立了革命团体“九区青年社”，并秘密组织发动了弋阳人民抵制日货运动，传承了爱国精神。

明景泰二年(1451)右佥都御史韩雍巡抚江西，见弋阳叠山祠常年失修，命在弋阳县南重建叠山祠，并奏请朝廷，追谥文天祥为“忠烈”，谢枋得为“文节”，春秋致祀，聘师聚徒讲学。广信府知府姚堂也在府治之南新修文节公祠。

正德六年(1511)，李梦阳任江西提学副使，支持广信知府陆征之修复叠山书院，聘请当时大儒主持书院讲席，请汪俊记其事。书院建成后，明代理学家李梦阳，礼部尚书汪俊等达官名流纷纷慕名前来叠山书院观瞻、讲学，使叠山书院声名远播。

清乾隆年间，叠山书院增建了藏经阁，道光年间，又增建了由三幢平房组成的桂花园。

清朝末年，随着科举制度的废除，叠山书院也改为弋阳县立高等小学，开设国文、数学、历史、地理等课程，成为一所传授新文化知识的新式学校。

1916 年，17 岁的方志敏考入了弋阳县立高等小学，来到叠山书院读书，在这里深受谢叠山的爱国忠诚、坚贞不屈精神所熏陶，也接受了新文化思潮的洗礼，积极参加和组织各种爱国活动，第二年便组织了以“追求光明，憎恨黑暗，敢与恶势力斗”为宗旨的“九区青年社”，还创办社刊《寸铁》，作为宣传斗争的武器。邵式平回忆：“由于他聪颖出众，书籍读了很多，文章写得很好，接受新思想很快，能说能干，斗争性很强，他在同学中就像一块大磁铁一样，群众很自然地都团结在他周围。入学不久，他就成了全校同学所爱戴的学生领袖。”①叠山书院、叠山精神是方志敏精神的重要源泉之一。用他自己的话讲，他由一个不知爱国为何物的山区小孩，“以后进了高等小学读书，知识渐开，渐渐懂得爱护中国的道理”。②

叠山书院，演绎人间忠义，作为往昔弋阳的最高学府，培养了大批的仁人志士和民族英才，成为江西省知名书院，成为上饶四大书院之一。

四、清代广信最高学府——信江书院

信江书院坐落在上饶市区信江南岸黄金山北麓的丘陵台地上。北临信江，西襟丰溪，占地一百余亩，地理环境优越，所谓“信水西流烟波笼，山青水碧立书院”③。信江书院因临信江而得名，亦称曲江书院、钟灵讲院、紫阳书院，是清代广信府七县士子读书求学的最高学府，也是上饶人才培养的摇篮。

信江书院自清代兴建之日起就脱颖而出，独领风骚三百年，名播远近，成为上饶人杰地灵、人文荟萃的重要符号。④

1. 信江书院的建造历程

信江书院始建于康熙年间，有曲江书院、钟灵讲院、紫阳书院等别称，乾隆四十六年(1781)才开始称为信江书院。

康熙三十三年(1694)，直隶宝砥(今天津宝砥)人张国祯任广信知府，在任上政绩不俗，深得民心，康熙三十六年(1697)，广信府乡绅们效法南宋时为赵汝愚建生祠的做法，为张国祯也建了生祠，张国祯不肯接受，将其改为义学，招士子读书其中，取名为“曲江书院”，因位于信江、丰溪两河交汇之处，故名“曲江书院”。书院虽为初创，但是其规模却非同一般，可以“招致士之秀者近百人，讲肄其中”⑤。

曲江书院建成后，经过了多次的扩建，才有了现今的规模。

---

① 王文：《方志敏与叠山书院》，见政协上饶市委员会编：《饶信文化·上饶书院文化专辑》，2017 年(内刊)，第 245 页。

② 杨子耀：《叠山书院的文化精髓》，见政协上饶市委员会编：《饶信文化·上饶书院文化专辑》，2017 年(内刊)，第 180 页。

③ 程建平：《信江书院赋》，《上饶晚报》2010－5－12。

④ 林方明、王上祈：《信江书院沿革考》，《朱子学刊》2008 年第 1 期。

⑤ 李光地：《创修曲江书院记》，见钟世桢主编，徐公喜，林方明点校：《(同治)信江书院志》，黄山书社 2010 年版，第 125 页。

康熙五十一年(1712),广信知府周鋅元第一次扩建书院,修建了讲堂、泮池和祭祀堂等,并改名为钟灵讲院。因书院“钟山峙于后,灵山揖于前”而改名。周鋅元为书院聘请名师,主持书院的讲学,招收上饶、永丰(今广丰)、铅山、玉山、贵溪、弋阳、兴安(今横峰)、万年等七县士子生员到书院学习,并请了时任文渊阁大学士、吏部尚书的李光地作《广信钟灵讲院记》,使书院名声大振。李光地在《广信钟灵讲院记》中称:“文明之运始于国家,而视乎推行者之至不至。”认为“西江人文地,在宋庐陵、临川、南丰诸子为文章宗师,濂溪、明道、伊川于此相授焉。南渡后,有陆氏兄弟以学行与朱子道义相切,而朱子趋朝来往,必由信州取道,故玉山之讲、鹅湖之会道脉攸系,迹在此邦。”①太守周君“慨然远览,仿玉山、鹅湖遗址,檄其属邑修复。而又即府治佳处创为钟灵书院,临溪环山,招致士之秀者近百人,讲肄其中。又以为文翁在蜀,相如为之师;退之在潮,赵德司其教。不远千里求宿学者,百年茂草,屹尔宫墙,在阛都而有泉林之趣”②。书院创设后,对广信文教的兴盛,人才的培育起到了很好的效果。“先时郡士科名寥落,自书院立,明年即有首举于乡者,后遂连年相踵起。故曰:‘山川之秀,有开之者也;人文之盛,有倡之者也。’”强调了书院的价值,肯定了知府周鋅元创修书院的贡献,书院在宣扬理学,正谊明道的同时,取得良好的科甲成果,也是书院功效的标志。

乾隆八年(1743),知府陈世增以书院狭小,难以容纳更多的士子,又一次对钟灵讲院进行了大规模修缮扩建,扩建了 80 多间士子宿舍,“于堂后山作楼祀朱子,旁建学舍八十余间”,还建立了比较重要的祭祀系统,在堂后建楼祭祀朱熹,时常举行隆重的祭祀活动。因朱熹别号紫阳,书院之名也由钟灵讲院改为紫阳书院,以表示对朱熹的尊崇。又新建了春风亭,取“如沐春风”之意。

乾隆四十六年(1781),广信知府康基渊再一次对书院进行大规模的扩建,“拓建青云阁、凌云阁精舍、文汇轩,万锦书屋及一榻轩、中道亭、半山亭、并广植松竹”。他在《修建信江书院记》中写道:“比年,倚席不讲,从游日稀,墙宇渐倾颓,今为扩而新之。自大门入,历阶而升,为前厅,为讲堂,为泮池。池上有春风亭,内祀二信

---

① 李光地:《榕村集》卷一四《广信钟灵书院记》,《影印文渊阁四库全书》第 1324 册,上海古籍出版社 1987 年版,第 728 页。

② 李光地:《榕村集》卷一四《广信钟灵书院记》,《影印文渊阁四库全书》第 1324 册,上海古籍出版社 1987 年版,第 728 页。

国公、谢文节先生。其二为藏书楼，楼后环以学舍数十楹，皆因其旧而重葺之。其新建规制大门，东为寰濠，门中有一榻轩、青云阁，阁前为碑亭，轩后有池，额曰：'鱼计池。'弥迤而南，为中道亭，历阶而升，与学舍通。东南为文汇轩，西向，轩左为万锦书屋，前有亭额曰'浦溆潆洄'。北为凌云精舍，北向，左为四照亭，前为半山亭，缭以石阑，荫以嘉梴，静与神会，旷若天游。"①通过这次扩建，书院的规模比怀玉书院、鹅湖书院更大，办学条件更加完善。同时，书院之名也正式改为信江书院，并沿用至今。

嘉庆十五年(1810)，新任知府王赓言对信江书院进行了第四次修缮。王赓言对信江书院的贡献很大。今存讲堂西侧的乐育堂、近思堂和 18 排学舍，就是王赓言知府"饬属县力资助，与七邑士民乐输"，从黄姓手上购置下的。又建夕秀亭、问月亭、蒙泉亭、三希殿，还改建了五星堂、斗山阁等处建筑，今部分建筑犹存。同时，巧妙吸取和灵活运用了江南园林的建造特点与表现手法，以满足士大夫和文人学士山水情趣的需要。高台崇阁，宜于俯览山河，吟诗作赋，陶冶情操，潜移默化人的心灵。王赓言常同友人、生徒在此雅集唱酬。他们的雅集场所以亦乐堂、一杯亭为中心，旁及灵岫列屏、高溪环带、石磴梯云、梅庭铺月、虹桥晚渡、鸡寺晨钟、龙潭烟树、鹭岭风云等诸景。② 一杯亭最初由南宋宗室宰相赵汝愚出守信州时建，一直为文人墨客宴游聚会、读书咏诗之处。王赓言等人在雅集中享受觞咏之乐的同时，也获得了文化雅士创作的灵感源和与民同乐的精神寄托。信江书院实现了从单纯聚书、著书、藏书到聚徒讲学再到闲暇聚会、宴游相结合的演进，成为一所园林化的特色书院。

同治五年(1866)，知府钟世桢又对书院进行了第五次大规模的修缮。"方今东南晏清，干戈内戢，而信之士民以复修信江书院为请，此真守之所乐闻也。是役也，三时告成，民乐趋事，费不他求，税亩而足，经制规樵悉如其旧，皆首事诸君子及士民之力也"③。钟世桢还创修了钟灵台，其上为魁星阁，九脊歇山顶重檐出翘，凌

---

① 康基渊：《修建信江书院记》，见钟世桢主编，徐公喜，林方明点校：《(同治)信江书院志》，黄山书社 2010 年版，第 127 页。

② 程嫩生、王丽：《信江书院雅集活动与文学创作》，《江西社会科学》2010 年第 10 期，第 125—128 页。

③ (清)钟世桢编著；徐公喜，林方明点校：(同治)《信江书院志》卷九《艺文》上，黄山书社 2010 年版，第 134 页。

空而立；又建日新书屋、又新书屋，至今并存。书院“葺旧添新，规模宏敞，增益膏火”，使信江书院达到了鼎盛。

清末新政，废科举兴学校，废书院设学堂，光绪二十八年（1902），信江书院改为广信府中学堂。至此，信江书院作为封建社会的教学机构宣告结束。1912 年，随着清王朝的垮台，广信府中学堂改为信江中学校，1916 年，改称联合县立信江中学。1927 年春，省立第四师范并入改称江西省上饶中学。

土地革命战争时期，1927 年，时任中共江西省委农委书记、省农民协会筹备处负责人方志敏推荐俞君适、方铭竹等人组成上饶中学校务委员会，进行教育革新。黄道、邵式平和夫人胡德兰也受党组织委派来到上饶中学工作，黄道任高中师范科主任，邵式平任高中普通科主任。以此为阵地，开展革命活动，传播马克思列宁主义。新中国成立以后，为缅怀先烈业绩，在信江书院内岗顶上修建了上饶专区革命烈士纪念碑，在书院东隅修建了黄道烈士墓。

2. 信江书院的主要建筑

信江书院历经三百年风雨沧桑，几经兵燹，有一些古建筑仍然得以存留，特别是近年来，政府投入大量资金进行了修缮，书院的古建筑得以修复、保存。

书院的主要建筑有：

讲堂。讲堂是书院进行教学活动最主要的场所。信江书院讲堂位于书院的中心，是书院最重要的主体建筑。现存讲堂是 2011 年依据清同治版《信江书院志》所载《信江书院全图》中的讲堂示意图复原重建的。讲堂正中，端挂信江书院条规和“共学适道”“止于至善”的匾额。

近思堂、乐育堂。它们整体呈封闭式庭院结构，内有天井，宁静而明亮，是书院学子们重要的课读场所。

惜阴书屋、三余书屋。俗称十八排，是书院的学舍，供学子们在此住宿、读书。

钟灵台、魁星阁。钟灵台是书院内最雄伟、最精致的建筑，取“钟灵毓秀”之意。钟灵台地处高岗，台式基座，承楼阁式木建筑。下为钟灵台，在台上建有魁星阁。魁星阁是旧时祭祀魁星的地方，祈望“文运高照”，往往成为古代州县的标志性建筑。魁星又名文曲星，相传是主管一方文运的星宿，往往把读书成绩优异，科考出类拔萃者称为文曲星下凡。

春风亭。春风亭下为祭祀堂，供奉朱子、谢叠山、文天祥等牌位，主祀朱熹、谢叠山、文天祥三位先贤，是信江书院“礼制”教育的重要建筑，使信江书院“道德之儒与忠义之士磊落”，历代屡加修葺，形制未变。

一榻轩。是书院山长平时生活起居之所。取名“一榻轩”，意为仅能安放一张小床的陋室，体现了中国古代知识分子所秉持的清正恬淡品德和安贫守道的廉洁操守。

3. 信江书院的特色

信江书院是以考课应试为主的书院，学习内容一般为八股时文、诗赋、古文、解经、策论等，与府、县学无异。作为广信府为科举考试而设立的书院，是广信一府七县文人士子讲习之所。“紫阳书院为七邑人文之汇，规模与鹅湖埒”，是可以与鹅湖书院相提并论的江西著名书院之一，在教育史上占有重要地位。

信江书院具有园林化的特色。与一般书院建在交通不便，远离市嚣，风景幽雅之地不同，信江书院就在广信府治所在地，是交通便捷的城市闹区，依山傍水，北临信江，西靠丰溪河，“灵峰秀拱，信水流长”，环境优越。所谓“信水西流烟波笼，山青水碧立书院”。信江书院巧妙吸取和灵活运用了江南园林的特点及其表现手法。“书院的主体建筑讲堂、泮池、祠祀堂和藏书楼等都严格沿着中轴线展开，利用山势，前后迭进，每进益深益高，迭次构成不同的院落。”①经过康熙四十六年广信知府康基渊扩建之后，建造了四照亭、半山亭等休憩、娱乐设施，“缭以石阑，荫以嘉树，静与神会，旷若天游”，又像一个园林，师法自然，阶曲廊回，修竹夹径，景色优美，书院建筑已经朝着休闲化的方向发展。正如李光地在《创修曲江书院记》所述：“临溪环山，在阛都而有泉林之趣。”②这样钟灵毓秀之地，使学子可以“与造化俱游”，以优美的风景来陶冶情操，俯览山河，吟诗作赋，实现“藏修”与“游息”相结合，让士子在快乐中学习，满足了士大夫和文人学士追求山水情趣，修身养性的需要，使信江书院成为广信府官员士子“公暇宾宴之地”，实现了书院教化功能的多元化。

信江书院的主体建筑，都刻有楹联，阐明建筑本身所蕴内涵，简洁明了地表达

---

① 周恒斌、黄上祈：《信江书院》，见政协上饶市委员会编：《饶信文化·上饶书院文化专辑》，2017 年（内刊），第 65 页。

② 李光地：《创修曲江书院记》，见钟世桢主编，徐公喜，林方明点校：《（同治）信江书院志》，黄山书社 2010 年版，第 125 页。

了书院师生所追求的意趣，彰显出书院高雅浓郁的文化氛围。书院大门高悬“地接衢庐得钟灵龙虎之气；学宗邹鲁成仁德圣贤之心”的楹联，表明书院优越的地理位置，阐述了书院办学的宗旨，就是要学宗孔孟，使学子成圣成贤作为育才的最高宗旨。大堂前廊中柱对联为：“凭画楹以低徊，风光换旧；飞瑶觞而笑傲，物色迎新。”两侧有“江右古称才薮，信州代有传人”楹联，充满了江西、信州人才济济的自豪之情。讲堂屏壁联为“致广大极高明，温故而敦厚；尽精微道中庸，知新而崇礼”。近思堂正门“博学笃志中庸治世，切问近思大道修身”的对联，彰显了书院的学习理念。惜阴书屋正间内墙挂手书对联：“夏尽秋承，日月每从肩上过；寒来暑往，光阴须惜手中书。”切中了光阴易逝，教导惜阴的主题。一榻轩正门则有对联：“酒仙诗佛同千古，月色江声共一楼。”在夕秀亭门柱对联“屏避喧尘夕坐过西；纷披草树秀色可餐”点出了夕秀的主题。

信江书院每处建筑上的对联展示了书院浓郁高深的文化品位，彰显了办学者的高雅趣味，有着深刻的意蕴。

信江书院不仅是上饶崇文重教的历史见证，也是珍贵的文化旅游资源，有着重要的保护开发价值。修葺一新的信江书院，已重新向民众开放，1987 年，信江书院被江西省人民政府批准为省级文物保护单位。

第五章 朱熹及其书院对上饶的影响

理学家们与书院有难解之缘，为了阐明自己的学派主旨，宣传学术主张，他们热衷于创办书院，广纳门徒，聚徒讲学。书院既是教化子弟，备战科考的地方，更是研讨学术的重要场所。他们以书院为阵地，培养学派的继承人和传播者。书院往往成为一个学派的发源地，许多大师的学术思想孕育于书院之中，又通过书院得到传播和继承。通过书院，培育了一批批的门人弟子，成为学派的继承者。《宋元学案》中"丽泽诸儒""沧州诸儒"等学派就是以书院来命名的。南宋时期"书院成为学派活动的基地，成为培养学派后继者的场所。书院的作用，也从培养人，进而发展学术，形成学派，对社会风气乃至国家政局都发生了重大影响"。①

书院"由藏书、教学，祀祭进一步结合，由藏书发展到著述刻印，由教学发展到学术交流。由祀祭孔子发展到祀祭各派学术领袖、文化名人，忠义之士"。② 经过千年的沉淀，书院成为以"传道"为内核的人文精神的践履者与传承者，形成了独具特色的书院文化和具有深远意义的书院精神。书院秉持以道德人伦为核心的育人理念，追求德业并重，崇德笃学；崇尚自由探究的学术精神，生动活泼的为学品格，创新争鸣的开放气度，知行合一的践行原则，有着强烈的责任和担当意识，体现了坚韧的学术追求和宽广的胸襟抱负。

朱熹及其弟子们，立志理学传承，热衷于书院教育，以书院作为传播其理学思想的学术平台和授徒讲学的基地，不仅自己是追梦人，更是他人的圆梦者。通过书院培养了大批的人才，促使了理学思想的普及与文化的下移，促进了上饶地区文教的发展。同时，他们把书院作为教化高地，重视道德教化，化俗乡里，形成了富而重

---

① 李才栋：《江西古代书院研究》，江西教育出版社 1993 年版，第 115 页。

② 李才栋：《江西古代书院研究》，江西教育出版社 1993 年版，第 115 页。

教的崇文风尚，维系了地方伦理秩序，有利于公序良俗的形成，对上饶的社会风气产生了深远的影响。

一、传播了朱熹的理学思想，形成了众多理学门派

书院是宣扬学派主张，传播理学的殿堂。明人王士性对宋明江西书院的发展有如下描述："江右讲学之盛始于朱、陆二先生，鹅湖、白鹿，兴起斯文。本朝则康斋吴先生与弼、敬斋胡先生居仁、东白张先生元祯、一峰罗先生伦，各立门墙，龙翔凤起。"①书院讲学风气浓郁，自由论辩，激烈争鸣，宣扬学派主张，促进了各派思想融合与发展。

上饶是朱熹理学向外辐射的一个重要中转站。通过书院讲学，广聚生徒，将自己的学术传播到上饶各地，并且形成了介轩学派、双峰学派、余干之学等著名的学派。

1. 董梦程及其介轩学派

介轩学派又称为鄱阳之学，是南宋末年以朱熹弟子董铢、程端蒙及再传弟子董梦程为代表的一个颇具特色的地域性理学流派，活跃于赣东北德兴、婺源、鄱阳、乐平等县市及徽州休宁等地。他们笃信朱子之学，致力于朱子理学的传播；在学术上侧重于四书学，尤其重视易学研究；在学风上，注重脚踏实地的训诂注释；同时，讲求经世之学，崇尚气节，注重操守和道德实践，对宋元学风产生了重要影响。

介轩学派在上饶形成了朱熹理学的会讲中心，普及了朱子学术，扩大了理学的传播范围。全祖望在《宋元学案·介轩学案序录》中对该学派的学术源流进行了精准的描述："勉斋之传，尚有自鄱阳流入新安者，董介轩一派也。鄱阳之学，始于程蒙斋、董盘涧、王拙斋，而多卒业于董氏。然自许山屋外，渐流为训诂之学矣。"②

介轩学派师承于朱熹门生董铢、程端蒙。他们是朱熹在回故乡婺源省亲扫墓时收的第一代朱学弟子，他们在当地创办书院，授徒讲学，传播朱子学术，成为介轩学派重要的学术渊源。

董梦程是介轩学派的创始人，也是《介轩学案》的领衔学者，是朱子学在德兴

---

① 王士性：《广志绎》卷四《江南诸省·江西》，中华书局 1981 年版。

② 黄宗羲原著、全祖望补修，陈金生、梁运华点校：《宋元学案》卷八九《介轩学案》，中华书局 1986 年版，第 2970 页。

及周边婺源、鄱阳县市传播的一个重要转折点。

董梦程是董铢之从子,学者称“介轩先生”。其所创立的“介轩学派”,又称“鄱阳之学”。“董梦程,字万里,号介轩,鄱阳人,盘涧先生铢之从子也。初学于盘涧与程正思,其后学于勉斋。南宋开禧元年(1205)进士、朝散郎、钦州判。”①著有《诗经通释》《书经通释》《大尔雅通释》。

董梦程出生于理学世家,与董琮、程正则、余季芳、曹泾等人同学于朱熹高弟董铢、程正思,后又以黄榦为师,得朱学真传,是朱熹再传弟子。董梦程与余季芳及其弟子们同唱朱子学术,使德兴海口成为理学昌盛之乡,产生了董梦程、董鼎、董琮、董真卿、董古山为代表的董氏家族,他们师承朱子,父子相授,成为朱子学流传的一个重要区域。

介轩学派规模虽然不算庞大,但也有众多的弟子,《宋元学案·介轩学案》所列就有:董鼎、胡方平、许月卿、董真卿、范启、程若庸、胡一桂、江凯、程荣秀等36人。

从学缘、师承关系来看,介轩学派渊源于朱子门生董铢、程正思和黄榦。董梦程、董琮、程正则、余季芳、朱洪范、曹泾是朱熹的再传弟子,他们构成了介轩学派的第一代宗师。

介轩学派致力于朱子理学思想的阐发,著述丰富,成果丰硕,代表成果有:董梦程的《诗经通释》《书经通释》《大尔雅通释》,董鼎的《书传辑录纂注》,程时登的《周易启蒙辑录》,王希旦的《易通解》,胡一桂的《易本义附录纂疏》,马端临的《文献通考》,胡炳文的《周易本义通释》《四书通》,董真卿的《周易会通》等。很多著作被《四库全书》收录,如董鼎的《书传辑录纂注》《孝经大义》,胡炳文的《易本义通释》《四书通》《纯正蒙求》《云峰集》,胡一桂的《易本义附录纂疏》《十七史纂古今通要》,马端临的《文献通考》等。

介轩学派有着鲜明的学术特点与重要的学术贡献。介轩学派师承朱子,笃信朱学,排斥“异说”,处处维护着朱子学的权威与纯洁。他们重视朱子理学的普及,以书院为阵地,讲学授徒,扩大了朱子学的传播范围,普及了朱子学术。

---

① 黄宗羲原著、全祖望补修,陈金生、梁运华点校:《宋元学案》卷八九《介轩学案》,中华书局1986年版,第2971页。

介轩学派注重气节追求和道德践履，宋元之际，很多学者自觉抵制元政府的征召，甘于寂寞，淡泊自处，远离蒙元仕途。理学家“是当时的社会脊梁和社会良知的担当者，是时代精神和价值理想的创造者”①。介轩学派的学者们很好地继承了这一传统，承袭了道学家的气节追求。注重名节，廉介恬退，安贫守道，这些品德在介轩学者身上也有很好的体现。如介轩弟子许月卿、马端临就是以气节闻名的学者。

许月卿，字太空，号山屋，婺源人。从小跟董梦程学习易学，24岁时以《易》学魁江东，任临安府学教授。宋亡之后，他坚贞不屈，誓不仕元。“当元军攻下钱塘后，先生深居一室，自号泉田子，但书‘范粲寝所乘车’数字，深居不出，五年不言而卒。”以三国范粲寝于乘车，足不踏地，谢绝司马师的事迹激励自己。揭傒斯评价他“以文章气节闻天下”。绝食殉国的抗元英雄谢枋得也以许月卿为榜样，谢叠山尝书其门云：“要看今日谢枋得，便是当年许月卿。”黄宗羲高度评价许月卿：“新安之学，自山屋一变而为风节，盖朱子平日刚毅之气凛不可犯，则知斯之为嫡传也。”②

马端临，字贵与，乐平人，世称竹洲先生。宋亡后不求仕进，拒绝了其父的好友、吏部尚书留梦炎的多次举荐，隐居家乡讲学，后任乐平慈湖书院山长、衢州柯山书院山长。著《文献通考》，补杜佑《通典》之阙，主张经世致用，讲究学以致用。

介轩学者在宋亡之后，大都能保持气节，安贫乐道，甘受寂寞，隐居不仕，以风节相砥砺，抵抗元廷的征召，不屑于科举和功名，致力于治学讲学，保持了理学家的风骨气节。

介轩学派注重训诂之学，普及理学义理。他们兴办书院，普及朱熹学术，扩大朱子学在该地区的传播。同时，热衷于对朱子学术进行注疏解释，重视理学普及读物的编写，编纂了一系列的理学初级读本，以启发幼学。如胡炳文编写的《纯正蒙求》，集古代嘉言善行，各以四字属对成文，并分别注明出处，堪与“朱子《小学》外篇足相表里，固未可以浅近废也”③。使初学者更加通俗易懂，更容易进入朱学门庭。通过对理学著作的解读注释，使理学的义理通俗化。

介轩学派注重四书学，特别是《易》学的研究。介轩学派在学术上“潜心朱子

---

① 张立文：《宋明理学研究》，人民出版社2002年版，第3页。

② 黄宗羲原著、全祖望补修，陈金生、梁运华点校：《宋元学案》卷八九《介轩学案》，中华书局1986年版，第2974页。

③ 永瑢等：《四库全书总目》卷136《子部·类书类二》，中华书局1965年影印本。

之学，上溯伊洛，以达洙泗渊源，靡不推究”①。特别推崇朱子的《四书集注》，注重四书学尤其是《易》学的研究，认为“宇宙间皆自然之易，易皆自然之天”。他们“热衷于对《四书》《五经》之学的清理、规范、整顿与衍义，使之能够合于朱子，这在一些由宋入元的理学家那里表现得比较明显”②。

介轩学派《易》学研究成果丰硕，出现了一批《易》学研究名家。董梦程就以研究《易》学而闻名。婺源考水明经胡氏，子孙世代以《易》学传家，“一门十余叶缃素相传”。胡师夔，号易简居士。“通五经，尤精于《易》，撰《易传史纂》”。其学一传于朱子之从孙朱小翁，再传其子胡斗元，三传其孙胡炳文。他们都是治《易》而闻名的学者。

胡炳文“以《易》名家，作《易本义通释》，东南学者宗之”③。他在《易本义通释序》中认为“《易》解凡几百家……惟邵子于先天而明其画，程子于后天而演其辞，朱子《本义》又合邵、程而一之，于是羲、文、周、孔之《易》会其天者也。……予此书融诸家之格言，释《本义》之要旨”④。该书被《四库全书》收录，流传后世。

胡方平，号玉斋，婺源人。早年从董梦程学习《易》学，后又师从沈贵珤，精研《易》旨二十多年，成为研究《易》学的大家。胡方平为弘扬朱子《易》学，“广朱子未尽之意”，著有《易学启蒙通释》，进一步阐发朱子《易》学之意。胡方平的儿子胡一桂也是一位精研《易》学的名家。胡一桂，号双湖居士。他“生而颖悟，好读书，尤精于《易》”。他著有《易本义附录纂疏》《易学启蒙翼传》两部《易》学著作，影响重大。陈栎在《祭胡双湖文》评价他“晦翁忠臣，先生其一”。

介轩学派地近朱子故里，尊崇朱熹，强调“读朱子之书，服朱子之教，秉朱子之礼”。⑤ 是朱子学术的忠诚卫道者，学术上笃信朱子之学，坚执师说，视朱学为圣学，不敢越雷池一步。但他们做了大量的理学义理普及与文献整理工作，普及了朱

---

① 黄宗羲原著、全祖望补修，陈金生、梁运华点校：《宋元学案》卷八九《介轩学案·山长胡云峰先生炳文》，中华书局1986年版，第2986页。

② 刘成群：《元代新安理学从“唯朱是宗”到“和会朱陆”的转向》，《学术探索》2010年第3期，第6—12页。

③ 宋濂等：《元史》卷一八九《儒学一·胡一桂传》，上海古籍出版社1986年版，第503页。

④ 黄宗羲原著、全祖望补修，陈金生、梁运华点校：《宋元学案》卷八九《介轩学案》，中华书局1986年版，第2986页。

⑤ 转引自周晓光：《新安理学》，安徽人民出版社2005年版，第10页。

子学术，扩大了程朱理学的继承传播的范围。

2. 胡居仁创立余干之学

朱熹理学思想，在上饶流传不息，明代，则有胡居仁、娄谅等创立的“余干之学”。

胡居仁得其师吴与弼笃志力行之真传，开启“余干之学”，对程朱学说多有发明，成为程朱理学在江西最有力的传播者，成为明代学术史上的一个重要环节。

胡居仁师事崇仁学派的创始人吴与弼，潜心讲学，绝意仕进，一生“奋志圣贤之学”，以继承和光大程朱理学为己任。“在明代正道显晦，异学争鸣之际，毅然以斯道自任”，①是明初诸儒中恪守朱学最醇者。他的学术思想不落窠臼，丰富和发展了程朱理学，并自成一体。他在宇宙观、理气论等方面基本承袭了程朱的观点，“敬斋的思想属于程朱一系，广泛论说了程朱理学的主要问题，尤其对于理气、心理、主敬、穷理、仁体等问题的论说，有某些独到的见解”②。

胡居仁的学术特点以主忠信为先，以治心养性为本，以主敬为其学术主旨，他重视“为己”之学，强调诚敬、慎独、力行，一生致力于敬。“其进修以力行为实地，其要领以主敬为持循，慕道安贫，日寻孔颜之乐，穷经讲学，深得濂洛之传”③。他将程朱理学家的人格修养理论转变为自己的道德实践，且躬身践履、笃志力行。他虽师承吴与弼，但与其师相比，其学术“一是更注重心之未发的涵养，其次注重对义理的把握。胡居仁之学重在以敬涵养心体，同时以义理沃润，诚明两进，敬义夹持。这是典型的朱学门径。他的学术规模总体上说比其师广大”。④

胡居仁对程朱理学的最大创新在于“主敬”。主敬是其学术思想中最核心的内容，以“敬”为学术主旨。“其学以主忠信为先，以求放心为要。操而勿失，莫大乎敬，因以敬名其斋”。认为主敬是孔子学说的精髓，涵盖了孔孟的全部为学功夫要领，是千古为学之要法，也是程朱之学的基本点和入门功夫。“程朱开圣学门庭，只主敬穷理，便教学者有入处”⑤。他对于“主敬”论述尤多，故黄宗羲称其“一生得

① 胡居仁撰，冯会明点校：《胡居仁文集》，江西人民出版社 2013 年版，第 10 页。

② 杨柱才：《胡敬斋思想研究》，《中国哲学史》2008 年第 3 期，第 94—101 页。

③ 杨希闵编：《胡文敬公年谱》，北京图书出版社 1999 年版。

④ 张学智：《明代哲学史》，北京大学出版社 2000 年版，第 29 页。

⑤ 胡居仁著、冯会明点校：《胡居仁文集》，江西人民出版社 2013 年版，第 23 页。

力于敬”①。

在为学工夫上，他强调诚敬、慎独、力行。他作《进学箴》曰：“诚敬既立，本心自存。力行既久，全体皆仁。”②把“主敬存心”当作工夫本原，是程朱学说的入门功夫。“圣学以敬为本者，敬可以去昏惰，正邪僻，除杂乱，立大本。”③因为“敬”是一身之主宰，为学之根基。

胡居仁认为“敬”为存养之道，须贯彻始终，不可间断。他告诫弟子：“未知之前，先须存养此心，方能致知。……则致知之后，又要存养，方能不失。盖致知之功有时，存养之功不息。”④强调“未穷理时当主敬以立其本，既穷得理后须以敬守之”。主敬并不是一时的功夫，而是要持之以恒，贯彻始终，不可间断。胡居仁认为主敬有三大要法，其一是“主一”，做到心有专主；其二要在容貌、辞气上做工夫；其三要慎独、诚敬和力行。

他并不像程朱那样非常重视格物穷理，把它作为提高道德境界的必经之途，而是更多地着眼于道德之高严，认为道德并非必然与知识相关，道德境界是意志锻炼的成就，必须在严酷的道德抉择、善恶斗争中才能培养起来。⑤

可见，胡居仁全面拓展了主敬的内涵，把程朱的主敬学说，进一步丰富和发扬光大。

胡居仁并没有致力于宇宙本体的探讨和庞大思想体系的建立，对理气心性等哲学命题，基本承袭了程朱的学说，理论上的发挥和创新不多，但也不乏精辟之论。

对朱熹的理一分殊命题，胡居仁有自己的看法。认为理是事物必然如此，当然如此的规律与准则。对理应该一循其理，而不加己之私意于其中，认为理一分殊是一种积累格物穷理功夫，渐而义理圆熟之后的观法。

在理气关系上，胡居仁反对有理方有气，气是理派生的观点，主张因气以成理，理气不分先后。他说：“有此理则有此气，气乃理之所为，是反说了。有此气则有此

① 黄宗羲著，沈芝盈点校：《明儒学案》卷二《崇仁学案二》，中华书局2008年版，第29页。

② 胡居仁撰，冯会明点校：《胡居仁文集·胡敬斋先生文集》卷三《进学铭》，江西人民出版社2013年版，第193页。

③ 胡居仁撰，冯会明点校：《胡居仁文集·居业录》卷二《学问》，江西人民出版社2013年版，第22页。

④ 胡居仁撰，冯会明点校：《胡居仁文集·居业录》卷二《学问》，江西人民出版社2013年版，第23页。

⑤ 冯会明：《胡居仁论主敬》，《朱子学刊》2009年第1期。

理，理乃气之所为。”①在心性论上，胡居仁主张心统性情，主性即理。要通过道德修养，来省察克治源自气禀的物欲，使之不能淆乱天地之性，而敬正是省察克治的方法与途径，通过道德涵养将“心”与“理”统一起来。

在义利关系上，胡居仁认为二者是统一的。否定了义与利相对立的片面认识，认为只要按照“义”的要求去行事，就会获得利己利人、民安物阜的最大利益。

胡居仁是程朱学说的坚定捍卫者，以“明王道”“辟异端”为己任，站在卫道的立场上，对佛、老二教、陆子心学等异端思想进行了尖锐的批判。他“于异端佛、老之学，尤加深辩详辟，惟恐其或陷溺人心，变乱士习”“攘斥佛、老，痛抑功利，毫无假借。”他认为“世之愚者，莫如老、佛”“禅家害道最甚”，强调“二氏”不辟，不足以“明王道”。

胡居仁对佛老的严厉批判，在同时代的学者中是少有的。他不仅从社会伦理层面上批判佛、老，而且上升到理论的高度，他批判佛教的“作用为性”，谓其“想象道理，所见非真”，指出禅佛最大错误就是“以作用是性”。他批评释氏存心之法是“空其心，死其心，制其心，作弄其心也”。②

胡居仁认为佛禅有损于圣人之道。由于佛禅有较为精深的教理，且与儒家有很多貌合神似之处，更具隐蔽和欺骗性。他说：“与吾道相似莫如禅学。后之学者，误认存心多流于禅，或欲屏绝思虑以求静。”③佛禅又以顿悟速成的便捷，吸引了大批的信徒，一些高明之士，也陷溺其中而不能自拔，因此，对儒家圣人之道的危害最大。

胡居仁提出佛教第一无用论。他说：“今天下第一无用是老、释，第二无用是俗儒所作诗对与时文。如农工商贾皆有用处，皆有益于世，如农之耕，天下赖其养；工之技，天下赖其器用；商虽末，亦要他通货财。如老释与俗儒，在天下非但无用，又害了人心。”④认为禅佛无益于社会，禅佛抛弃了本应承担的社会责任，为了一己私利，为个人的所谓修行，抛却了父母家庭，灭绝了天地人伦，是自私自利的。

黄宗羲认为胡居仁的排佛是出于卫道之心，出于维护儒家道统的立场，但对佛

---

① 黄宗羲著，沈芝盈点校：《明儒学案》卷二《崇仁学案二》，中华书局 2008 年版，第 35 页。

② 胡居仁撰，冯会明点校：《胡居仁文集·居业录》卷七《老佛》，江西人民出版社 2013 年版，第 85 页。

③ 张廷玉：《明史》卷二八二《儒林传一·胡居仁传》，中华书局 1974 年版，第 7232 页。

④ 胡居仁撰，冯会明点校：《胡居仁文集·居业录》卷五《古今》，江西人民出版社 2013 年版，第 70 页。

教的批评此皆不足以服释氏之心，只是着眼于佛教理论中的空而论。

胡居仁与其门友娄谅、胡九韶以及罗伦、张元祯等学者，同时倡讲朱学于江西。他们经常集会于余干的应天寺和弋阳龟峰，并在余干县共创讲会、聚集门徒，形成了一个以程朱为号召的学术圈，史称“余干之学”，又称“余干学派”。

以胡居仁为代表的余干学派，虽都是一本程朱，但在他们身上所实践着的程朱学说与官方倡导的登科仕进的朱学已经有着很大距离。他们将朱熹学说向着崇尚道德人格、完善自我心性的方向发展，其学以居敬穷理为要，以躬行践履为本。躬行践履是余干之学诸儒普遍奉行的方向，表现出注重思考、重视道德实践的倾向。他们或绝意仕进，或洁身自好，其思想却有着共同倾向，即重视“为己”之学，把程朱成圣成贤的人格修养理论转变为个人的道德实践，追求道德人格的完美。他们笃志力行，淡泊名利，安贫乐道，以高尚的人品和道德操守赢得了世人的尊重。

余干之学是明代一个重要的理学宗派，也是理学发展链条上，一个承前启后的重要环节。

二、培育了人才，促使了文化的下移和崇文重教风气的形成

书院是儒家文化的载体，她“以诗书为堂奥，以性命为丕基，以礼义为门路，以道德为藩篱”①。朱熹及其门生后学们热衷创办书院，重视文教，使平民士子也有机会接受道德礼义与文化的熏陶，在科举考试的助推下，读书做官，学而优则仕，成为上饶民众普遍的价值追求，培育了上饶浓郁的读书风气，形成了崇学重教的社风民俗。由于书院的大量兴办，科举文化的兴盛，使上饶成为一个文化重地，正如韦庄所形容的“家家生计只琴书，一郡清风似鲁儒”。上饶读书风气之盛，读书人数之多，科举人才之众，在江西也是名列前茅的。

书院通常延请时贤名流执掌，“访求名士，以为表率”，聘请学有专攻、德高望重的名师任山长主持院务。书院的山长既从事教学，又从事学术著述和学术研究。书院的教师既是经师，亦为人师，注重传道、授业、解惑，特别注意对生徒品德的教育，以“明人伦”作为书院办学宗旨，把德育放在教育的中心，不仅注重尊文艺，更注重立德行，以立志成圣成贤，学会做人为根本，以造就“醇儒”“圣贤”为最终目

① 王会厘等修：《问津院志·艺文·问津书院赋》，光绪三十一年刻印。

标;不仅是“务记览,为词章,以钓声名、取利禄而已”,更要“教之以穷理、正心、修己、治人之道”①,使生徒“事亲诚孝,事长尽礼,接少贱者尽道,以仁爱教化乡里”。书院“以纲常伦理道德为体的教学内容,以儒家经典为基准的课程教材,以始于学、终于行、成于德为框架的教学过程,以启发善喻、因材施教为核心的教学原则,以个体自修为典范的学习方法,以教学相长、青蓝相济为特色的师生观等”②,在德育教育中有特殊作用。

书院是培养人才的重要场所,朱熹及其弟子热衷创办书院,旨在传播学说,培育人才,使平民士子接受文化的熏陶,促进了文化的下移。书院寄托着理学家的梦想,他们精心育才,成为他人的圆梦者。书院与科举如同一对孪生兄弟,并盛共荣,相互依存。书院兴盛之时,也是科举考试日益受到重视之际,书院因科举而盛,甚至直接为科举服务。虽然书院教学的主要目的并不是为了科举,但并不排斥书院学子参加科考而步入仕途。

上饶空前发达的书院教育,推动了上饶科举的发展,科举人才大量涌现,培养造就了大批之才。从唐代以来,上饶就有“山间茅屋书声响,放下扁担进考场”的传统,上饶学子搏击科场,取得了不俗的业绩,人才辈出。据不完全统计,自唐至清,上饶有宰相 23 人,进士 2097 人,其中状元 10 人,举人 2710 人。铅山县有“隔河二宰相,百里三状元,一门九进士”之说,仅铅山一县就有进士 900 余名。婺源则有“三代四进士”“兄弟三进士”“六部四尚书”之美谈,被《辞海》《中国文学大辞典》等收录的名人就有 318 人,不少人名垂青史。欧阳修曾赞叹:“区区彼江西,其产多材贤。”③黄榦称誉“江西素号人物渊薮”④。大批学子通过科场,获得官爵,走上仕途,光宗耀祖,在他们榜样作用的推生下,读书做官,学而优则仕,成为上饶民众普遍的价值追求,更加营造出了“人知向学”“好学从礼”的社会氛围,形成了文风鼎盛,读书成风的社风民俗,耕读传家的理念得到了普遍的认同。“富而重教,在北宋时期已是社会共识”⑤。宋仁宗时,吴孝宗在《余干县学记》中对上饶的重文风

① 朱熹:《四书章句集注》,中华书局 2011 年版,第 2 页。
② 张传燧:《中国教学论史纲》,湖南教育出版 1999 年版,第 32 页。
③ 欧阳修:《欧阳修集》卷一《送吴生(孝宗)南归》,黑龙江人民出版社 2005 年版,第 79 页。
④ 黄榦:《黄勉斋先生文集》卷一《复江西漕杨通老》,中华书局 1985 年版,第 11 页。
⑤ 许怀林:《江西通史》(第 6 卷)《南宋卷》,江西出版集团、江西人民出版社 2009 年版,第 309 页。

气有过生动的描绘:“古为父兄者,以其子与弟不文为咎;为母妻者,以其子与夫不学为辱。其美如此。”①可见,上饶不仅经济富庶,且富而重教,普遍形成了求学、向学、重学的社会风气。饶州府“有邹鲁遗风……多俊秀喜儒,以名节相高……其人喜儒,故其俗不鄙……士如东汉诸君子……多茂美好学”②。鄱阳县“其习以礼信相敦。农务稼穑,市务居积,诵读之声络绎巷陌”。③ 信州“弦诵之声,昼夜不绝”④。作为朱子故里的婺源,“至朱子得河洛之传,以居敬穷理启迪乡人,由是学士争自濯磨以冀闻道,风之所渐,田野小民亦皆知耻畏义”。⑤ “文公桑梓之乡,素习诗礼,不尚浮华”。⑥余干县是“朱子过化之地”,其学子“多俊秀,喜儒,以名节相高”,民尚道德,崇信义,“有邹鲁遗风”。书院讲学活动,让书声透过书院讲堂,促使了当地社会的儒教化,形成了重教尊师的风气,使上饶地区弥漫的崇文重教氛围,“万般皆下品,唯有读书高”的理念深入上饶地区民众的心中。可以说,“书院努力传授圣贤文化,教学经史而使乡民熟悉儒家伦理纲常,产生了‘邻里化其德’的社会影响,因此,忠孝节义,耕读传家的信念深入民心”。⑦

书院薪火相传,莘莘学子带着梦想,从四方聚来,相与讲习的读书之声远播信江两岸,形成了上饶浓郁的读书氛围。“江西之美,美在山水;江右之盛,盛在人文。在浩浩苍穹之下,莽莽林野之中,那一座座古朴而散落的书院,像是一尊尊历史的雕塑。在这片茂林修竹的地方,莘莘学子从四方聚来,相与讲习的读书之声远播信江两岸。”⑧书院为广大的学子提供了更多入学的机会。朱熹及其门生后学,通过创办书院,编写理学普及读物,讲学授徒,传播、普及了程朱理学,扩大了理学的传

① 洪迈著,穆公校点:《容斋随笔·四笔》卷五《饶州风俗》,上海古籍出版社 2015 年版,第 276 页。

② 谢旻:雍正十年《江西通志》卷二六《风俗》,《四库全书》第 513 册,上海古籍出版社 1987 年版,第 843 页。

③ 谢旻:雍正十年《江西通志》卷二六《风俗》,《四库全书》第 513 册,上海古籍出版社 1987 年版,第 843 页。

④ 谢旻:雍正十年《江西通志》卷二六《风俗》,《四库全书》第 513 册,上海古籍出版社 1987 年版,第 841 页。

⑤ 吴鹗修,汪正元、李昭炜等纂:光绪《婺源县志》卷三《风俗》,清光绪九年(1883)刻本。

⑥ 彭泽、汪舜民纂修:弘治《徽州府志》卷一《地理志·风俗》,《天一阁藏明代方志选刊》本,上海古籍书店影印 1964 年版。

⑦ 许怀林:《江西通史》(第 5 卷)《北宋卷》,江西出版集团、江西人民出版社 2009 年版,第 263 页。

⑧ 朱虹:《江右书院冠华夏》,邬小辉主编:《江右书院行之论文》前言,江西美术出版社 2015 年版,第 2 页。

播范围,使儒家伦理、理学文化深入民间,有利于教育的普及,促使了文化的下移。

三、书院成为化俗乡里的道德高地,对上饶人文精神产生了积极的影响

理学是立己立人之学,理学家们奉行"达则兼济天下,穷则独善其身""得志泽加于民,不得志修身见于世"的处世理念;秉承"儒者在本朝,则美政;在下位,则美俗"的经世传统①,对敦伦化俗表现出极大的关注和热情。正如唐君毅所说:"宋明理学家之精神,则几全用于教化。"②理学家们致力于道德教化,期望通过以礼化民,以礼化俗,整顿世风日下的社会,实现"教化行而习俗美"的良好愿望,形成良好的公序良俗,实现国家的长治久安,在维护乡村基层社会正义、淳厚社风民俗方面起了重要作用。

书院以教化天下为旨归,既是培育人才,传承理学思想的文化阵地,更是对学子门人进行德育教育的重要场所。更与官学不同,"书院办学宗旨是以接续圣道、扶植纲常为其教育目标,在于培养既具有圣贤人格又具有经世济民之才能的理想人才,因而书院设置的课程体系是服从和服务于这一道德教育培养目标的。"③

书院集藏书、教学,祭祀于一体。朔望祭祀是书院的一种常规活动,祭祀先师先圣,为先贤前圣立庙建祠,除礼圣殿外,还有宗儒祠、先贤祠、崇德祠、忠节祠,紫阳祠等,实现先贤偶像化。作为一种重要的教化手段,蕴含着尊师、重道、崇贤之意。通过庄严的祭祀礼仪,让书院学子心灵受到洗礼,感知先贤的人格力量,见贤思齐,立下成圣成贤之志。可以说,书院祭祀就是传承书院的精神血脉,继承书院的学术风尚与特色,是书院学术传承的重要一环。

书院往往成为当地民众德育化育的道德高地。书院往往承担着传道济世,教化百姓,化民成俗的崇高使命。黄恩浩在《重修汝阳书院记》中就有"广教化美风俗,尤以书院为先"的论断。在地方教化方面,书院往往起到了官学所不能起到的作用。"宣明地方教化"是书院创立的一大目的。书院致力于儒家纲常伦理的授受和践履,以传道济民,经世致用为使命,在对学子教之以明体达用之学,培养经世济民、兼济天下的情怀和能力的同时,还承担起教化天下的社会责任,向平民百姓

---

① 杨柳桥:《荀子诂译》,齐鲁书社 1985 年版,第 153 页。
② 黄克剑、钟小霖编:《唐君毅集》,群言出版社 1993 年版,第 284 页。
③ 何继龄:《中国古代书院重德传统及其现代启示》,《甘肃社会科学》2010 年第 3 期。

宣讲教化，普及人伦道德，使他们成为忠于君主、孝顺父母、尊敬兄长、笃信伦理的善类良民。

朱熹及其弟子们以自身良好的道德修养，为当地民众作出了道德的表率。蔡元培先生曾说："宋之有晦庵，犹周之有孔子，皆吾族道德之集成者也。"①尤袤曾概括了理学家的品德："临财不苟得，所谓廉介；安贫守道，所谓恬退；择言顾行，所谓践履；行己有耻，所谓名节。"②

理学家"是当时的社会脊梁和社会良知的担当者，是时代精神和价值理想的创造者"。③ 程朱理学盛行的时代，士大夫的社会地位和担当意识及社会责任感空前加强，张载倡导的"为天地立心、为生民立命、为去圣继绝学，为万世开太平"的人生追求，使读书人有着强烈的社会责任担当，"铁肩担道义，妙手著文章"。同时，理学家们把"文章、道德、气节"作为人生的三大追求，以社会清流维系着世道人心，把自律道德提高到本体论的高度，在维护社会正义、淳厚社风民俗等方面起了重要的作用。

理学家们注重名节，有杀身成仁、为道殉情的书生意气，有贫贱不移、威武不屈的凛然正气。在宋元鼎革、存亡绝续之际，许月卿、谢叠山、马端临都是以气节闻名的学者。他们在宋亡之后，安贫乐道，甘受寂寞，隐居不仕，以风节相砥砺，注重国家大义，高标民族气节，做到临大节而不可夺，表现出凛凛正气，铮铮铁骨和忠义之心。他们抵抗元朝政府的征召，不屑于科举和功名，致力于治学讲学，宁做南宋的遗民，也决不做蒙元的高官，或是慷慨赴死，或是绝食殉国，展现了理学文化刚正义烈的内核，保持了理学家的风骨气节。

朱熹及其弟子在上饶的书院讲学，将教育、学术、人格的培育和传递融为一体，把精英文化进一步世俗化，促进了文化的下移，培养了大批人才。上饶文教的繁盛与朱熹有着密切的关联，对上饶产生广泛而深刻的影响。朱熹因此与吴芮、张潜、洪迈、辛弃疾、姜夔、江永、蒋仕铨、詹天佑、方志敏一道被评为上饶十大历史文化名人。

如今，虽然书院作为教育的主体地位已不复存在，但书院的精神血脉却不断传

---

① 蔡元培：《中国伦理学史》，湖南大学出版社 2014 年版，第 110 页。
② 陈邦瞻：《宋史纪事本末》，上海古籍出版社 1994 年版，第 869 页。
③ 张立文：《宋明理学研究》，人民出版社 2002 年版，第 3 页。

承。曾激荡其间的忧患意识、求真精神、力行精神，仍然回响在上饶的现实和精神空间。书院文化是上饶最宝贵的文化积淀，是上饶优秀传统文化的瑰宝，是上饶人文精神的内核。书院作为古代文化的印记，映衬出了上饶的文化底蕴。“书院文化薪火相传，浸润着一代又一代，渗入灵魂、化作基因。要从保护中华文脉、民族基因的高度，以敬畏之心礼敬书院，当下风靡全国的国学传统教育，足以说明书院的魅力与积极作用。”①

① 朱虹：《江右书院冠华夏》，邬小辉主编：《江右书院行之论文》前言，江西美术出版社 2015 年版，第 3 页。

附录　上饶的书院学记

书院记或学记是作家以“记”为载体专门为书院、学校所写的文章。学记“属宋人新创”①，作为古代“记”体散文的一个分支，伴随着书院的产生、发展而出现。南宋，书院记的创作出现了一个高峰，很多理学家热衷于撰写书院记，借此阐发本学派的教育学术思想。书院学记通常是对书院本身的记叙，包括书院创办人、地理位置、建造时间、营建过程、建筑规模和布局、师资、生源、办学目的、书院的历史沿革等内容的叙述介绍。除了记叙书院本身的兴废史实，勉励后学之外，还通常褒扬书院的创办者，赞扬他们兴办书院的功绩，或纪念某位理学家或对书院作出重要贡献的学者、阐发教育思想。书院记既是记叙之文，把叙事、写景、议论、抒情融为一体，语言风格平易质朴，通俗易懂。书院记更是说理之文，以论为记，有着较强的说理成分，明显的议论性特点，达到以理服人和以情动人的效果。

书院记、学记蕴含了宋代以后的教育、历史、哲学等诸多文化信息，具有重要的文化意蕴。

朱熹热衷于撰写学记，他为上饶的书院、学校撰写了《信州州学大成殿记》《徽州婺源县学三先生祠记》《信州铅山县学记》《刘氏义学记》等学记。其他学者名宦如赵崇宪、谢叠山、李梦阳、王宗沐、李光地、白潢等也留下了上饶书院的书院记。

附录选粹朱熹及其他的名人雅士为上饶书院所作的学记、书院记，作为研究上饶书院的珍贵史料。所选学记在每篇篇名注明出处，以供查核。

---

① 杨庆存：《宋代散文研究》，人民文学出版社 2002 年版，第 198 页。

一、朱熹所作上饶书院学记

1. 朱熹:《信州铅山县学记》①

铅山学故在县东南百许步,因地形为屋,东向。既诸生以夫子不南面,于礼为不称,乃徙置县东山下。然其费皆出民间,有司者无所与,以故度地褊狭,不能具庙学制度。至若师生具员,而弦诵辍响,则亦既二十有余年矣。淳熙己亥之春,义兴蒋侯来领县事。始至,进谒堂下,俯仰太息而有志焉。后数月,政成事简,民裕而财足,乃买地凿山,度材致用,而属役于其属雷君霆,以岁十有二月丙申始事,越明年四月戊申而舍菜焉。门观显严,宫庐宏敞,神位清密,祭用毕修。图史之藏,几席之设,与凡所以栖宿、炊爨、拼除之须,无一不备。既又为之名垦田,立僦舍,日给弟子员二十余人,而官无乏用,民不病役。邑之父兄相与聚观,顾叹言曰:"令之所以幸教吾子弟者,其厚如此,是岂可使后之人无传焉。"于是雷君闻之,则以其意来请,且曰:"学虽具而诸生未知所志,愿吾子之因是而有以发之也。"

予尝谓道无古今之殊,而学有今古之异,盖周人以乡三物教万民,而宾兴之。其德六,曰智、仁、圣、义、中、和;其行六,曰孝、友、睦、姻、任、恤;其艺六,曰礼、乐、射、御、书、数。是于学者日用起居食饮之间,既无事而非学,于是群居藏修游息之地,亦无学而非事。至于所以开发其聪明,成就其德业者,又皆交相为用而无所偏废。此先王之世所以人材众多,风俗美盛,而非后世之所能及也。国家建立学官,周遍海内,其所以望于天下之士者,岂不亦若先王之志?而学者无以识其指意之所在,于其日用之间,既诞谩恣睢,而不知所以学;其群居讲习之际,又不过于割裂装缀以为能,而莫或知其终之无所用也。是以其趋日以卑陋,而惟利禄之知,幸而一二杰然有意于自立者,则又或穷高极远,而不务力行之实,或循常守旧,而不知其义理之所以然也。是以其说常倚于一偏,而不得以入于圣贤之域。于是时也,异端杂学之士,阿世徇俗之流,又或鼓其乖妄之说而乘之。呜呼!吾道之不亡,特民之秉彝有不可得而绝灭者耳。予之力固不足以救之,而窃有忧焉。是以既书蒋侯之事,又因雷君之请,而附见其说,以告夫学于此者,以为有能因是而反求之,则庶乎其知

---

① 朱熹:《晦庵先生朱文公文集》卷七八《信州铅山县学记》,见朱杰人、严佐之、刘永翔主编《朱子全书》(修订本)第24册,上海古籍出版社、安徽教育出版社2010年版,第3751页。

所志矣。

蒋侯名亿，字仲永。材高志远，平居抵掌论当世事，滚滚不穷，盖尝有意笞兵万里，为国家立非常之功者，其办一邑固当有余力。惟其不以壹切治理为功，而汲汲乎化民成俗之先务如此，是则后之君子，亦将有考于斯焉。

秋九月丙寅，具位朱熹记。

2. 朱熹：《徽州婺源县学三先生祠记》①

淳熙八年春三月，婺源大夫周侯始作周、程三先生祠堂于其县之学，而使人以书来谓熹曰："子故吾邑之人也，盖尝有闻于先生之学，而既祠之南康矣。且濂溪故宅、豫章、宜春之祠，又吾子之所记也，其亦为我言之。"熹惟三先生之道则高矣，美矣，然此婺源者，非其乡也，非其寓也，非其所尝游宦之邦也。且国之祀典，未有秩焉而祀之，于礼何依？而于义何所当乎？则具以告，且谢不敢。

后数月，周侯又与邑之处士李君缯及其学官弟子数十人皆以书来，曰："惟濂溪夫子之学性诸天，诚诸己，而合乎前圣授受之统，又得河南二程先生以传之，而其流遂及于天下，非有爵赏之劝，刑辟之威，而天下学士靡然乡之。十数年来，虽非其乡，非其寓，非其游宦之国，又非有秩祀之文，而所在学官，争为祠室，以致其尊奉之意，盖非敢以是间乎命祀也，亦曰肖其道德之容，使学者日夕瞻望而兴起焉耳。且吾邑之人所以得闻三先生之言者，子之先君子与有力焉。今祠亦既成矣，子安得而不为之言乎？抑先生之学，其始终本末之趣，愿吾子之悉陈之，庶乎其有发也。"

熹发书，愀然曰："明府之教，诸君之言，其命熹以记者，熹不敢复辞矣。乃先生之学，则熹之愚，惧不足以言之也。虽然，诸君独不观诸濂溪之图与其书乎？虽其简古渊深，未易究测，然其大指，则不过语诸学者讲学致思，以穷天地万物之理，而胜其私以复焉。其施则善始于家而达之天下，其具则复古礼、变今乐，政以养民而刑以肃之也。是乃所谓伊尹之志，颜子之学，而程氏传之以觉斯人者，而亦岂有以外乎诸君日用之间哉！顾独未之察耳。今幸以贤大夫之力，既得以日见先生之貌象而瞻仰之，则曷若遂读其书，求其指，以反诸身而力行之乎？"已而遂书其事与其辞如此以为记，以为学者由是而用力焉，则庶几乎三先生之心不坠于地，而于吾先

---

① 朱熹：《晦庵先生朱文公文集》卷七九《徽州婺源县学三先生祠记》，见朱杰人、严佐之、刘永翔主编《朱子全书》（修订本）第24册，上海古籍出版社、安徽教育出版社2010年版，第3760页。

子之志，贤大夫之意，亦可以无负矣。诸君其亦勉之哉！

祠在讲堂北壁下，濂溪先生南乡坐，明道先生、伊川先生东西乡以侑焉。

周侯名师清，玉山人，好学有文，而尝仕于朝矣。其为此邦，宽以抚民，礼以俟士，而所以教诲之者又如此，非今之为吏者所能及也。

秋八月癸丑，县人朱熹记。

3. 朱熹:《刘氏义学记》①

始予守南康，邻境德安有宰焉，为政一本儒术，甚以惠爱得其民。岁饥，为请蠲租，而州家不可。顾民狼顾相惊有逃去者，则亟使人追止之曰："所不为若等力请于州，必蠲十七者，令宁委印绶去，终不忍使若等为异乡鬼也。"民闻是令下，为之感泣，复相与携持而归。众乃具以情白州若部刺史，竟得如约乃已。予闻而窃心善之，而问其邑里姓名，则曰玉山刘侯也。南康属邑有越德安而县属者，每遣掾史循行，则必戒使谒刘侯，观其荒政所施以为法。于是刘侯之惠，不止行其封内，而又波及南康之境。竟食新，民得无流亡殍死者。及予将终更，乃得纳谒刘侯之馆而拜赐焉，则望其貌，听其言，而有以信其为君子人也。

后数岁，予以事过玉山，则刘侯以待次家居，复得相见，如平生欢。一日，慨然语予曰："吾家本单贫，而入仕又甚晚，顾无以仁其三族者。间尝割田立屋，聘知名之士，以教族子弟，而乡人之愿学者，亦许造焉。兄弟之间，有乐以其赀来助者，而吾犹惧其或不继也，则又出新安余俸，为之发举居积，以佐其费。而凡所以完葺丘垄、周恤族姻者，亦取具焉。既已，言于吾州，而邦君吴侯乐闻之，为之出教刻符，以诏吾之子孙，使毋违吾志。吾子雅知我，其为我记之，以告其敩且学于此者，使知有以勉焉。"

予闻而叹曰："今士大夫或徒步至三公，然一日得志，则高台深池，撞钟舞女，所以自乐其身者，唯恐日之不足。虽廪有余粟，府有余钱，能毋为州里灾害则足矣，固未暇以及人也。如刘侯者，身虽宠而官未登六品，家虽温而产未能千金，顾其所以用心者乃如此，是则可谓贤远于人，而亦可以见其前日德安之政不为无本，而岂徒以声音笑貌为之矣！"乃追本其事而记之如此。

---

① 朱熹:《晦庵先生朱文公文集》卷八〇《刘氏义学记》，见朱杰人、严佐之、刘永翔主编《朱子全书》（修订本）第24册，上海古籍出版社、安徽教育出版社2010年版，第3792页。

虽然,古人之所谓学者,岂读书为文以干禄利而求温饱之云哉！亦曰明理以修身,使其推之可以及夫天下国家而已矣。群居于此者,试以此意求诸《六经》孔孟之言,而深思力行之,庶其有以不负刘侯之教也。

刘侯名允迪,字德华,今以朝奉郎参议沿海制置使军事云。

淳熙十有五年秋九月己未,新安朱熹记。

4. 朱熹:《信州州学大成殿记》①

绍熙五年秋九月,熹自长沙蒙恩召还,道过上饶,其州学教授嘉兴林君某(德久)来见,请问所以为学之意甚勤。与之语,知其平日所用力者,皆古人为己之学,而进则未已也。既乃起而言曰:"此邦学政,其弊久矣。士子习熟见闻,因仍浅陋,知有科举,而不知有学问。且其屋不时修,亦多颓圮,而礼殿之坏为尤甚。至于象设、衣冠、位次,又皆不如法式。某不自料,既为之讲以所闻,幸颇有知乡方者,又将撤其故殿而一新之。傥遂有成,愿得一言以记之,且有以进其学者于将来,则幸甚。"

熹谢不敏,退而问诸邦人,则皆曰林君所以教其诸生者有常业,而皆本于所谓古人为己之意。其于学之庶务,则又巨细必亲,无所漏失,故能当此俭岁,既广其弟子之员且什五六,而犹有余力以及此。盖属役之初,首出餐钱以给诸费,而漕台州家,亦有助焉。诸生之有职秩者,又相与捐俸入以相其事。瓦木工徒之直,一毫无所取于民也。熹心善之,比归而往观焉,则其轩楹宏敞,堂室靓深,先圣乡明,先师西面,左右众贤,以次列坐,一如今岁奉常所下新制。而其冠冕服韨,应图合礼,取诸监学,靡有僭差。盖虽近辅名藩,鲜有能及之者。熹于是焉喟然太息,益信林君之学有以充其志,而力又有以行其学也。岁晚还家,甫尔休息,而林君复以书来,曰:"殿既讫功,将以来岁正月丁亥朔旦谒。守、贰合群吏率诸生而释菜以落之。前日之请,愿卒有以赐之也。"

熹惟国家稽古命祀,而礼先圣、先师于学宫,盖将以明夫道之有统,使天下之学者,皆知有所乡往而几及之,非徒修其墙屋、设其貌象、盛其器服,升降俯仰之容,以为观美而已也。而今之为吏者,于是数者犹有不及,求其能如林君之所为者,则既

① 朱熹:《晦庵先生朱文公文集》卷八〇《信州州学大成殿记》,见朱杰人、严佐之、刘永翔主编《朱子全书》(修订本)第24册,上海古籍出版社、安徽教育出版社2010年版,第3805页。

难矣。而况欲其仰体国家之意，以身为率，使其学者皆知古人之所以为学者而心庶几焉。岂不又难矣哉！于是为记其事，使刻诸石，以厉其徒，且使后之君子有以考焉，而毋忘林君之志也。

十二月辛巳朝请郎新安朱熹记。

二、东山书院学记

1. 赵崇宪：《松冈书舍记》①

三代以上，道统在君相；三代以下，道统在儒生。我宋之兴，固赖贤君相卫道于上，尤赖多儒生讲道于下。乡校之兴，大有功于世教。先严中丞忠定公闻晦庵朱先生与胡宪、刘勉之、刘子翚三君子得道统之正，爰构书院于本邑东山，延居讲学，愚与从叔靓师事之。柴君元裕，字益之，与予姻联秦晋，亦来就学。潜心义理，苦志不渝。求得程颐书，潜抄默诵，夜以继日，同堂敬服之。嗣乃著述经传，教授生徒。闻吾乡曹子卒，益毅然以师道自任，构就书舍，如汤汉、饶鲁、李伯玉暨从子中行、中立诸君子。以道学鸣者，多出其门。

愚以对策擢甲科，历仕进，与柴君契阔几数十年，后归故里，趋馆拜谒，见其额书舍曰"松冈"，以环馆皆松也。匾斋曰"强恕"，固自勉以勉人也，门人遂称强恕先生。就几检阅牙签，标其甲乙，著有《春秋》《尚书》《论语解》《易系辞》《史评》《宋名臣传》及手札、文集诸书，目不暇赏。览其学规，效白鹿书院。其山水之佳，则高祖峰自东南来，小顿大起，委蛇数里。忽障泻平阳，可置数百家。下临源泉，活水流入方池，可悟道之有本也。中流突起二墩，垒垒相望，不亚砥柱，可以知涉世之道矣。余四顾久之，恍然地灵人杰之信不诬也，故为之记。

2. 谢枋得：《东山书院记》②

天子□□□□年，番阳李荣庭撰书辞，托张国贤、彭汝翼来告谢枋得曰："笃行先生赵公及其子忠定福王严事朱文公。文公过其庐，忠定长子崇宪师之，忠定从弟汝靓有东山书院云风堂，乃笃行、忠定兄弟教子孙之所，题则文公笔也。天下大乱，

---

① 赵崇宪：《松冈书舍记》，见曾枣庄，刘琳主编《全宋文》第294册，上海辞书出版社2006年版，第287页。

② 谢枋得：《叠山集》卷三《东山书院记》，《影印文渊阁四库全书》第1184册，上海古籍出版社1987年版，第878页。

汝靓后寒饥滨于死，终不以非道去贫，书院遂为北胥徒所有。荣庭不忍见，鬻常产，倍价取之，不敢曰吾庐。设先圣燕居堂，师友讲习藏修各有所，规矩如国初四书院，肄业则明体适用如湖学，愿与天下英才共之。俾文公之道大明于斯世，笃行、忠定之家学亦不绝矣。子以为何如？”

枋得曰：大哉，李君之志也！亦知学之有功于天地乎。古之大臣能以道觉其君民者自伊尹始，能以学勉其君民者自傅说始，于国家若无所轻重也。君不幸而有受之暴，臣不幸而有文王之圣，流风遗俗犹系天人之心者百余年。八百国之精兵，不能敌二子正论，武王、太公凛凛无所容，急以兴灭继绝谢天下，殷之后遂与周并立。使三监、殷遗不叛，则武庚必不死，殷之命必不黜，殷之位号必不夺，微子亦未必以宋代殷而降为上公也。殷亡矣，多士多方不服者三十年，成王、周公以忠厚之心，消其不平之气，曰“商王士”，曰“有殷多士”，曰“殷逋播臣”，未敢以我周臣民例而观之，矧敢视之如寇仇乎？殷人何以得此于圣贤哉！人纪不绝，天地赖焉，伊尹、傅说之教隐然在人心者未泯也。江沱汉广之民一变为鴃舌，文王、召公之道化何在？后九百年，一夫忠怀洁操，以楚人之声音而不失风雅之情性，指天为正，有殒无他。楚亡矣，义陵一邑思楚逃秦，隐居桃源者六百年，子孙犹不与世接。《召南》之教、《离骚》之义，吾于此见之。我孔孟立教齐鲁时，曰吾将以扶持三极，国人未必尽信也。合天下精兵而不敢加一城之弦歌，悬穹爵重禄而不能夺五百士之死义。汉高帝雄心霸气，谓一世无人，闻此二事，为之骇愕，为之涕泗。孔孟之教与天地为无穷者固不止此，此亦可以见其小验矣。

自有天地以来，儒道之不立，至今日极矣。李君方将求师讲道，为江左诸儒倡，孰不迂之？然而宇宙间无此迂士，天地且不立，况人乎！由伊、傅至孔、孟，穷达虽不同，其道皆有功于天地，子知之矣。枋得切有请焉。今日师文公、学孔、孟者，必自读《四书》始。意之诚，家、国、天下与吾心为一；诚之至，天地人物与吾性为一。夫人能言之，手指目视常在于人所不见，戒谨恐惧常在于己所独知，天下能几人哉！不心旷神怡于人所不堪之忧，不去欲存理于视听言动之隐，语人曰：“舜之事吾可以有为，四代礼乐吾可以自信。”舜与跖不分于鸡鸣之善利，人与禽兽不分于昼夜之存亡，语人曰：“吾正人心，即可承周、孔；吾知性善，即可为尧、舜。”孔、孟《六经》之教万世，文公《四书》之助孔、孟。所望于天下英才者果如是乎？嗟乎！五帝三王自立之中国，竟灭于诸儒道学大明之时，此宇宙间大变也，读《四书》者有愧矣。虽然，达而行道者有负于孔、孟，学者所当戒也；穷而明道者终无负于孔、孟，学者所当勉也。

荣廷祖仰高、国贤祖介持皆以有道祠于学，汝翼则笃行四世孙，观其志当有立于天下，所学必进而未止也。

3. 李梦阳：《东山书院重建碑》①

东山书院故在余干县冠山东峰。旧志曰："南宋时赵忠定汝愚，其弟汝靓，汝愚子崇宪建。而朱子至则主之而讲学"云。书院故有堂曰"云风堂"，朱子手笔。今不存。忠定之以谗死也，朱子实即其堂注《离骚经》云。

宋亡，书院为人所据，而番阳有李荣庭者取复焉。叠山谢公有记。迄我明兴，而其地又入于寺。弘治间，知县昆山沈时又取复焉，构堂于其上。未几，姚源洞盗起兵，兵屯余干，而其堂为乱兵焚。正德六年，予按县，登山履书院址怀顾。会江西右布政使温江任公以兵留县，又力取其地复焉。曰："夫盗贼不平者，教化不行也。兵阵无勇者，亲上之义不明，又视其长轻也。"又曰："东峰孤峻而风，书院合徙中峰。中峰妥而结，有龙池焉，炎旱不之竭也。"乃于是令知县冠丈中峰地，东西得二十八丈，南北七丈，中构堂五间，南向以祠，而堂之东仍构云风堂，西构讲堂，又构东西廊号房，以处讲朱子之学者。是役也，任公出金百，右参政董公金五十，吴公二十。二公者，亦以兵留县者也。

书院成而议祠焉。任公曰："夫士养于学，足矣，奚贵于书院？盖书院者，萃俊而专业者也。夫士群居则杂，杂则志乱，志乱则行荒，故学以养之者大也。书院以萃之者其俊也。俊不萃则业不专，业专则学精，学精则道明，道明则教化行，而人知亲长之义。人知亲长之义，则盗贼可不兵而平也。故书院者，辅学以成俊者也。然必人焉以为之归，祠之而重其地。东山书院祠者朱子乎？然有赵氏父子、兄弟也，又其后有以道鸣其乡者。"董公曰："朴闻之，地以主，道以宗。先后者必据，尊卑者必杀。今之祠忠定宜左，朱子右，位皆南向。忠定弟汝靓西向，曹无妄建东向，皆北上。柴强恕元裕位次汝靓，饶双峰鲁次，建胡敬斋居仁，次元裕，皆东西向。而忠定子崇宪、元裕侄中行宜不祠。夫朱子者，固道之宗也，然其心必左忠定。忠定者，其先达也，又与其弟主乎地者也。夫无妄者，于朱子见而知之者也，而强恕、双峰、敬斋则相继起于其后，夫

---

① 李梦阳：《空同集》卷四二《东山书院重建碑》，《影印文渊阁四库全书》第1162册，上海古籍出版社1987年版，第375页。

四人者,固以道鸣其乡者也。今诚欲萃俊专业以明其道,非据先后之绪不可,而祠其父者置其子,斯又尊卑之杀也。”位次成。知县冠请文于予刻碑。

按:忠定当光宗时,设计易位,定大难以安社稷。引用名硕,弼成新政,其功可谓伟矣。斯其人岂以死生富贵动心哉?然卒以谗死,悲夫!曹无妄者,晚游朱子之门,朱子授以“无妄”,因称“无妄先生”。柴强恕读书以穷理尽性为本,尝作《春秋》《尚书》《论语解》,及《系辞》《中庸》《大学说》,《史评》《宋名臣传》。而双峰鲁、中行皆其门人也。双峰之学,本于致知力行,所著有《五经讲义》《论孟纪闻》《春秋节传》《庸学纂述》《太极三图》《庸学十二图》《张氏西铭图》《近思录》《饶氏遗书》等书,吴氏称其学究天人,动辄以善是已。敬斋之学,动静表里,一主于敬,所著有《居业录》,多发先人所未发,然甘贫力耕孝母,耻言仕进云。夫士尚友千古,负笈而游四方者,以道从也。今有朱子以为之归,而乡之诸以道鸣者,又烺然其前也。穷不如四人,贤达不如忠定,不以死生富贵动心,其亦非士已?

夫弦歌之于强暴,殊也。然彼卒不足以胜此,何也?其性同也。士毋曰,教化非所行于乡亲,义不入于盗贼,患吾之道不明焉已。不患不明,而患学不精;不患不精,而患业不专。否则,不足谓之士,矧谓之俊?诸士勉哉!

斯三公者所望也。任公名汉,今为右副都御史,巡抚江西。董公名朴,麻城人。吴公名廷举,梧州人,皆右参政。

三、鹅湖书院学记

1. 李奎:《重建鹅湖书院记》①

大江以西,古称文献之邦,书院之建,不知有几,惟鹅湖之名,与白鹿并称于天下。自宋迄今,彰彰如一日。由道学之在人,诵习景仰,自不能一日而或废也。

夫朱、陆之在当时,皆以性理为学,然陆氏重在存心,以简易自高;朱子则先致知,而后存心。鹅湖之会,反复讲论,终不能契而合之。无极太极之辨尤不免后世之公论,厥后,集诸儒之大成,继列圣之道统,有功万世者,朱子也。陆氏得四明杨文元公、袁正献公推崇奖翼,其学亦高大光明,与朱子翼趋而并立,以西江二陆比河南二程。东莱承中原文献之懿亲,友朱子,往来讲辩,造诣益深,著述博议,发明《春秋》严谨之

① 王立斌编著:《鹅湖书院》,中国戏剧出版社2004年版,第60页。

旨,殆无余蕴,盖以圣贤之学自任,有志于道统之重也。然书院废于宋季兵燹,寥寥三百载间,寒鸦古木,荒藓残烟,过客兴叹,莫有能创而新之,讵不有待乎?

景泰四年春,郡守四明姚公堂按行属邑,道经鹅湖,寻访旧址,惟见朽柱一楹,屹立丛棘中,顾瞻慨叹,亟欲兴复。适都宪姑苏韩公巡抚至,郡守以为请。公曰:“此盛举也,崇教尚贤,有司之首务,容可缓乎?”遂授以成算,涓吉兴工,创以祠堂,后为寝室,两旁翼以廊庑,中肖四先生像,前构楼,又前凿泮池。不逾月,靡不翼然以新。仍以“鹅湖书院”揭其匾,示不忘旧也。

明景泰五年大理寺少卿弋阳李奎撰文。

2. 汪伟:《重建文宗书院记》

文宗书院者,以祀晦翁朱氏,东莱吕氏,复斋、象山二陆氏者也。宋淳熙间,四君子尝约讲学于鹅湖山,皆不远数百里至此,止相与极论,不合罢去,而继以书札,往复辩难,动盈卷帙。后之人重四君子之道,而仰其平生,因即其地祀事焉。肇庆蔡抗淳祐间请于朝,赐名“文宗”,迄今,中间废兴迁徙不一,最后移于山之绝顶。正德辛未冬十有一月,提学副使关西李梦阳按县,抠衣登谒,畝险危峻,人迹殆绝,屋且坏,乃下寻故址,则已鞠为荆榛久矣。慨然兴怀,顾县尹秦礼曰:“先哲遗躅在是,奈何去之,而以奇险为哉!吾欲复旧观,何如?”秦侯曰:“此礼夙心也。”乃畚去毁砾,剪除宿秽,为屋若干楹,仍扁曰:“文宗书院。”落成,舍奠,如亲睹四君子周旋一堂,而聆其声欬,使来求记。

愚惟晦庵倡明道学而上承伊洛,东莱和之,独陆氏兄弟若自立门户,有终不能同者。古人非好为是纷纷也,不肯苟同,以求公是而已。今晦翁之书,列于学宫,固家藏而人诵之,而陆氏遗言微旨,亦并传于世,读者以为如闻震雷警霆焉,则其所自得而自信,要有不可泯没者。晦庵尝称陆氏学者,多持守可观,而欲弃短集长以自立。则夫同翼得失之际,岂末学所敢轻议哉!其合而祀之,久而不能废者,固亦人心之公也。

李公以节行文章表见于时,其督学江右,专以存心穷理为教化首务,而不拘文字尺度间。于先哲过化之地,表章尤力,所以开导风示后进意甚盛。上之所好,下必有甚者焉。斯道其将复明乎,敢敬记之,以告登斯堂者。

秦侯旧有惠爱在民,及再至益修前政。是役也,成于军兴秸盗之余,咄嗟而办,民不知费,其亦知免先务者欤。

明正德壬申秋八月十五日弋阳汪伟记。

3. 周鋍光:《重建鹅湖书院疏》①

鹅湖书院者,朱、吕、二陆四贤讲道之所也。南宋时,建国临安,而信州为要途,一时中原士大夫往来游寓州治内者不一。东莱吕氏当周旋铅、玉间最久,复斋、象山二陆氏聚徒讲学于应天山,文公朱夫子家闽之建阳,凡其出入,莫不信留连接引学者而不能去。东莱遂相约讲学于鹅湖,虽其议论少有不合,罢去。然四先生之间,如禅麟威凤,所至之地,人皆仰之。故后之人,即其讲道所建"四贤堂",后曰"鹅湖书院",淳祐中,赐名"文宗"耳。山长主之,四方向风来学,以故有祠田供祭祀,而给生徒有堂、有寝庑与斋舍及庖福之属毕具。彬彬弦诵之风,犹可想见。更历几代,迭有废兴。

国朝顺治初,蔡大中丞士英重修,迨今陆拾年矣,风雨鼠雀之摧颓,荆榛蔓草之荒秽,渐至不治。余诣按言拜祠下目击之,而至概欲新之,立间丛胜人事、嗙午薄书未遑也。今施君德涵以名进士来铅邑,期年而政平人和,岁事丰穰,集荐绅耆老而谋之曰:"邑有鹅湖书院,祀四先生者,盖尊圣而重道也。且夫遇朱子之与陆、吕三贤,皆以圣贤之学自任,有志于道统之事于尧斯民者也,允宜合祀一堂。而况恭逢文明当运,重道崇贤行,升朱子木主次于十哲之列。万几之晓,亲校语录,刊刻颁布,绮欤盛哉,古所未有也。吾徒可不变所以新祠宗,以妥神灵,以还旧观,以仰副圣天子之至意。"于佥曰:"善。"遂其共集其费大约数千金,役详凡山邑力不足供,乃偕诸荐绅而谒予于郡以相告,余为之孳孳赞美。喜施君之知所务,汲汲于兴贤举废,是讲复喜其深得我心也。余怀此非一日,缘郡民不敢妄有兴作,恐致中辍,而施君毅然任之,余复何感慨,而曰:"君第竭厥力,予请以薄俸百金相助。"咸进曰:"更有请出所缮疏一部。一愿丐一言,以疏其前以募阖邑同事、大夫以其相厥成也。"余曰:"诺。"遂授笔书其端,以为邑之贤士大夫劝。

康熙岁在乙未秋七月七夕前三日,中宪大夫知广信府事古陵川周鋍光题。

4. 李光地:《重建鹅湖书院碑记》

鹅湖书院者,考亭朱子、象山陆子讲道处也。昔东莱吕氏与朱子交善,又与陆子有场屋之知,见二君子平日操论有不同者,故约为鹅湖之会,而朱子及陆子兄弟皆赴焉。后人就其地立为书院,以祠四贤,起于宋。淳熙间赐额"文宗",延及前代,屡有修举。

① 王立斌、刘东昌:《鹅湖书院》,湖南大学出版社 2013 年版,第 158 页。

或曰:“朱陆之异同,五百年来以为口实,今同堂而祀,于古者配享之义何居?”余曰:“不然。二子之相崇重者至矣。朱门诲学者以持守,每推服象山为不可及,白鹿延讲,朱子为之避席称善。陆之于朱,则有泰山乔岳之叹。”故朱子有言:“南渡以来,理会切实工夫者,吾与子静两人而已。”原其讲辩往复之指,一则虑玩心高明之失实,一则恐着意精微之离真,二者于末学,诚皆有弊焉。虽朱子亦谓宜舍短集长,庶无堕于一偏也。昔游、夏同师夫子,而本末之论,互为訾謷;二程、张、邵相与切劘者数十年,然其说流弊,程子犹有微辞。今语高第弟子,则文学之科,同配圣师。朱子叙道统渊源,并以周、程、邵、张释奠精舍,未尝以其小不同者为病。然则朱陆之共俎豆于一堂也,而又何猜乎?

今天子衡量道术,一以朱子为宗,圣人有作万世论定矣。在学者诚宜禀皇极之彝训,奉一先生之言,以讲、以思、以服、以行,庶几沿河入海,而无断潢绝港之差也。而又当知张、邵及陆之于程朱,其学虽微有异同,而实相成,非若水火冰炭之不可入,毋陷于肤末者吠声之习,以长夫晚出横议之风,是之谓能自得师矣。

曩岁逆藩变乱,西江适在其冲,兵燹之馀,旧宇堙圮。康熙癸亥,前令潘君士瑞曾一修之,今又颓废。桐乡施君德涵,以名进士来尹是邦,政修人和,百废俱举,惓怀名迹,力为更新。会诸上宪皆留意文事,故请上辄报,加以慰奖,规抚即备,落成有期。适余以丐归经过,侯与邑之人士邀请瞻谒,而以祠记相属。

余惟为政者首访邦之明祀胜迹,继而修之,古之君子皆然。况夫群哲论道之区,学术源流,移风百代,而可以翳诸荒榛乎?且夫书院之建,实与国家学校相为表里。李渤高士尔,讲院之废,朱子犹惓惓焉。今使先贤遗址,焕然崇修,江右故理学地,必有游于斯而奋乎兴起,以绍前绪者。昌明者之功,于是为大,故不可以无书。

是役也,施侯倡率,任其劳费。同力敦事,则有举人刘懋炜,贡监生钟如珏、张宗镐、詹志魁,生员潘抡、查士鹏、韩心琦、詹洪、程远、许士龙、张宗铨等,例得并书。故为记。

康熙乙未(1715)季冬朔旦吏部尚书文渊阁大学士李光地谨记。

5. 白潢:《颁赐鹅湖书院御书记》①

康熙五十六年秋七月,潢奉命镇抚西江,陛辞日,特赐御书鹅湖书院匾额一面,楹联一对。额曰:“穷理居敬。”联书:“章岩月朗中天镜,石井波分太极泉。”潢以九

① 王立斌、刘东昌:《鹅湖书院》,湖南大学出版社2013年版,第161页。

月莅洪州，越明年夏四月，赍至书院悬挂讫。衣冠士庶扶杖来观，凤翥鸾翔，光腾霄汉。西江之士，请为文以纪其盛。

潢窃惟宸藻辉煌，有目者共睹，而穷理居敬一言，尤为学者所宜详玩也。盖理无形而著于事，事至赜而统于理。大而君臣、父子、兄弟、夫妇、朋友；小而食息起居；显而礼、乐、兵、刑；微而鬼神，性命，莫不各有其理。学者于凡事之来，随其大小微显，究其所当然，更穷其所以然。

河南夫子所谓或读书以讲明义理，或尚友以鉴别是非，或应事接物以审量当否，皆格物以穷理之事也。敬者，学之所以成始而成终也。敬，德之聚也。君子庄敬日强，安肆日偷。静时不敬，则昏迷纷扰，无以立天下之大本；动时不敬，则怠慢放肆，无以行天下之达道。故为学以居敬为基，犹作室以辟地为基也。作室无基，则栋梁何寄？为学无基，则身心何依？敬之不可须臾离也。新安夫子所谓"持其志则气自清明"，学者常提醒此心，则群邪自息也。

大哉王言，以四子统学术之全，学者于此尽心矣。士希贤，贤希圣，贤希天，参赞化育，无难矣。

夫太平兴国二年，驿致九经于白鹿洞，考亭、东莱亟称之，以为德意良美，惟恐坠失。况于我皇上亲洒宸翰，揭为学之要，昭示学者，其敦化育材之意，固有什伯于太平兴国者乎？此邦之士，相与博穷事理以尽致知之方，朝乾夕惕，以端力学之基，由博而约，自下而高，以答扬圣天子乐育之德，则无负于学矣。

潢幸躬际其隆，爰因邦人士之请，谨拜手稽首而纪之。

时康熙五十有七年秋七月，巡抚江西等处地方兼理军务、都察院右副都御史加三级臣白潢恭纪。

6. 潘世恩：《鹅湖书院纪事碑》①

鹅湖教泽，沾被四朝。康熙五十六年，圣祖仁皇帝亲洒宸翰，颁赐讲堂，于是龙章凤藻，腾山映川，有司骏奔，多士云集。合省荐绅，上表恭谢，载在《通志》，炳蔚可观。凡莅斯土者，所当慎选师儒，厚培寒俊，用以宣布国家育才之盛心，阐发先贤明道之微旨。学有误于歧趋者，正以道之；法有废于苟安者，修而举之。俎豆弦歌，虽千万祀弗替可也。

① 王立斌、刘东昌：《鹅湖书院》，湖南大学出版社2013年版，第165—166页。

嘉庆十七年，余以督学校士信州，欲迂道鹅湖谒四贤祠，不果。闻太守王君篑山盛称山长吴君兰雪之贤，及君来道故甚欢，徐出其近诗与《书院田租膏火议》一篇，《大源坑山界议》前后二篇，始知君于讲学之暇，又能考据金石文字，以扩复前规，其意良厚。然犹惧其议之格而不行也，既而太守履勘清查实如君议，遂上其事于督抚大吏，皆蒙允行。益叹两君之相与有成，能不狃于因循之习，沮于流俗之言，毅然以行其志，所以造就多士，嘉惠无穷，非独一时之善而已。

先是书院有山，曰大源坑，三十九顷五十九亩一分，为峰顶僧所侵。今据明万历十四年碑，勘明四至，清复旧界，净室俱改入官，且规余地建遗爱祠，以祀有功于书院者。田凡九顷八十六亩六分三厘四毫，岁课租谷八百八十四担有奇，出纳之权归于胥吏，欺隐者多。今据报销册实数定额，每担折钱九百九十五文，月以三八为期，公堂输纳。所有诸生膏火仍按十月给发，不得扣除。又扩建斋舍二十余间，以广肄业之士。然犹惧其法之久而或敝也，乃增修乾隆九年郑令之侨所刊《书田志》凡五卷，地名、租额及一切经费之数具载其详，且录纪事之文、通详之案，以资考证。后即有舞文者不得擅去其籍，于是百年之弊，廓然一清。而两君用心之勤，可谓至矣。有教养之责者，皆能以两君之心为心，天下之事何所不治？岂独书院乎哉！

兰雪述诸生之意，来征余文，其言多归关于守令。然惟君能力持清议，以助成善政，故所经理详核如此。余故乐纪其实，俾览者知取则焉。

吴君名嵩梁，江西东乡人，嘉庆庚申举人，原任国子监博士，候补内阁中书，乞假在籍，以诗古文教授诸生，咸有程度。王君名赓言，山东诸城人，嘉庆癸丑进士，由吏部郎中升广信府知府，廉干有为，其培植信江书院与鹅湖。同署铅山县知县王君有章、徐君丽生，克襄厥事，例得并书。

四、怀玉书院学记

1. 王宗沐：《怀玉书院记》①

怀玉山在玉山县西北百二十里，蜿蜒纡曲，盘亘衢、徽、信、建之交。由下凡三十里而至其巅，有平夷百余顷，田畴衍旷，林木茂密，四际围绕若城，殆忘其在山云。最高者金光（刚）峰，峰下为怀玉寺，稍南为草堂书院，宋朱子讲学其中。明成化增

① 汪凤刚主编：《玉山县志・附录编・艺文辑存卷》，江西人民出版社 1985 年版，第 42 页。

置田以膳诸生,后竟废。正德辛未(1511)提学副使李公梦阳修复之。至己卯,复毁于兵。僧发高辈去其碑籍,并田入寺。

嘉靖丁巳(1557)余来视学,诸生陈维新辈来言复书院田,而僧觉荣亦白诸生不法及所以废书院,状事并下,有司勘问未报。法高乃依德兴富民李善吉家,仗为羽翼,云:"寺故善吉祖李尚书所施,当还善吉。"得寝不治,约中分寺田,又夜聚数十人劫寺,诸僧并诸生留者,有司以闻,余乃请于巡抚马公森,巡按徐公绅,曰:"书院系前贤旧迹,乃以肥僧,故不当。又僧为劫盗,于法应废。考德兴前朝无李尚书,实善吉诈为之,且故书院地,不宜归外邑。"遂以寺为书院,改题曰"怀玉",以聚生徒,较之与白鹿、石鼓相为颉颃,檄鄱阳知县沈桂、铅山知县陈坦亲履而经理焉。改佛殿为先师庙,僧房为号舍,诸生诵习其中,定租籍,顿遗僧,规制粗备,是时戊午年三月也。

明年己未,余再至,首立御制敬一箴楼像先师,复定规条,申励约束,膏火不足,供应烦费,益以东岳庙与永丰县博山寺租,以给诸生,规制又稍稍备。复请于巡抚何公迁,巡按郑公本立,聘余姚郎中钱公德洪、巾石吕公怀为山长,主教事。钱、吕方入居,而法高、善吉又来劫焚院旁田舍,冀相恐动。何公檄按察使陆公稳密捕得善吉、法高,置于死。于是顽梗稍知敛迹,而布政使张公元冲、巡按段公顾言相继赞襄建尊经阁,购置书籍,查复遗田,惩隐替者。公署以券为永久计,至时规为大备,诸生始得定居,佃人以租轻,皆乐业,书院鼎新。适夏公浚院志成,余乃为之记。记曰:

三代之隆,治举法信,庠序党比之居,钟鼓管籥簪裾揖逊之教,不在其起居,则在其应接,其为物博而其为事详。士当其时,耳目纯绎而志意安习,宜其才之博硕而治之綦隆也。自周道不著,而教益废,学校之设,既不足以维持士习,而又杂以词章、声利之制。于是又有书院之设,其教既不专于钟鼓礼乐,而其地又不详于闾里党比。于是往往择深山僻坳静深以为肄业之所,士之居其中者,既不系于有司课程之督,则号为有志。而平素酣畅于声利,拘桎于奔走,心烦气倦,而得此以为之,适若厌粱肉者咀蔬素,羁笼鞘者翔寥廓,宜其好之深,聚之众,而地因以不废也。佛氏之徒,其为教以清净,其所居必天下佳山水处。今怀玉乃化缁素而绅履,易贝帙而诗书,虽于有司为正法,而在其教则为不幸,此岂非彼废其法,而吾因得乘其间,居彼佳地哉!使吾与二三子不复知圣人之所以为教,而徒喜其幽深,又安知彼此之不更相笑也。凡学以求诸心,不得而求诸师,得之师而求其地以修,闻之师得其地而又不为,待其倦而弃,则何有司课程之尤,又何异夫僧之忘其师说者也。古之圣贤途之人皆可为,而九彝陋巷之地,绳枢圭窦之居,乃至在市居朝无非学者。独孟子于舜,指其居深山之中,方舜之居是也,但木石鹿豕与居游而已。穷约畎亩,固无繁华声利之可厌,而其居游如是,又安有所谓崇垣大宅与廪饩之养哉?而胡安之若此也?居之而必有所适,安之而必有所为。此善言善行,一得闻见,沛然流行,声向相答,使其稍有厌弃,则心有所系,几不能神,又乌睹沛然如孟子所称也。今士之来集于兹者,目接苍翠而耳听涛澜,屏去猥琐,则固无以异舜之居。舜自深山出,其心足以治天下,独非舜之学欤?不然,何其远也!有司排击异氏,表章正学,不惮以改作为功,方以是为钟鼓楫逊闾里党比之教。其来集者,固当念废兴之不恒,察心迹之相应,求所以仰副诸公嘉育之意,故余记其成事而以舜发其端。二三子其学而思焉。夫然后可与居深山也已。

《怀玉山志》注:“右碑现在书院内,碑载:赐进士出身、通议大夫刑部右侍郎前翰林院庶吉士、都给事中上饶叶镗书丹;赐进士出身、山东等处提刑按察司副使、奉敕巡察海道、前奉议大夫光禄寺少卿贵溪吴春篆额。后半残缺无存,查乾隆十二年修朱子正祠于西偏小沟下掘得,经邑令李公鸿翔验明,盖当时僧人埋藏以灭其迹云。”

2. 李光地:《重修怀玉书院记》①

为政者以新学校育人材为先。然学校之新也,必先聚集人士,而启告以圣贤为学之意。幸而其地为圣贤所生长、所游经,则遗教流风往往而在,于是有贤者莅政于兹,咨諏旧迹,兴起坠绪,感动奋发,必倍于他邦。班固有言:“可贵哉,仁贤之化也!”讵不谅与?子朱子生长建州,趋朝归山,则信州其孔道也。是故玉山之会,鹅湖之争,倾动一时。见于止斋陈氏之书,而其故址皆在于信。以今考之鹅湖辩论,其言不传,抑止斋所谓刻画深而伤易简、矜持过而涉吝骄。是一时学者犹有疑,而未慨于心焉。独《玉山讲义》剔抉详明,虽因问而答而已,尽乎义理之根源、功夫之切要。呜呼!首疏仁义之目,而警以著察之效;中揭性善之指,而进以瞑□之剂;终提尊德性道问学之宗,而两救其空虚卑近之□。朱门之所终日言者,不离乎是,而

① 李光地:《榕村集》卷一四《重修怀玉书院记》,《影印文渊阁四库全书》第1324册,上海古籍出版社1987年版,第727页。

于玉山独反复焉，岂为一时学者设几？扬子云云："去之五百载，其人若存兮。"盖言圣贤百世之师，不必于谋面而亲炙之也。有志之士可以兴矣。

怀玉书院旧有之而不修，前哲风流来者无所矜式。沈侯景韩以名家子来宰兹邑，上顾高山，仰止生慕；下视城阙，嗣音兴嗟。周爰名区于稽文献廨字聿，备祀事孔严，盖将表前修于□茫，振斯文之微歇。此岂世俗从政劳劳于簿领填委者所能知哉？属余休告，取道西江，谒侯所为书院者，而心伟之。已而宿郡治信、铅山、钟灵、鹅湖，所在修举。呜呼！何此地贤守贤侯之多也？抵里卧疴，沈侯又千里驰书，命余作记。

余惟天子方躬圣学，扬绝绪，中外承风，蒸蒸广化。侯又尝教习禁地，密近清切，尤能深知上意，预闻道德之指归，则其为政而知所先后也固宜。至于书院兴废、祠宇学舍修斥之年月、创始落成，详在侯自记中。

3. 赵佑：《复建怀玉书院记》①

事不能有举而无废，数也。前之人可以举，即后之人可以复，理也。

怀玉之有书院旧矣。自紫阳朱子与陆文安、吕文成、汪文定诸公讲道其中，有司门人拓而大之，因以有斯建。乃若考其所以废之故，则自元明以来，约之凡三变，而复焉者亦代有其人。初毁于兵，而乡贤王斗山、郑伯飞复之；再夺于僧，而提学李梦阳、王宗沐复之；终废于魏珰，而复之者则国朝郡推黎士宏也。然寻李、王之迹，其地实在山顶金刚、玉琊两峰间。尝广置田宅，设科额，称最盛矣。黎君不过就一时权宜，假借城隅，以渐立其名。百年来，有司不暇釐正，田仍僧踞，廪费厥如，士狃近便，徒多市廛声利之扰，而无所为藏修游息之实，坐使名山真境空委没于荒烟断岭，而不复问，是谁之责哉。

今上皇帝御极，文教宣畅，学校咸宜。有邑诸生朱世荣、毕璋等慨然兴作，始排众难，鸠同好，即山求故址所在，告诸官，捐资复之。寺僧某正其经界，新其栋宇。凡为祠堂、斋号、门廊、楼观、庖湢之属，次第若干所，楹桷丹漆，阶墀甃砌墙，四周杂莳竹木，规矩略如明旧，数年而工成。凡复田得二百四十亩，益以新捐田百亩，集山户与之佃，量入其租，赡生徒，聘其乡及四方之望为之师。别买谷若干斛，效社仓之制，以备岁歉。时有享，月有给，朔望有课，僧去而士归，名正而实举。夫然后先贤

① 任继愈总主编：《中华大典·教育典·教育制度分典》6，上海古籍出版社2012年版，第176页。

之道得以稍集，相与从容讲诵于深岩叠嶂、清泉茂盛之交，庶几有静远之益，无复响者之失矣。前人举之，后人废之，前人废之，后人复之。前之复之以有司，后之复之者，乃出一二诸生之力，其所以成就愈难，其为功于学也则均。

夫遐稽旧典，以修明正学，顺承德意，以广厉人材，此固地方良司牧之责也。天下古今之美，无必不可复之理，视乎其人之有志，而善为之借。吾今日复之，而后之人从而废之，吾亦能知理而已，安能知数？虽然，亦可以劝矣。

予以乾隆二十年来讲学，既嘉诸生之志，更望有以成斯美也，故为祥记其兴复本末之迹，以正告当世之留心学校，且以勉来学者之游其中，而学朱子之道者。

4. 汤聘：《端明书院记》①

玉山县治东，旧有端明书院，为宋端明殿学士汪文定公应辰建。与县北金刚峰麓朱子讲学之怀玉书院巍然并峙。自宋迄明，代有兴废。至万历辛巳，诏革天下书院，于是端明遂为官司传舍之区，而怀玉亦废为僧寺矣。康熙三年，黎公士宏以司摄邑篆，有招抚绥辑之功，邑人戴之，即端明之故址建生祠，以报其德。黎公既谦让不敢当，而又思有以永先贤之泽也，榜其门曰“怀玉书院”，以祠朱、汪诸贤，而邑人即以黎公祔焉。城中之有怀玉书院，自黎公始。

然在山者，既日就颓落，而在城者，亦实去而名存，盖弦诵之声久绝矣。乾隆七年，邑人某某兴复怀玉书院，清膳田，建堂庑，延师讲诵，规制一新。士之负笈来游者，重踵而至，不惮入山之深。而附郭邑近市缠慕学之徒，言论蜂起。欲并建两书院，则廪给不充，欲兼并一书院，则道里不便，议于乡校，诉于令长，迄不能定也。会邑中有好义者敛千金以资在城书院之膏火，而租税所入，则一归之山中，两利而俱存之事，良便也。

戊寅冬，余以公事至玉山，邑人以是谂于余，且请余为之记。余应之曰：“方今圣治休明，人文丕振，遐陬僻壤、靡然向风，况玉山四方所辐辏，士君子之渊薮，两书院并建又多乎哉？而怀玉、端明之名，则又不可不辨者。盖朱子即杨文公读书之处，建书院以讲学，额曰‘草堂’。后人更之曰‘怀玉’，从其山而名之也。汪文定以忤秦桧谪官，退而潜心于性命之学，邑人建书院以祀之，额之曰‘端明’，从其官而名之也。黎公承书院颓废之后，惧怀王之名渐就湮没，而心折文定之为人，故额从

① 汪凤刚主编：《玉山县志·附录编艺文辑存卷》，江西人民出版社1985年版，第125页。

朱子，而祀列汪公，表章绝学之盛心，亦一是权宜之变计也。今诸君慕义复古，而先贤之遗迹淆互不分，何如各还其旧，使观瞻者有所考证，私淑者知所景企也哉。是故城中之书院宜更其额曰‘端明’，夫君子之学，成于师友，而门户之见尤不可存。顾邑人量地远近而各就学焉，道德之归，人才之兴，行有日矣。”

邑人皆曰："诺。"余遂为更正其榜题，并书其始末，以告后世。时乾隆戊寅十月朔日也。

五、叠山书院学记

1. 汪俊：《叠山书院记》①

有宋忠臣叠山先生谢公枋得既仗节二十四年，门人虞舜臣率其徒筑室买田祀公于弋阳之东。元，省臣请于朝，为"叠山书院"。元亡，院废，久莫克复。至景泰甲戌，郡守姚公堂择地于郡城之南，为屋以祀先生，仍匾曰"叠山书院"，旧志存也。迄今垂六十年，凡几修矣。

正德庚午大雨雹，公私屋瓦尽坏，是祠殆将压焉。太守陆徵大惧，无以绥神灵谨时祭也，亟命修葺。于是凡材之腐于屋者，石之勒于址者，瓦之圮于垣者，率教而新之，而祠宇复完。提学副使李梦阳适来视学，仰睇循观，焕若初构，嘉侯之有作也。爰命后记其事，以诏来者。

夫天下有治乱，国家有兴废者，此天之所以常运，地之所以常处，日月之所以常明，江河之所以常流，万物之所以并育且蕃而不至于泯灭者也。初，宋之为元也，天下不复知有宋矣。而先生艰难逃遁，卒不食其粟以死，曰："吾宋臣也。"以天下之大，不能夺一人之心，非其所以不亡者耶。虽然，先生事宋忠矣，而无救于宋之亡，心则尽，而功则寡也。呜呼！君臣之分，万世之义也。先生独能全其不忘者，以死而君臣之义明。于是天常运，地常处，日月常明，江河常流，万物常育，率皆不失其所。先生之忠在宋，宋不及报之。先生之功在后世，则夫崇奉之典，庙食之隆，固当垂之无穷焉。有司之知务者，诚莫敢或之先也、后也。

生与先生同邑，读先生之文章而仰其高风，亦既有年矣。乃今获托命于祠下，岂非幸与！若李公之节操，已著于中朝，陆侯之惠政，方达于四境，盖皆无负于先生

---

① 金平、邬小辉主编：《江右书院行之诗文》，江西美术出版社 2019 年版，第 68 页。

者也。明汪俊记。

2. 詹世用:《叠山先生祠堂记》①

先生既死义于燕京,子定之奉丧还葬信州弋阳城南。元,省臣为请于朝,敕建祠以奉春秋,高先生义也。祠屡敝,有司屡葺之,迄今敝甚而祀典几至涸废。县父母程君甫下车谋构之未遑也。会御史侯公行部,过祠下,恻然伤之。语君曰:“先生忠义,推重今古,矧在闾里,而使庙貌不严,俎豆不饰,如明祀何?”程君曰:“某也少读先生文,慕先生年久,幸在执事,敢不祗厥事!”退率厥属鸠工聚材,撤先生宇新之,阅八月乃毕。事毕之日,程君为文以祭,而嘱不侯记其事。

余惟先生之学,洞乎天人,先生之死,光乎日月。兹祠恶足为先生重?乃封比干之墓,表商容之间。先生以为政首,岂非所以奖忠贤,风后世哉!则予发又奚客无言粤,惟天地之正气,流行于两间,萃于圣贤豪杰之一身,为臣死忠,为子死孝,千百寥寥,岂非间气所钟,广世一值耶?庸夫惧死,烈士捐生。而“生有重于泰山”,“死有轻于鸿毛”,士因有不贵于从死者矣。《易》曰:“王臣蹇蹇,匪躬之故。”先生不死安仁之疆,而死燕邸之寺。先生岂躬之恤,而各一死哉。幼主在襁,九十垂堂,则其不死,良有不可以遽死者,乃间关百折从容就义,甘死如饴,卒无难色。为臣忠可死,为子孝可死,非草草从死者。昔人以先生之峨所以成其孤竹之节,则古今之死,谁知先生死哉!

余距先生三百余年,诵其遗文,尚能使人兴起。而况立先生几杖之下,侍先生俎豆之旁,有不肃然敬穆然思乎?《诗》云:“高山仰止,景行行止。”先生之谓矣。侯公为名御史,直言正色,有古人风。所过先代忠贤,辄表章之,乃程君奉公檄夙夜成之,匪特修举废坠称巨丽焉,正气之相为感孚,于是乎可观矣。

余与先生同邑,和淑于兹,且辱二君命为记其事,幸以姓名托于义祠之侧,得依日月末光,又岂偶然乎哉。

侯公名尧封,别号复吾。程君名有守,别号梁湖云。詹世用书。

3. 佚名:《叠山书院记》②

古之教者,家有塾,党有庠,术有序,国有学。今之书院,古里塾乡校之遗制也。国家重道重儒,延敷文教,天下诸郡县,既各主学宫置弟子员,又复增立书院,凡所

① 吴海生、王立斌:《叠山书院》,湖南大学出版社2016年版,第138页。
② 吴海生、王立斌:《叠山书院》,湖南大学出版社2016年版,第135—136页。

以广植人材、端士习而厚风化也。

弋阳旧有叠山书院，为宋儒谢文节公讲学所。元季毁兵。明景泰中，郡守姚堂择地于郡之南为屋以祀先生，匾曰“叠山书院”，旧志存也。而弋阳之故址，数百年来原湮没无可考焉。

我朝康熙五十六年，前令吕文樱始立义学于文节公祠，延师教授生徒，其后学馆颓废，名存实亡。乾隆十一年，前令陈元麟以皇华亭旧基构堂室数楹，为葛溪书院。乾隆四十六年，邑人士以近市湫隘，欲请移建他所，事亦未果行。

道光二十八年，余奉檄莅兹土，时学宫、大成殿、明伦堂均就倾圮，而书院屋舍则荡然无存，心为怅然者久之。

夫移风易俗，使百姓回心而向道，类非俗吏所能为。然而学校弗修，弦歌久辍，父兄之教不先，子弟之率不谨，是亦守土者之过也。爰兴教谕彭君定澜谋捐赀以为民劝，选邑绅士之能者董其役，先撤学宫新之，复度地于东城隅创立书院，地故为玉峰讲舍，西距文节公祠不数十步，负山面河，据一邑形势之胜。于是贸易民地，拓展广轮，高者平之，下者培之，饬材庀其鸠工。经始建文昌宫于东南，前魁星阁，后为书院讲堂，而山长所居则枕乎后山之址，中辟经道以达大门，北营堂宇以礼乡贤，正西南建小楼三间，迤北而西，以次立学舍数十间，间区自门堂以至讲堂，皆拾级数十步以上，每进益高，豁然明爽。缭以周垣翼曲槛，庖湢有所，讲习有地，仍额曰：“叠山书院”，以志景仰之思。凡用金钱两万又肆千缗，阅三年而工始竣。置学田数百亩，供廪膏火之资，俾司事者经理之，苟久远规。邑人士以书院上成，实余与彭君终始其事，余迤移篆九江之德化，彭君亦以荐将入都，请为论其缘始。

余谓弋阳故声名文物之乡，唐有方悚、陈伯富；宋有沈邈、方畴、陈康伯、周执羔、余安行、应球；元有公纯仁、陈敏学；明有陈修、李奎、黄溥以及姜馆父子，汪俊弟兄，皆政事文章，忠孝节义，彪炳于史乘，而叠山先生扶植纲常，振立名教，尤使人奋乎百世之上。百世之下，闻者莫不兴起焉。《诗》有之曰：“高山仰止，景行行止。虽不能至，然心向往之。”言仰慕其人也。书院之役与学校相辅，非徒区区于章句文字为进取阶也。夫亦使之读书稽古，身践力行，弄器识于文艺之先，蓄道德为经济之本，上以鸣国家之盛，下以成风俗之美，如是为已。自今以往，士之肆业其中者，藏焉、修焉、息焉、游焉，争自靡以振拔乎流俗，而效法乎古人，俾夫师友道义上相承，足以绍叠山先生之风范，而野处不匿，秀民之能为士者，着足赖也。庶几风淳俗厚，而兴贤育才，蒸蒸日上，其所惮乎？学校岂浅鲜哉？余固不忘始事之艰，而重有望于继事之善者，因为之记。俾后之人有所考于斯焉。其好义乐输之人与夫赞襄厥成者，咸书姓名于碑阴，以为奖劝云。

六、信江书院学记

1. 李光地：《广信钟灵书院记》①

文明之运，始于国家，而视乎推行者之至不至。苟其设诚而推行之，虽微上之振起，士君子固不忍愚其民也，况在蒸蒸作人之世乎？文翁之于蜀，退之之于潮，当时兵革犹未尽偃，而巴蛮之西，岭徼之外，僻深荒远，素未耀乎光明，二公者皆以太守为吏民师，能使人士奋兴，俗化移易，前史称贤焉。

今天子拨祸乱，致太平，永惟有道之长，求端于学校教化，崇道尊儒，统一经术，可谓恩明意美矣。而守土者或推行之未至，或以文具推行，而设诚之未笃，无论僻深荒远，文教阙焉。虽以圣哲居游之区，时世之未远，风流之未坠，罕能寻搜章表，以为邦人劝者，岂贾生所谓移风易俗非俗吏所能为者耶！

西江故人文地，在宋，庐陵、临川、南丰诸子为文章宗师，濂溪、明道、伊川于此相授受焉。南渡后，有陆氏兄弟以学行与朱子道义相切，而朱子趋朝来往必由信州取道，故玉山之讲，鹅湖之会，道脉攸系，迹在此邦。文献不彰，绪风亦歇，有志之士仰止高山，亦何从而游憩焉？

太守周君嵩山慨然远览，既访玉山、鹅湖遗址，檄其属邑兴修，百年茂草，屹尔宫墙。而又即府治佳处创为钟灵书院，临溪环山，在阛都而有泉林之趣，招致士之秀者近百人，讲肄其中。又以为文翁在蜀，相如为之师；退之在潮，赵德司其教。不远千里求宿学者，督率身则，以特省视而作兴之。

先时郡士科名寥落，自书院立，明年即有首举于乡者，后遂连年相踵起，故曰：山川之秀，有开之者也；人文之盛，有倡之者也。人地之钟灵无绝期，开而倡之，则或百年而不相值。呜呼！此余所为于君有感也。虽然，科名其小者耳，生圣人之世，被圣人之泽，当勉为德业之彦，共定太平之基。此去庐山之下有白鹿洞焉，朱子

① 李光地：《榕村集》卷一四《广信钟灵书院记》，《影印文渊阁四库全书》第 1324 册，上海古籍出版社 1987 年版，第 728 页。

之规、陆子之讲，班班犹在也。取与《玉山讲义》玩思而服行之，使贤太守之迹他日于蜀、潮而有光，是则师生之贤亦邂逅执笔者之惓惓！

2. 王赓言：《重修信江书院记》①

郡城南故有书院，曰“曲江”，曰“钟灵”，曰“紫阳”，名屡易矣。乾隆四十六年春，郡守康公葺而广之，始改额“信江书院”。东增建亭阁数十楹，半芜没不可识。而今之讲堂、青云阁、春风亭、中道亭，犹其故址也。

己巳秋，赓言膺天子命来守是邦，相旧舍敝且隘，七邑之来学者日益稀。夫书院之设与学校相表里，废而不举，有司之过也。信固名胜区，而聪明朴茂之质，或以不教坏，良可惧已。通判汪君正修、知上饶县赖君勋，议以克合，乃伐石取材，黝垩丹漆之。昔挠以隆，昔卑以崇，而犹患其隘也，新构西偏乐育堂、近思堂，屋三十五间，小变规制，逶迤与讲堂通。改修青云阁曰“青云别墅”。阁后鱼计池久圮，新之，旁缀一亭，曰“蒙泉”，东隅凿阜辟莽为栈道，萦委百级，飞悬苍翠间，额曰“石磴梯云”，穷其颠地，广夷数亩，犖石为小山，中建亦乐堂，为公暇宾宴之地，周以亚檽，缭以石兰，而灵山诸峰贡于几席之间。历阶数步，补建一杯亭，左为问月亭，崇垣周遭，曲槛旋折。右下为夕秀亭、五星堂，与旧创春风亭接，嘉卉修篆，罗植其中。

夫书院当南屏之麓，其山川之秀，林中之美，固地势使然，而百余年间，递兴递废，无起而开之者，依然荆榛耳，况吾儒志圣人之道哉！今讲堂崇祀朱文公、文信国公、谢文节公，诸生宜知尊而学之矣。将学其道乎？学其文乎？昔宋玉、相如、王褒、扬雄之徒，文尚浮华，非为明道讲学而作，朱子读《唐志》犹摈之，文、谢二公忠孝节义，朗如日星，而文章之表见亦有非后世所能及者。盖道胜则文不期工而自工，道不胜则文虽工而不足贵。俗学裂道与文而二之，剽窃词章，源竭而流亦罄。呜呼，何其悖也！生童肄业者向有膏火三十名，今置田若干亩，增膏火费岁共五十名，由是士自远来，居处有室，饮食有资，教诲有师，人虽中材得以自尽于学，道德之归，人材之出，将于是乎在。诸生能穷经笃行，为民之师，则守斯土者，所以厚人伦，美风俗，已得其大端，而相与恺乐和平，觞咏于其堂，斯不负兴学设教之深心焉尔。

① 〔清〕钟世桢编著；徐公喜，林方明点校：（同治）《信江书院志》卷九《艺文》上，黄山书社 2010 年版，第 128 页。

3. 钟世桢:《重修信江书院记》①

古之明皇愿儒所以兴造规矩天下英才者,可谓至矣。自中达外,群萃州处之以学,犹恐其缺遗也。又于名山九薮之间,辟为馆舍,迎儒之老宿者俾为之长,以待天下秀良之士,考德游艺于中,俟其学道之成而升贡焉,以备朝廷任使,意何敦美而周浃也。宋元以来,设为书院,以佐国学所不及,而当世儒流咸得讲习讨论于中,修师弟子之礼。《记》有之:"野处而不昵,其秀民之能为士者,必足赖也。"都之有泮宫,郊之有书院,其教一也。古者妇人妊子必有胎教,不食邪味,不听淫声,盖物生而后有象,象之未成,气之方凝,其感易也。是以仁智之士必居山川奥灵之区,耽玩坟籍,以涵育德慧而不见异物焉,盖慎其所以感之也。其于乾端坤倪、起化微渺之故,思之不既深远矣乎?

信州鹅湖,紫阳讲学地也。东达浙之衢州,南宋以来,圣裔迁衢,特置博士廪之。而紫阳家于延平之崇安,三郡鼎立,士风秀良,不与他等。咸、同之际,东南困兵,三郡独瓦全,民户相保,免于锄刈。论者叹为天幸,而不知圣贤遗泽入人之深,而薰和翔洽足弭难平之患也,而岂偶然也哉?

桢之守信郡也,周历三考。驯扰其民,若心之使手。然信之为军者,皆以礼名,肫肫信厚,无丝毫黠桀之习,捍患十年,口不言功。桢无德,不足以及此,岂其先贤教泽之深,涵濡数百年而至此欤!昔鲁僖既平淮夷,能修泮宫,诗人美之,谓其韬武功、矢文德也。方今东南晏清,干戈内戢,而信之士民以复修信江书院为请,此真守之所乐闻也。是役也,三时告成,民乐趋事,费不他求,税亩而足,经制规樵悉如其旧,皆首事诸君子及士民之力也,守何有焉!虽然,承天子命以治郡子民,兴化移俗,法前哲而开后贤,此真太守之事,而借羽翼于英才者,仔肩不为细矣。土膏动则农恒其业,英华发则士修其勤。失耕耨之时者,不可与言农稷之穑;失学问之时者,不可与入孔颜之道。诸生勉乎哉!

4. 冯誉骢:《信江书院钟灵台记》②

郡北百里有灵山焉,蜿蜿蜒蜒,若长虹之饮于川,其峰百千,其高矗天,为郡之

① (清)钟世桢编著;徐公喜,林方明点校:(同治)《信江书院志》卷九《艺文》上,黄山书社2010年版,第134页。

② (清)钟世桢编著;徐公喜,林方明点校:(同治)《信江书院志》卷九《艺文》上,黄山书社2010年版,第138页。

藩。方伯钟公既新讲舍于信江之南，乃辟其西以为台，钟山峙其后，而灵山揖其前，厥位维阳，厥壤维罡，因阜为基，升于层巅，高壮闳丽，称其山川。台既成，方伯与郡人登而乐之，取两山之胜，名之曰“钟灵”，而属予为文以记之。

盖闻国之有台，所以望氛祲、察灾祥、时观游、节劳佚也。故《诗》曰：“经始灵台，经之营之；庶民攻之，不日成之。”今方伯为台，以同民乐，亦犹行古之道欤？方伯曰：“不然。吾闻从善者如登，故《书》曰‘若升高必自下’。士之从吾游者，吾与之聚而升焉。升而不已，视此台矣。若乃瞻其四郊，千村万落，鳞附栉比，绿桑在林，黄云栖亩，农夫红女声笑相闻，不下堂序而民风穑事胥可知也。桴鼓一鸣，上下百里，若视诸掌，奸宄无所匿其迹。岁时都试吴戈越甲，旌鼓震耀，艨艟战舰，部勒乎其下，虎臣矫矫，在泮献馘，彬彬乎邹鲁。洎夫王臣谘诹，辖轩采俗，旷盈视而纡骇瞩，莫不登高作赋，寄其忧乐。东驰吴越，西极三楚，骚人奇士，来游来歌，亦足以发抒文采，增成故实。《记》曰：‘藏焉，修焉，息焉，游焉。’吾与二三子学于游矣。”予曰：“善。愿从公以学于游。”遂为之记。

七、上饶其他书院学记

1. 袁甫：《番江书堂记》①

或问余曰：“子创象山书院于贵溪，兴白鹿书院于庐阜，而又建番江书堂，何也？”余曰：“子岂知余心哉？余自为童子，拱立侍旁，每见师友过从考德问学熟矣，曾未十数年，次第凋零。及余兄弟游宦四方，同志者亦往往间见，未十数年，又皆寥落如晨星之相望，每为之慨然。将指江东，两书院盖士友所宗之地，振而起之，责实在余。故凡士愿处象山若白鹿者，各随其行辈，与其望实，或畀领袖之职，或在宾讲之选，衿佩咸集，彬彬可观矣。而余之所深虑者，已成之材虽易于振拔，而后来之秀未保其嗣续，况士友之纷至，非接其话言，参诸履行，则未可得其为士之实。于是选通经学古士，率生徒而课之。余暇日亦数加考察，俟其有立也。乃分两书院而肄业焉。此番江书堂之所以建也。诸老先生远矣，师友道丧，士习日驳，慕超诣者无深实详缜之功，骛辨博者乏通贯融明之趣，转相依仿，诸老先生之本旨愈晦不明。方

① 袁甫：《蒙斋集》卷一四，见顾宏义，严佐之主编：《历代“朱陆异同”文类汇编》，上海古籍出版社 2018 年版，第 213—214 页。

且徇偏见，立异同，几有专门名家之弊，其原皆起于论说多而事实寡。然则群居书院，相舆切磨，亦求其所以为人者如何耳。在家庭则孝友，处乡党则信睦，莅官则坚公廉之操，立朝则崇正直之风，果若是，奚必问其自白鹿乎，自象山乎？不然，饱读旧书，熟习遗训，孝友信睦、公廉正直，一有愧怍，自白鹿则白鹿之羞也，自象山则象山之玷也，可不惧哉！"

书堂凡四斋，曰达源、止善、存诚、养正，而讲道之堂则名曰自得。得者何？《井卦》曰："无丧无得，往来井井。"井之义大矣哉！虽汲而未尝汲也，故愈汲愈新；虽养而未尝养也，故愈用愈有。尚无有得，宁复有丧？本无可丧，于何求得？孝友也，信睦也，公廉正直也，行所当行，止所当止，至平至常，万古一日，何丧焉，何得焉？然则得云者，得其无丧无得者而已。放勋之所谓使自得之者，得乎此；《中庸》之所谓无入不自得者，得乎此；孟子之所谓深造自得者，得乎此。以此为学为人，尚何论说之胜而事实之微乎？尚何徇偏见、立异同而有专门名家之弊乎？呜呼！番江书堂之学子而果不失诸老先生之本旨也，即所以教白鹿、象山之学子皆不失诸老先生之本旨也。《伐木》之诗曰："神之听之，终和且平。"学子服膺斯言，吾见道德一而气脉长矣。勉之勉之。

2. 戴表元：《稼轩书院兴造记》①

广信为江闽二浙往来之交，异时中原贤士大夫南徙，多侨居焉。济南辛侯幼安居北关，地最胜，洪内翰所为记《稼轩》者也。当其时，广信衣冠文献之聚，既名闻四方，而徽国朱文公诸贤实来，稼轩相从游甚厚。于是鹅湖东兴，象麓西起，学者隐然视是邦为洙泗阙里矣。然稼轩之居，未久芜废，辛氏亦不能有之。辛未岁，太守会稽唐侯震，因豪民之讼阅籍，则其址为官地。明年乃议创筑精舍，以居生徒。才成夫子燕居及道学儒先祠，而唐侯去。其冬番阳李阳雷初至，遂始竟堂寝斋庑门台，诸役成而扁其额曰"广信书院"，甲戌岁春也。书院成之二十五年，是为大德二年戊戌，官改"广信书院"额，还曰"稼轩"，而栋宇颓敝已甚。又五年，北谯朱侯霁至，展谒见之作而曰："兹复谁诿乎？"即属山长新安赵君然明，极力经理。初，书院之为"广信"也，计屋不啻二百楹，浮瓦铺缀，不支风雨。及是整顿完损，迄成坚厦。讲庐斋房，储仓膳庖，会朋之序，休客之次，通明之牖，备礼之器，于昔所有必补，凡

① 戴表元著，陈晓冬，黄天美点校：《戴表元集》上，浙江古籍出版社 2014 年版，第 41—42 页。

今所无必具。植都门，缭周墙，甃文径。余尝以暇过赵君，冈峦回环，榆柳掩郁，长湖宝带横其前，重关华表翼其后，心甚羡之。问水堰，曰："是中可种万头鱼，今以蓄泄水处也。"问松台，曰："是稼轩遗迹，旧植柏千株，今增之成林也。"问桑圃官池，曰："是稼轩所耕钓，今表而出之也。"问湖上门，曰："是旧涂自西循河南东来，今始复也。"问新井，曰："是旧凿，今得诸涯莽中，修浚而汲之，非新井也。"问地广袤若何，曰："是西北旷土，皆稼轩故物，为营卒所侵，吾请于官得复，而万户府又约束之，使无扰也。"问土役多寡、财计赢缩若何，曰："吾力何以及之，此赖郡侯捐俸倡助，而诸人相与成之也。"问余役尚几何，曰："吾所欲就何有极，使不以满去，将专祠辛侯。别置小学，作一亭，名'倚晴'，以眺灵山诸峰；一亭名'鱼乐'，以俯西池；一亭名'盟鸥'，以复湖心之旧也。"嗟夫！人尝言，有才不得位，及有位，何尝见其才？顾其志何如耳！一精舍之在广信，于事未系轻重，识者以是觇风化厚薄、吏治贤否。自稼轩之废几何年，而仅遇唐、李二侯；自唐、李二侯去，又废几何年，而仅遇今朱侯。其间岂皆无位而不为乎？若赵君以一癯儒领空塾，能成贤守意，兴重役，其才志弥不可及。谨为摭实，登载本末于石，以劝来者。

3. 钱德洪：《二贤书院记》①

二贤者，宋鄱阳程氏端蒙与其从曾孙珙，师事晦庵，朱门高弟也。程氏世出梁忠壮，与河南二程夫子分宗南北，在鄱阳者，南宗也。端蒙，字正思，号蒙斋。珙，字仲璧，号柳湖。家学相承，笃志濂、洛遗绪。淳熙年间，伪学衅萌，朝臣目端士为邪，且言于上曰："是属能亡人国。"端蒙既荐名于朝，司文衡者，举王、苏、程之学策士，以阴诋晦庵，诸生骇愕阁笔，端蒙独奋笔正言，谓："绍孔、孟之传，辟异端，息邪说，以宏先圣之道者，程学也。若夫王氏，学杂佛、老，坏人心术。苏氏立朝，节气可观，特学术未纯，不免出入战国之遗习。"同事者止之。曰："天下岂有面慢其师而尚可与共事者耶？"遂投策而归，不复出，与其友董铢、王过联师树声，倡率同志。年四十九，病革，遗书晦庵曰："端蒙死不恨，特恨不得卒业师门耳！"晦翁恸其任道勇而用志专，亲为表墓像赞，取其遗书《性理字训》《学则》等编校阅之，且亲为之序跋，盖嘉其教足以启来学而振未俗也。

绍熙五年十一月，晦庵赴召，再过玉山，邑令司马迈设师席于学宫，时珙率诸生

---

① 钱德洪著，朱炯点校整理：《钱德洪集》，宁波出版社2019年版，第70页。

罗集坛下，质疑义，辩异同，晦庵为发孔、孟仁义之旨，使学者各求心悟以孚实行，今之《玉山讲义》是也。晦翁往来怀玉、鹅湖之间，珙周旋侍席，故饶、信、闽、婺同学日众，珙与有力焉。所著书有《易说》《九畴策疏》行于世。宝祐以来，副使王佖及我朝知县俞玘，许公高相继立祠，以崇殷祀，曰“蒙斋书院”，曰“柳湖书院”，提学副使敬所王公宗沐亦各为题其匾额。今年，裔孙生员程一麟、一龙、尚仁等，问学于怀玉，因闻师门宗教，以悟晦庵之学，归以寻绎其祖训，省如也。乃率其宗党生员德美等，谋启于邦人之良，合二祠而为一，名曰“二贤书院”，以便岁时享祀，因以合同志，叙睦族之义焉。

一麟、一龙、尚仁乃偕院生王守胜、王嘉会、祝眉寿等，追送予于天真，请记其事。

洪维朱子早年志学，旁搜力究，剖悉精微，使门人即物以通理，因博以归约。晚年静坐，忽悟性真，自取逢原，沛决莫御，乃喟然叹曰：“非全放下，终难凑泊。若寄情于故纸堆中而期其豁然贯通，是犹采枝叶以缀本根，欲其血脉流通，盖亦难矣！”是意也，当时门人未有承其志而敷明其说者。四百年后，吾师阳明先生追求先哲，乃得朱子晚年之悟，表为《定论》以告同志，而朱氏不传之秘，复显明于天下。但当二贤之时，天下方讳言学，朱子挺然身任斯道，及门之士又确守师模，饬身砺行，表著当时，施法后世。虽遭时摈斥，终身不用，不肯稍徇时好，以违初志，其艰难百折，扶植世教，千百年后，想望丰概，生气懔懔，可谓难矣！譬之开荒启废，以成菑畬之田，虽未及五谷之熟，而收功于他日者，反追其原，岂不艰且大邪？洪嘉二贤之志，足以遗淑于后人，且庆诸生之举，足以继承乎先业，乃为之请于抚巡吉阳何公、东泉郑公、布政使浮峰张公、提学沧溪黄公，檄府县以题其门额。噫！皆鲁僖作《閟宫》，诸人颂其能顺邦人之情。是举也，虽其子孙之贤，亦以顺上下仰止之情也欤？乃复为之记。

（原载沈良弼修，董凤笙纂《德兴县志》卷九《艺文》。）

5. 张自烈：《余少原冢宰崇祀紫阳书院记》①

婺故冢宰余公起家壬辰，筮仕予乡永新邑。邑父老博士弟子员请祀公泽宫。

① 张自烈：《芑山集》卷一八，见陶福履，胡思敬原编：《豫章丛书》集部9，江西教育出版社2007年版，第432—433页。

今年,公同郡士痛理学寖失,忼然曰:"昔朱紫阳宗孔孟,创祠祀周、程三先生,劝兴来学,功垂百世。余公生紫阳之乡,明紫阳之学,士矜式无间言。宜请于有司,祀公紫阳书院,理学其复兴乎?"有司俞所请,如紫阳例,盖推本古从祀遗意云。四方贤士大夫益信公之足以传也,属予记其事,俾承学取法焉。

予推古今儒臣从祀之义,类失实,不合道,识者非之。他置不论,颜渊配享始魏齐王,唐贞观益以左丘明二十二人。宋追崇子思、孟轲,然荀况、扬雄、王安石父子杂然进。久之,退安石等,进周、程、张、朱、司马光、邵雍。元始进淄川董仲舒。若是者,岂尽公论与?抑有幸不幸与?明兴,黜邪说,崇真儒,濂洛关闽之教明于世。是时罢荀、扬,进王通、杨时。已又罢公伯寮、秦冉、颜何、戴胜、刘向、贾逵、马融、何休诸人,进欧阳修、胡瑗、陆九渊于庙,而祀蘧瑗、林放、郑玄、服虔、范宁于乡。薛文清、王文成、魏恭简若而人,或祀于乡,或祀于学,盖斌斌盛焉。迨滥祀踵继,罗念庵过吉州,耻匪人并列,携先人神主以归。唐应德却其乡公举祠祀之请,至引"三桓"为诋笑。嗟乎,近代词祀无足荣类如此!

独公起诸大儒后,宗法孔孟程朱,而其伟德盛业,大节之见于时者,尤颉颃文清、文成间。若公者,谓非集诸儒之成者与?夫孟轲、子思可谓大贤矣,然不能使后世荀、扬不杂进。公生而服膺程、朱,殁而与程、朱共尸祝。既不至如应德、念庵所悼叹,又公论久乃定。公之学既明,则孔孟之传益著,讵非公之幸也哉?予考公生平,筮邑暨侍御、视鹾、按秦、掌计、总宪、贰枢,率以忠敢闻。最著者如定国本、还诏书、抗逆阉、撤矿税,殄毛红、平奢蔺,皆古大臣所难。由公讲学素,见理明,宜其膚功著而休泽远也。今上方表章周、邵、二程、张、朱六子,谓不当与汉、唐诸人等称"先儒",下礼臣议尊崇之。公所学如此,虽易名崇谥,跻公两庑,可以黜伪学,风来兹,岂合祀紫阳诸贤足荣公乎哉?

予生也晚,不获与公上下论议,发明孔、孟、程、朱之道。犹幸登公之堂,从公子若孙读公遗书,想见公之为人。以予里中父老所歌慕,质诸予后先传闻于公之子若孙,与夫公同里耆长贤士大夫之所诵述,嗟乎,公之不合于道者鲜矣。学者由公嘉言懿行,以求合于孔、孟、程、朱,庶无忝于私淑哉!

公名懋衡,字持国,号少原,婺源人。崇祯壬午秋月既望,豫章后学某记。

参考文献

[1]李才栋. 江西古代书院研究[M]. 南昌:江西教育出版社,1993.

[2]陈谷嘉,邓洪波. 中国书院史资料[M]. 杭州:浙江教育出版社,1998.

[3]邓洪波. 中国书院史[M]. 上海:中国出版集团东方出版社,2006.

[4]章柳泉. 中国书院史话[M]. 北京:教育科学出版社,1981.

[5]陈元晖等. 中国古代的书院制度[M]. 上海:上海教育出版社,1981.

[6]白新良. 中国古代书院发展史[M]. 天津:天津大学出版社,1995.

[7]吴万居. 宋代书院与宋代学术之关系[M]. 台北:文史哲出版社,1991.

[8]李国钧. 中国书院史[M]. 长沙:湖南教育出版社,1994.

[9]王炳照. 中国古代书院[M]. 北京:商务印书馆,1998.

[10]赵连稳. 中国古代的学校、书院及其刻书研究[M]. 北京:光明日报出版社,2007.

[11]李国钧,王炳照. 中国教育制度通史:第三卷[M]. 济南:山东教育出版社,2000.

[12]丁钢. 书院与中国文化[M]. 上海:上海教育出版社,1992.

[13]毛礼锐. 中国教育史简编[M]. 北京:教育科学出版社,1991.

[14]于述胜. 朱熹与南宋教育思潮[M]. 济南:山东大学出版社,1996.

[15]樊克政. 中国书院史[M]. 台北:台湾文津出版社,1995.

[16]方彦寿. 朱熹书院与门人考[M]. 上海:华东师大出版社,2000.

[17]徐梓. 元代书院研究[M]. 北京:社会科学文献出版社,2000.

[18]陈来. 宋明理学[M]. 北京:生活·读书·新知三联书店,2011.

[19]朱杰人,严佐之,刘永翔. 朱子全书(修订本)[M]. 上海:上海古籍出版社;合肥:安徽教育出版社,2010.

[20]束景南. 朱子大传[M]. 北京:商务印书馆,2003.

[21]侯外庐,邱汉生,张岂之. 宋明理学史[M]. 北京:人民出版社,1997.

[22]许怀林. 江西通史 5:北宋卷[M]. 南昌:江西出版集团、江西人民出版社,2009.

[23]许怀林. 江西通史 6:南宋卷[M]. 南昌:江西出版集团、江西人民出版社,2009.

[24]郭齐. 朱熹传[M]. 成都:四川大学出版社,2000.

[25]顾宏义,严佐之. 历代"朱陆异同"文类汇编[M]. 上海:上海古籍出版社,2018.

[26]邬小辉. 江右书院行之论文[M]. 南昌:江西美术出版社,2015.

[27]徐汉明. 辛弃疾全集校注[M]. 武汉:华中科技大学出版社,2012.

[28]邓广铭. 辛稼轩诗文钞存[M]. 上海:古典文学出版社,1957.

[29]钱穆. 朱子新学案[M]. 成都:巴蜀书社,1986.

[30]毛礼锐. 中国古代教育家传[M]. 北京:北京师范大学出版社,1987.

[31]吴长庚. 朱熹与江西理学[M]. 南昌:江西高校出版社,2007.

[32]〔日〕中岛乐章. 明代乡村纠纷与秩序——以徽州文书为中心[M]. 郭万平,高飞,译. 南京:江苏人民出版社,2012.

[33]周晓光. 新安理学[M]. 合肥:安徽人民出版社,2005.

[34]何逵东. 德兴县志[M]. 北京:光明日报出版社,1993.

[35]姜炳火. 聚远楼文化(第 1 辑)[M]. 南昌:百花洲文艺出版社,2006.

[36]胡居仁. 胡居仁文集[M]. 冯会明,点校. 南昌:江西人民出版社,2013.

[37]王立斌,刘东昌. 鹅湖书院[M]. 长沙:湖南大学出版社,2013.

[38]邓洪波,龚抗云. 中国状元殿试卷大全(上册)[M]. 上海:上海教育出版社,2006.

[39]王金平,邬小辉. 江右书院行之轶文[M]. 南昌:江西美术出版社,2015.

[40]吴光等. 王阳明全集(新编本)[M]. 杭州:浙江古籍出版社,2011.

[41]〔日〕冈田武彦. 王阳明大传:知行合一的心学智慧[M]. 钱明,审校,杨田,译. 重庆:重庆出版社,2015.

[42]顾鸿安. 阳明学及其传播[M]. 杭州:浙江大学出版社,2015.

[43]邓洪波.中国书院学规[M].长沙:湖南大学出版社,2000.

[44]陈连生.鹅湖书院志[M].合肥:黄山书社出版社,1994.

[45]汪凤刚.玉山县志[M].南昌:江西人民出版社,1985.

[46]钟世桢.(同治)信江书院志[M].徐公喜、林方明,点校.合肥:黄山书社出版社,2010.

[47]张立文.宋明理学研究[M].北京:人民出版社,2002.

[48]张学智.明代哲学史[M].北京:北京大学出版社,2000.

[49]张传燧.中国教学论史纲[M].长沙:湖南教育出版,1999.

[50]黄克剑,钟小霖.唐君毅集[M].北京:群言出版社,1993.

[51]杨庆存.宋代散文研究[M].北京:人民文学出版社,2002.

[52]吴海生,王立斌.叠山书院[M].长沙:湖南大学出版社,2016.

[53]王应麟.玉海[M]//影印文渊阁四库全书本.上海:上海古籍出版社,1987.

[54]欧阳修、宋祁.新唐书[M].北京:中华书局,1975.

[56]袁枚.随园随笔[M].上海:上海古籍出版社,1995.

[57]陈寅恪.金明馆丛稿二编[M].上海:上海古籍出版社,1980.

[58]吕祖谦.吕东莱文集[M]//影印文渊阁四库全书本.上海:上海古籍出版社,1987.

[59]脱脱.宋史[M].北京:中华书局,1977.

[60]张廷玉.明史[M].北京:中华书局,1974.

[61]张居正.张太岳文集[M].北京:中国书店出版社,2019.

[62]嵇璜,刘墉.皇朝通志[M]//影印文渊阁四库全书本.上海:上海古籍出版社,1987.

[63]韩元吉.南涧甲乙稿[M]//影印文渊阁四库全书本.上海:上海古籍出版社,1987.

[64]洪迈.容斋随笔[M].穆公,校点.上海:上海古籍出版社,2015.

[65]谢旻等.(雍正十年)江西通志[M]//影印文渊阁四库全书本.上海:上海古籍出版社,1987.

[66]蒋继洙,李树藩等.(同治十二年)广信府志[M].台北:成文出版有限公

司,1970.

[67]区作霖,冯兰森,曾福善. 余干县志[M]. 同治十一年(1872)刻本.

[68]吴鹗,汪正元,李昭炜等. 婺源县志[M]. 光绪九年(1883)刻本.

[69]项珂修,刘馥桂等. 万年县志[M]. 同治十年(1871)刻本.

[70]孟庆云,杨重雅. 德兴县志[M]. 台北:成文出版社有限公司,1970.

[71]黄榦. 勉斋集[M]//影印文渊阁四库全书本. 上海:上海古籍出版社,1987.

[72]王懋竑. 朱熹年谱[M]. 北京:中华书局,1983.

[73]李昉. 太平御览[M]. 王晓天,钟隆林,校点. 石家庄:河北教育出版社,1994.

[74]李光地. 榕村集[M]//影印文渊阁四库全书本. 上海:上海古籍出版社,1987.

[75]张世南. 游宦纪闻[M]. 北京:中华书局,1985.

[76]黄宗羲原著,全祖望补修. 宋元学案[M]. 陈金生,梁运华,点校. 北京:中华书局,1986.

[77]张栻. 南轩集[M]//影印文渊阁四库全书本. 上海:上海古籍出版社,1987.

[78]汪应辰. 文定集[M]. 北京:中华书局,1985.

[79]黎靖德. 朱子语类[M]. 王星贤,点校. 北京:中华书局,1986.

[80]陆九渊. 陆九渊集[M]. 钟哲,点校. 北京:中华书局,1980.

[81]陈思编,陈世隆补. 两宋名贤小集[M]//影印文渊阁四库全书本. 上海:上海古籍出版社,1987.

[82]黄升. 中兴以来绝妙词选[M]//四部丛刊本.

[83]方回选评,纪昀刊误. 瀛奎律髓[M]. 诸伟奇,胡益民,点校. 合肥:黄山书社,1994.

[84]刘宰. 漫塘文集[M]//影印文渊阁四库全书本. 上海:上海古籍出版社,1987.

[85]赵蕃. 淳熙稿[M]. 北京:中华书局,1985.

[86]韩淲. 涧泉集[M]//影印文渊阁四库全书本. 上海:上海古籍出版

社,1987.

[87]谢枋得. 叠山集[M]//影印文渊阁四库全书本. 上海:上海古籍出版社,1987.

[88]罗大经. 鹤林玉露[M]. 济南:齐鲁书社,2017.

[89]周密. 齐东野语[M]. 高心露,高虎子,校点. 济南:齐鲁书社,2007.

[90]李梦阳. 空同集[M]//影印文渊阁四库全书本. 上海:上海古籍出版社,1987.

[91]真德秀. 西山文集[M]//影印文渊阁四库全书本. 上海:上海古籍出版社,1987.

[92]陆心源. 宋史翼[M]. 北京:中华书局,1991.

[93]程曈. 新安学系录[M]. 王国良,张健,点校. 合肥:黄山书社,2006.

[94]程敏政编. 新安文献志[M]//影印文渊阁四库全书本. 上海:上海古籍出版社,1987.

[95]张伯行. 学规类编[M]. 北京:中华书局,1959.

[96]宋濂. 元史[M]. 北京:中华书局,1976.

[97]吴澄. 吴文正集[M]//影印文渊阁四库全书本. 上海:上海古籍出版社,1987.

[98]胡炳文. 纯正蒙求[M]//影印文渊阁四库全书本. 上海:上海古籍出版社,1987.

[99]永瑢. 四库全书总目[M]. 北京:中华书局,1965.

[100]杨希闵. 胡文敬公年谱[M]. 北京:北京图书出版社,1999.

[101]程端礼. 程氏家塾读书分年日程[M]. 合肥:黄山书社,1992.

[102]虞集. 道园学古录[M]//影印文渊阁四库全书本. 上海:上海古籍出版社,1987.

[103]陈文蔚. 陈克斋集[M]. 北京:中华书局,1985.

[104]徐元杰. 梅野集[M]//影印文渊阁四库全书本. 上海:上海古籍出版社,1987.

[105]黄宗羲. 明儒学案[M]. 沈芝盈,点校. 北京:中华书局,2008.

[106]夏尚朴. 东岩集[M]//影印文渊阁四库全书本. 上海:上海古籍出版

社,1987.

[107]袁甫. 蒙斋集[M]//影印文渊阁四库全书本. 上海:上海古籍出版社,1987.

[108]郑之侨. 鹅湖讲学会编[M]. 济南:齐鲁书社,1996.

[109]王士性. 广志绎[M]. 北京:中华书局,1981.

[110]朱熹. 四书章句集注[M]. 北京:中华书局,2011.

[111]陈邦瞻. 宋史纪事本末[M]. 上海:上海古籍出版社,1994.

[112]戴表元. 戴表元集[M]. 陈晓冬,黄天美,点校. 杭州:浙江古籍出版社,2014.

[113]钱德洪. 钱德洪集[M]. 朱炯,点校. 宁波:宁波出版社,2019.

[114]陶福履,胡思敬编. 豫章丛书[M]. 南昌:江西教育出版社,2007.

[115]刘复生. 宋代江西书院及其发展的社会环境[J]. 四川大学学报,2006(10).

[116]许怀林. 书院与科举的关系[J]. 历史文化与传统文化,2003(10).

[117]杨玉芬,程仁桃. 程端礼与《江东书院讲义》[J]. 殷都学刊,2003(3).

[118]张劲松. 乡绅与地方书院关系的一种观察———以晚清敷阳书院学田经营为例[J]. 南京晓庄学院学报,2009(2).

[119]程继红. 在理学与文学的交通线上——论南宋交通新“十”字构架在朱熹理学与稼轩词派传播中的意义[J]. 江西社会科学,2005(4).

[120]宋三平,张涛. 论两宋江西地区的交通及其影响[J]. 南昌大学学报,2009(6).

[121]朱人求. 南宋书院教化与道学社会化适应——以朱熹为中心的分析[J]. 孔子研究,2010(2).

[122]杨柱才. 胡敬斋思想研究[J]. 中国哲学史,2008(3).

[123]解光宇. 朱子徽州弟子及其思想研究[J]. 朱子学刊,2009(1).

[124]许家星.《朱子门人》补证[J]. 中国哲学史,2010(4).

[125]徐永文. 南宋赣东北朱子后学初探[J]. 上饶师范学院学报,2007(4).

[126]廖焕水,何弋华. 打造理学圣城 重现文脉风采——关于开发上饶理学(书院)文化的思考[J]. 上饶师范学院学报,2016(5).

[127]解光宇. 鹅湖之会:心学与理学分野[J]. 孔子研究,1999(2).

[128]周洁. 伦理道德教育:中国书院教育之支撑[J]. 湖南政法管理干部学院学报,2002(12).

[129]冯会明,汪逸. 郑之侨鹅湖学规体系述评[J]. 上饶师范学院学报,2015(5).

[130]刘成群. 元代新安理学从"唯朱是宗"到"和会朱陆"的转向[J]. 学术探索,2010(3).

[131]何继龄. 中国古代书院重德传统及其现代启示[J]. 甘肃社会科学,2010(3).